PT 507 HIR

7·40

Das Volkslied im späten Mittelalter

Zwanzig spätmittelalterliche Balladen und Lieder

aus ihren zersungenen Formen
wiederhergestellt und erläutert

von

Selma Hirsch

ERICH SCHMIDT VERLAG

CIP-Kurztitelaufnahme der deutschen Bibliothek

Hirsch, Selma
[Sammlung]
Das Volkslied im späten Mittelalter : 20
spätmittelalterl. Balladen u. Lieder / aus
ihren zersungenen Formen wiederhergest. u. erl.
von Selma Hirsch. – 1. Aufl. – Berlin :
E. Schmidt, 1978.
ISBN 3-503-00747-4

Die Abbildung auf dem Umschlag zeigt den Holzschnitt „Der Flegmaticus"
von Johann Scheffler aus dem „Teutschen Kalender", 1498.

ISBN 3 503 00747 4

© Erich Schmidt Verlag, Berlin 1978
Satz und Druck: Poeschel & Schulz-Schomburgk, Eschwege
Printed in Germany · Alle Rechte vorbehalten

Inhalt

Inhalt

Vorwort

Der hauptsächliche Grund, meine Aufsätze über alte deutsche Volkslieder noch einmal in Buchform erscheinen zu lassen, war für mich der Umstand, daß diese thematisch zusammenhängenden Arbeiten zuerst in verschiedenen Zeitschriften des In- und Auslandes (Holland, Belgien) veröffentlicht wurden. Es würde daher auch dem Interessierten nicht ganz leicht fallen, einen vollständigen Überblick zu gewinnen, um sich ein Urteil über das erschlossene Gut zu bilden. Gerade das aber mußte in meiner Absicht liegen, denn das einzelne Lied kann zunächst nur als einmalige Erscheinung einen flüchtigen Eindruck bewirken. Die zwar nicht große, aber auch nicht ganz unerhebliche Zahl der Wiederherstellungen – sie umfaßt die bekanntesten Texte der Sammlung Uhlands – berechtigt nun, wie ich glaube, zu der Hoffnung, daß durch sie das Bild der spätmittelalterlichen Balladen- und Liederdichtung, das uns bisher nur in volksliedmäßig zersungenen Formen übermittelt ist, nach einer bestimmten Richtung hin erweitert und bereichert wird. Welche Richtung ich meine, geht aus den textkritischen Analysen im einzelnen hervor. Ich denke dabei nicht an das Kunstlied im üblichen Sinne dieses Wortes, doch jeweils an das künstlerisch gestaltete Werk eines begabten Sängers, meist wohl eines Spielmannes oder Spruchdichters.

Obwohl die hier abgedruckten Studien sich über viele Jahrzehnte verteilen – die frühesten stammen aus den zwanziger Jahren –, konnte ich sie im wesentlichen wortgetreu aufnehmen. Zusätze erwiesen sich vor allem dann als notwendig, wenn Literatur zu berücksichtigen war, die bei der Abfassung noch nicht vorlag. Zuweilen wurden die Ergebnisse durch neu hinzugekommene Beobachtungen ergänzt.

Es drängt mich, allen Herausgebern, die den Erstdruck meiner Arbeiten in den von ihnen redigierten Zeitschriften ermöglichten, noch einmal meinen herzlichen Dank auszusprechen, desgleichen Herrn Professor Dr. Hugo Moser in Bonn und Herrn Dr. W. Schultheiß, dem ersten Vorsitzenden des „Vereins für Geschichte der Stadt Nürnberg", für ihre seinerzeitigen Bemühungen um die Erstveröffentlichung meines Jörg Graff-Aufsatzes. Die Einführung in die Methode der Volksliedforschung und mannigfachen fördernden Rat verdanke ich meinem verehrten Lehrer, Herrn Professor Dr. Hermann Schneider.

Selma Hirsch

Nachbemerkung

Frau Dr. Hirsch, die den geschlossenen Neudruck ihrer Aufsätze zum Volkslied im späten Mittelalter als Abschluß ihrer Lebensarbeit anstrebte und mit aller Intensität trotz schwindender Kräfte verfolgte, ist während der ersten Herstellungsphase dieses Bandes verstorben. Es war für uns eine Verpflichtung, diese Publikation im Sinne der Autorin fertigzustellen, damit die hier gesammelten Untersuchungen und Textherstellungen der Volksliedforschung wie der Germanistik zur Verfügung stehen. – Auf die mit der Autorin vereinbarten Register zur Erschließung aller Materialien dieses Bandes mußte in Anbetracht der besonderen Situation allerdings verzichtet werden, ebenso auf eine weitere Aktualisierung des Literaturverzeichnisses.

Der Verlag

I. Das Volkslied vom Grafen Friedrich

Das Volkslied vom Grafen Friedrich wurde von mir in der „Zeitschrift des Vereins für Volkskunde in Berlin", Jahrgang 1923/24 behandelt[1], doch beschränkte ich mich dort im textkritischen Abschnitt auf die Mitteilung des erschlossenen Archetypus, indem ich gleichzeitig auf die ausführliche Begründung in meiner ungedruckten Dissertation[2] verwies. Hier nun gebe ich den Stoff in einer gestraffteren Gestalt, wobei ich aber gleichzeitig die neuere wichtige Literatur nutzen konnte.[3]

Die alten Texte aus dem 16. und 17. Jahrhundert weisen 38 vierzeilige, doch rhythmisch ungleichartige Strophen auf und haben in der Überschrift den Vermerk „gemehrt und gebessert".[4] Diese Sachlage stellt uns vor die Frage nach der Beschaffenheit des ursprünglichen, „unvermehrten" Liedes, dessen Strophenbestand ja in der sekundären Erweiterung enthalten sein müßte. Der älteste uns vorliegende Text der Ballade[5] lautet:

GRaff Friderich wolt außreiten
mit seinen Edelleuten
wolt holen sein Eheliche braut
die jm zu der ehe ward vertrawt.

Als er mit seinem Herrenhauff
Ritt einen hochen bergk hinauff
an enē engē kleinen weg
kam er auff einen schmalen steg.

In dem gedreng dem Graffen werd
schoß auß der scheid sein Scharpffes schwert
verwundet jm sein liebe Braut
mit grossem schmertz seins hertzen traut.

Das blut jr auff die erden schoß
das nam sie ein schrecken groß
Graff Friderich der war vnmuts vol
sein liebe Braut er trôstet wol.

---

[1] Vgl. Heft 2, S. 82 ff.

[2] *Studien zum Antwerpener Liederbuch vom Jahre 1544, mit einem Anhang zum Volkslied vom Grafen Friedrich*, Diss. Tübingen, 1923.

[3] Zwei Untersuchungen liegen heute vor: John Meier und Erich Seemann, *Die „Rheinbraut" und „Graf Friedrich", Untersuchung zweier Volksballaden auf ihren ursprünglichen Motivbestand*. Jahrb. f. Volksliedfg. V (1936), S. 11 ff.; Deutsche Volkslieder mit ihren Melodien (DVM), hrsg. vom Deutschen Volksliedarchiv, II. Bd., 2. Teil (1937), S. 191 ff.

[4] Vgl. DVM II,2, S. 206 die Überlieferungen 1-6.

[5] Fl. Bl. o. J. (nach J. Meier 1552–84). Ein gar schon New Lied / // von Graff Friedrichen der sein // Braut holet // vnd wie es jm er // gieng. Gemert vnd gebes // sert / In seinem alten // Thon. Holzschnitt . . . Am Schluß: Gedruckt zu Nûrnberg / durch // Friderich Gutknecht. Staatsbibliothek Berlin Yd 8751.

Auß zog er bald sein hemmet weiß
truckt jrs in die wunden mit fleiß
das hemmet wurd von blut so rot
als ob mans drauß gewaschen hat.

Er gab jr sehr freundliche wort
kein man nie grössere klag erhort
die von einen mans bilde kam
dañ von dem Graffen Lobesan.

Graff Friderich edler Herre
ja bit ich euch so sehre
sprecht jr zu ewrem Hofgesindt
vnd das sie mehlich reiten thundt.

Sprecht jr zu ewren leuten
vnnd das sie gemachsam reitē
ich leid groß schmertzen vnd groß klag
vnd das ich nimmer Reiten mag.

Graff Friderich růfft sein Herren
jr solt nit reiten sehre
mein liebe Braut ist mir verwundt
O Reicher Gott mach mirs gesundt.

Graff Friderich zu seim hoff einreit
sein Mutter jm entgegē schreit
biß Got will kuͦ du Sone mein
vnd all die mit dir kommen sein.

Wie ist dein liebe Braut so bleich
als obs ein kindlein hab bezaicht.
wie ist sie also jnigley
als obs eins kindleins schwanger sey.

Ey schweig das Mutter stille
vñ thus durch meinend wille
sie ist kindshalben nit vngesund,
sie ist biß auff den tod verwundt.

Da es nun ward die rechte zeit
ein kőstlich wirtschafft war bereit
mit aller sach versehen wol
wie eins Fůrsten hochzeit soll.

Man setzet die Braut zu tische
man bracht wilpret vnd fische
man schencket ein den besten wein
die Braut die mocht nit frőlich sein.

Sie mocht weder trinken noch essen
jrs vnmuts kunde sie nicht vergessen
sie sprach ich wolt es wer die zeit
das mir das beth schier wurd bereid.

Das hőret die vbel schwiger
sie redet gar bald hin wider
hab ich mein tag das nie erhőrt
das ein Junckfraw zu beth begert.

Ey schweig dus mutter stille
hab dar ob kein vnwillē
sie red es nit auß falschē grund
sie ist todkrank zu diser stund.

Man leuchtet der Braut zu bethe
vor vnmut sie nichts redte
mit brinnenden kertzen vnd facklen gut
sie war traurig vnd vngemut.

Man leuchtet der Greffin schlaffen
mit Rittern vnd mit Graffen
mit Rittern vn mit reutern
mit eittel edelleuten.

Graff Friderich edler Herre
so bitt ich euch so sehre
jr wolt thun nach dem willen mein
last mich die nacht ein junckfraw sein.

Nur dise nacht alleine
die andern fůr baß keine
wo mir Gott will das leben gan
bin ich euch fůrbaß vnterthan.

O Aller liebster gmahel mein
der bitt soltu geweret sein
mein schatz mein trost mein schőnes lieb
ob deinem schmertz ich mich betrůb.

Du außerwelte kaiserin
nu muß Got ewig klaget sein
solstu durch mich leyden solch pein
des muß ich ewig trostloß sein.

Du hertzen lieb mein höchster hort
ich bitt dich hör mich noch ein wort
hab ich dich tödtlich wund erkendt
verzeih mir das vor deinem endt.

Ach aller liebster gemahl vnd Herr
bekümert euch vmb mich nit sehr
es sey euch alles verziehen schon
nichts arges habt jr mir gethan.

Sie kert sich gegen der wende
sie nam ein seliges ende
in Gott endt sie jr leben fein
vnd blieb ein junckfraw keusch vnd rein.

Zu morgens wolt sie haben
jr vatter reich begaben
da war sie schon verschiden
in Gottes nam vnd friden.

Jr vatter fragt alle vmbstendt
wie sie genommen hat jr endt
Graff Friderich sprach ich armer man
bin Gott seis klagt schuldig daran.

Der Braut vatter sprach in vnmuth
hastu verrert meins kindes blut
so must du auch darumb auff geben
durch meine handt dein junges leben.

Mit dem wort zog er auß sein schwert
erstach den Edlen Graffen werdt
mit grossem schmertz durch seinen leib
das er todt auff der erden bleib.

Man bandt jn an ein hohes Roß
man schlaifft jn ein das tieffe moß
darein man seinen leib begrub
kurtzlich zu plühen es anhub.

Stund an biß auff den dritten tag
es wuchsen drey Lilgen auff seinem grab
darauff da stundt geschriben
er wer bey Gott geblieben.

Ein stim vom Himel gieng herab
man solt jn nemen auß dem Grab
der schuldig wer an seinem tod
müst sonst drum leiden ewig not.

Man grub jn wider auß dem Moß
man fürt jn auff sein festes Schloß
zu seiner braut man jn begrub
sein lebliche farb sich erhub.

Er ward am dritten tag schon todt
noch glüet er als ein Rosen rott
vnder seinem angesicht fürwar
sein gantzer leib war weiß vnd klar.

Ein groß wunder auch da geschach
das mancher mensch glaubhafftig sach
sein Lieb mit armen er vmbfieng
ein red auß seinem munde gieng.

Vnd sprach Gott sey gebenedeyt
der gab vns ein die ewig freudt
seid ich bey meinem gemahel bin
scheidt ich von diser welt dahin.

Mit leichtem vnd geringem mut
laß hinder mir mein vnschuldig blut
ich far dahin ich far dahin
auß not ich nun erlöset bin.

Es liegt nahe, bei der textkritischen Analyse von dem auffallend ungleichmä-
ßigen Strophenbau auszugehen. Dreizehn Strophen (1; 7; 8; 9; 12; 14; 15; 16;
17; 18; 20; 21; 26)[6] sind in den beiden ersten Zeilen dreihebig klingend, im 3. und
4. Vers vierhebig voll. Sie zeigen insofern ein formales Echtheitskriterium, als ihr

---

[6] Wir lesen 15,2 ohne das in Verbindung mit Z. 1 überflüssige „konnt sie".

Versmaß das der Anfangsstrophe ist. Doch scheidet Strophe 12, die sich nur als eine Nachbildung von 17 erweist, für das echte Strophengut aus. Unsere These ist nun, daß die übrigen 12 Strophen dieses Schemas den Bestand des ursprünglichen Liedes darstellen. Dieses hatte demnach folgenden Wortlaut:

1. GRaff Friderich wolt außreiten
   mit seinen Edelleuten,
   wolt holen sein Eheliche braut,
   die jm zu der ehe ward vertrawt.

2. ‚Graff Friderich, edler Herre,
   ja bit ich euch so sehre,
   sprecht jr zu ewrem Hofgesindt,
   vnd das sie mehlich reiten thundt!

3. Sprecht jr zu ewren leuten
   vnnd das sie gemachsam reiten!
   ich leid groß schmertzen vnd groß klag,
   vnd das ich nimmer Reiten mag.‘

4. Graff Friderich rufft sein Herren.
   ‚Ir solt nit reiten sehre!
   mein liebe Braut ist mir verwundt,
   O Reicher Gott, mach mirs gesundt!‘

5. Man setzet die Braut zu tische,
   man bracht wilpret vnd fische,
   man schencket ein den besten wein,
   die Braut die mocht nit frölich sein.

6. Sie mocht weder trincken noch essen,
   jrs vnmuts nicht vergessen;
   sie sprach: ‚Ich wolt, es wer die zeit,
   das mir das beth schier wurd bereit.‘ –

7. Das höret die vbel schwiger,
   sie redet gar bald hin wider:
   ‚Hab ich mein tag das nie erhört,
   das ein Junckfraw zu beth begert.‘

8. ‚Ey schweig du's mutter stille,
   hab darob kein vnwillen!
   sie red es nit auß falschem grund,
   sie ist todkrank zu diser stund.‘

9. Man leuchtet der Braut zu bethe,
   vor vnmut sie nichts redte,
   mit brinnenden kertzen vnd facklen gut,
   sie war traurig vnd vngemut.

10. ‚Graff Friderich, edler Herre,
    so bitt ich euch so sehre,
    jr wolt thun nach dem willen mein,
    last mich die nacht ein junckfraw sein,

11. Nur dise nacht alleine,
    die andern fürbaß keine,
    wo mir Gott will das leben gan,
    bin ich euch fürbaß vnterthan.‘

12. Sie kert sich gegen der wende,
    sie nam ein seliges ende,
    in Gott endt sie jr leben fein
    vnd blieb ein junckfraw keusch vnd rein.

Offenbar haben wir in diesem Text ein geschlossenes Lied vor uns. Die Braut des Grafen ist von einer schweren Krankheit befallen, die sie zunächst verschwiegen hatte, wohl fürchtend, daß die Vermählung unter diesen Umständen nicht stattfinden könnte, und natürlich auch auf eine mögliche Besserung hoffend („verwundt" 4,3 ist hier synonym zu „todkrank" 8,4; in der 4. Strophe wirkte der Reimzwang auf die Reimbildung ein). Die Eheschließung im Elternhaus ist durch den Priester bereits vollzogen, jetzt soll die Einholung der Braut in das Haus des Bräutigams folgen. Die Krankheit verschlimmert sich jedoch auf dem Wege und während der Festlichkeiten immer mehr und führt zuletzt zum Tode der Braut. Vorher ist jedoch eine entscheidende Wendung eingetreten, zu vergleichen der dramatischen Peripetie. Die Braut widerstrebt nicht mehr ihrem Geschick, sie erkennt darin ein göttliches Walten und will sich nun diesem ganz überlassen. Sie hat also eine innere Katharsis durchgemacht, und der Lohn ihrer jetzt freiwilligen Entsagung ist, entsprechend mittelalterlich-kirchlichem Denken, das Sterben in jungfräulicher Reinheit.[7]

Unsere Annahme wird durch den Aufbau des Liedes gestützt. Die Handlung gliedert sich in drei Szenen, von denen eine jede vier Strophen umfaßt. Jede Szene beginnt mit einem heiteren Bilde. Zuerst der fröhliche Zug des Bräutigams mit seinen Rittern und Edelleuten zur Einholung der Braut; im zweiten Bilde das reiche Mahl, die Festesfreude der Gäste, und schließlich das glänzende Geleit unter Fackel- und Kerzenschein. Jedesmal folgt auf die Schilderung der Freude eine Darstellung des Leidens der Braut, so daß der Stimmungskontrast von lauter Lust und verhaltener Qual das ganze Lied durchzieht.[8]

Wie konnte aus diesem inhaltlich und poetisch geschlossenen Liede die ungewöhnlich lange Weiterbildung zu 38 Strophen hervorgehen?[9] Zunächst galt es, für die angebliche Verwundung der Braut einen triftigen Grund zu finden. Dies war der Anlaß zu der ersten Interpolation (Str. 2—6). Der hier gegebenen Begründung sieht man das Künstliche ohne weiteres an[10], und der wortreiche, übertreibende Stil dieser Strophengruppe hebt sich deutlich von dem echten Liede ab. Ein Reim wie „hot" (= hat) auf „rot" hat Entsprechungen nur in den sekundären Teilen der Ballade.

Während man im Archetypus nach der Wegepisode sogleich in die Hochzeitsfeierlichkeit im Schlosse versetzt wird, also an den zweiten Höhepunkt des Festes, schiebt der Nachdichter erst noch einen Bericht über die Vorgänge bei der Ankunft ein (Str. 10—12) und antizipiert dabei vergröbernd das folgende echte Motiv der Strophen 14—17. Unnatürlich grausam erscheint die spätere Szene während des Mahles, wenn der Graf seiner Mutter schon bei der Ankunft mitgeteilt hat, daß die Braut „bis auf den Tod verwundt" ist (Reim „inniglei : sei").[11]

---

[7] In meiner Dissertation noch anders begründet.

[8] Die von keiner Schuld belastete Rolle des Bräutigams zeigt ihn in jeder Phase des Geschehens als ritterlich liebenden Gemahl.

[9] 21 der sekundär hinzugetretenen Strophen, also die große Mehrzahl, haben vierhebig volle Zeilen (2—4; 5; 6; 10; 11; 13; 22—25; 28; 30; 31; 33—38). Außerdem kommen noch folgende Versformen vor: Alle Verse dreihebig klingend (19; 27), die ersten beiden Zeilen vierhebig voll, der dritte und vierte Vers vierhebig klingend (29; 32). Zu Str. 12 vgl. oben.

[10] Zu den späteren Erklärungsversuchen vgl. DVM S. 209 ff. Die wuchernde Phantasie der Nachdichter baute die ursprünglich gar nicht benötigte Vorgeschichte immer mehr aus. So wurde in ausländischen Abarten sogar eine Hirschjagd des Gefolges eingeschaltet, um das Alleinbleiben des Brautpaares zu motivieren. Aber eine einleuchtende Ursache für das Herausfahren des Schwertes aus der Scheide fehlt auch hier.

[11] Der im Liede vorgegebene Zug der übel gesinnten Mutter des Grafen verschmilzt in der jüngeren Überlieferung mit dem Motiv der Böses stiftenden Schwiegermutter. So vergiftet sie nach der Schwarzwälder Version vor der Ausfahrt den Degen des Sohnes. Aber man fragt mit Meinert, woher sie wissen konnte, daß später das Schwert aus der Scheide

Völlig überflüssig sind die 13. Strophe (wieder Übertreibung: „wie eines Fürsten Hochzeit") und die ebenfalls inhaltlose Strophe 19. Eine scheinbare Lücke wird in der Sterbeszene nach Strophe 21 ausgefüllt. Der Dichter beschränkte sich darauf, die Bitte der Braut mitzuteilen. Jetzt wird – wiederum überflüssigerweise – eine Antwort des Grafen hinzugefügt: Er gewährt die Bitte, klagt sich dann selbst wegen des Unglücksfalles an und bittet um Verzeihung (logische Anordnung der Gedanken angesichts der dem Tode geweihten Braut!). Selbstverständlich durfte auch eine Erwiderung nicht fehlen (Str. 25): „ . . . und in höfischer Form wechseln auch Braut und Bräutigam nach der tödlichen Verwundung und selbst in der Todesstunde zierlich gebaute Reden."[12]

Die Häufung der Liebesnamen gehört, wie wir schon sahen, zum Stil des Redaktors, und gleichzeitig fällt wieder die primitive Reimtechnik auf: „Kaiserin – sein"; „schon – geton"; „End – wund erkennt."

Das fälschlich vorausgesetzte, ungewollte Verschulden des Grafen schien nun auch eine Verlängerung des Erzählten zu verlangen, die aber zugleich ein neues Moment der Spannung enthalten mußte: die irrtümliche Bestrafung und schließliche Rechtfertigung des sich selbst verklagenden Bräutigams. Im Gegensatz zu der natürlichen Folgerichtigkeit des ursprünglichen Liedes führte der Redaktor die endliche Lösung durch das Mittel übernatürlicher Vorgänge herbei. Das Motiv der Grabeslilien, das ebenfalls der Legende entstammt, ist in der Volksdichtung verbreitet.[13]

Man hat schon die Annahme vertreten, daß der Stoff der Graf Friedrich-Ballade sich auf ein wirkliches Ereignis in der Geschichte einer gräflichen Familie bezieht.[14] Hermann Schneider schreibt: „In dieser Aktualität, so möchte ich glauben, ist in vielen Fällen Entstehung und Erfolg der Volksballade begründet . . . Wenn das Hildebrandslied beginnt: ‚Ich will zu Land ausreiten, sprach sich Meister Hildebrand', so setzt es voraus, daß Hildebrand, Dietrich dem Hörer vertraute Größen sind. Nicht anders rechtfertigt sich der Eingang: ‚Graf Friedrich tät ausreiten' –. Ich sah den Herrn von Falkenstein und dgl. Ein tatsächlicher, wenn auch nur in engerem landschaftlichen Kreise bekannt gewordener Balladenheld und Balladenvorgang wird durch solche Einsätze bewiesen . . .".[15] Dies würde natürlich auch zutreffen,

---

gleiten und gerade die Braut verwunden würde (vgl. Weiteres hierzu in DVM II S. 210 f.; Jahrb. f. Volkslf. V, S. 28 ff.). Der Folgerung J. Meiers vermag ich jedoch nicht beizupflichten „So wird durch die slavische Überlieferung und durch die entsprechenden deutschen Fassungen dies Motiv mit Sicherheit als ursprünglich in der Ballade vom ‚Grafen Friedrich' erwiesen: die Tücke der Mutter, die durch ihren Fluch wirkt, nicht der Zufall ist es, der den Tod der Braut herbeiführt" (vgl. Jb.f.Volkslf. V, S. 36).

[12] Vgl. J. Meier, DVM II,2 S. 212.

[13] Vgl. Blümml, *Zur Motivgeschichte des deutschen Volksliedes, Studien zur vergleichenden Literaturgeschichte VII* (1907), S. 171.

[14] Vgl. Jahrb. f. Volkslf. V, S. 28.

[15] Vgl. Hermann Schneider, *Vom Werden des deutschen Geistes, Festgabe für Ehrismann,* 1925, S. 123.

wenn es sich nur um den Tod der Braut am Hochzeitstage handelte, da ein solches Vorkommnis immer die Gemüter erschüttern mußte und sein Eintreten auch ohne einen so schwer vorstellbaren Unglücksfall wie hier als Ursache tragisch wäre.

Alle späteren Fassungen greifen mehr oder weniger auf Motive der Bearbeitung zurück. Der Archetypus ist in unvermischter Form nirgends erhalten, anscheinend wurde er durch die spätere Umarbeitung gänzlich verdrängt. Im ganzen kann man sagen, daß sich die Ballade sowohl im Hinblick auf den Archetypus wie auf seine Erweiterung in hohem Maße verändert hat. Mehr und mehr wurde das Lied dem ursprünglichen Milieu entrückt. Das geht vielfach schon aus dem Namen und der Bezeichnung des Helden hervor: Halle und Altmark: „König", Hessen: „Herr Friedrich", Böhmen „Hoffried der Herr", Außiger Gau: „Fridolin", Vogtland (wohl verhört): „Karl Friedrich". In Rügen und am Rhein ist nur noch allgemein von einem Reiter die Rede. Bei Meinert[16] heißt der Bräutigam „Hannsle", die Braut „Annle". Dem entspricht, daß er sie nicht auf sein Schloß, sondern zu seinem Bauernhof führt. Ländliche Verhältnisse werden in mehreren Fassungen vorausgesetzt. Statt mit dem ritterlichen Schwert ersticht sich der Bräutigam in den meisten jüngeren Texten mit einem Messer.[17] Die Flinte in der Version aus Thüringen sowie das Gewehr bei Heeger-Wüst[18] zeigen die Anpassung des Liedes an moderne Verhältnisse (vgl. die Pistole im bulgarischen Text „Schön Milena").[19]

Die auffallendste Wandlung ist mit dem Verhalten des Grafen im Schlußteil vorgegangen. Im Archetypus war von seiner Schuld gar nicht die Rede. Die Bearbeitung bringt seine edle Gesinnung in vielen Zusatzstrophen noch besonders zum Ausdruck, und durch mehrfache Wunderzeichen wird schließlich seine Schuldlosigkeit erwiesen. Später dagegen erscheint das Verhalten des Helden, wenn auch an seiner Unschuld festgehalten wird, recht wenig sympathisch. Statt seine ungewollte Tat offen zu bekennen, sucht er sie zu verbergen, zunächst seinen Begleitern, später den Verwandten der Braut gegenüber. Erst als er sieht, daß weiteres Leugnen unmöglich ist, läßt er sich zu einem Geständnis herbei. Mit dieser Darstellung hängt der Zug zusammen, daß nicht der Vater allein, sondern mehrere Angehörige, Vater, Mutter, Bruder und Schwester, nacheinander erscheinen und nach der Braut fragen, wodurch die seelischen Qualen des Geängstigten noch vervielfacht werden. Die Entstellung des Charakters beruht vermutlich auf einer Einwirkung der Lieder vom Ulinger. Aus diesen stammt jedenfalls die Abweichung, daß der Bruder anstelle des Vaters die Bestrafung vollzieht. Von dort sind die Strophen 18 und 19 der schwedischen Fassung entnommen.[20]

---

[16] Vgl. Georg Meinert, *Alte teutsche Volkslieder in der Mundart des Kuhländchens*, Wien und Hamburg 1817, Nr. 15.

[17] Auch den Tod des Bräutigams berichten nicht alle Versionen getreu nach der alten Überlieferung. Er tötet sich zumeist selbst oder stirbt aus Schmerz über den Verlust der Braut.

[18] Vgl. G. Heeger und W. Wüst, *Volkslieder aus der Rheinpfalz*, Kaiserslautern 1909.

[19] Vgl. Strauß, *Bulgarische Volksdichtungen*, S. 391.

[20] Vgl. Svend Grundvig, *Gamle danske Folkeviser* 4, 474 Nr. 244 und 5, 328 Nr. 277.

Keinen tragischen Ausgang nimmt das dänische Seitenstück, dem gleichfalls das Lied von der traurigen Hochzeit zugrunde liegt. Hier dient die unabsichtliche Verwundung durch den Jüngling vielmehr dazu, das Liebespaar zusammenzuführen.[21]

---

[21] Den Nachweis eines großen Teils der von mir benutzten Fassungen habe ich der gütigen Hilfsbereitschaft von Johannes Bolte zu danken.

II. Die älteste Gestalt der Ballade vom Tannhäuser[1]

Wie die Überschrift andeutet, setzt sich diese Untersuchung eine „Rekonstruktion"
des Archetypus unseres Liedes zum Ziel. Über die Möglichkeit der Rekonstruktion
eines alten Volksliedes hat sich neuerdings Joh. Koepp geäußert: „Wie es niemals
gelingen wird, für die alten Lieder den Verfasser ausfindig zu machen, so wird auch
die Rekonstruktion eines alten Liedes nur Stückwerk bleiben. Nicht immer ist die
Fassung, die in der Handlung logisch klar und durchsichtig und im Versmaß und
Reimschema fehlerlos ist, die ursprüngliche, sondern ein Lied mit den angegebenen
Vorzügen kann auch die spätere Überarbeitung von der Hand eines Dichters sein,
der das Lied zurechtgestutzt hat."[2] Wir könnten dieser Ansicht im wesentlichen zustimmen, insofern nämlich, als das Wort „zurechtgestutzt" auf die rekonstruierte
Fassung zutrifft. Es wird aber nicht schwerfallen, das zurechtgestutzte Machwerk
von einem aus inneren Gesetzen dichterischer Logik und Klarheit geformten Gebilde
zu unterscheiden. Daß wir es bei den Liedern des 16. Jahrhunderts in weit höherem
Maße, als bisher angenommen wurde, mit Dichtungen gebildeter Einzelpersönlich-
keiten zu tun haben, geht auch aus einer Bemerkung von A. Hübner hervor: „Denn
woher stammen unsere Liederhandschriften? Aus Adelskreisen, aus geistlichen Händen, nicht zuletzt aus bürgerlichen städtischen Kreisen. An das Lied des flachen
Landes kommen wir durch sie nicht heran. Der Begriff des Volksliedes, wie ihn die
moderne Volksliedforschung für das Lied unserer Tage geschaffen hat, und das
Volkslied des 16. Jahrhunderts sind nicht ohne weiteres kommensurable Größen –
eine Tatsache, auf die immer wieder hingewiesen werden muß."[3] Eine solche echte
„Dichtung" stellt, wie ich glaube, das ursprüngliche Lied vom Tannhäuser dar.

In seiner Abhandlung über Tannhäuser und den Venusberg hat Barto[4] seine
Ansicht begründet, daß unter den Versionen des Volksliedes vom Tannhäuser[5]
die 21 Strophen umfassende Überlieferung des Antwerpener Liederbuches vom

---

[1] Als Aufsatz erschienen im „Jahrbuch des Vereins für niederdeutsche Sprachforschung",
56/57 (1930/31), S. 194 ff.
[2] Vgl. Joh. Koepp, *Untersuchungen über das Antwerpener Liederbuch vom Jahre 1544*,
Antwerpen 1929, S. 11. – Ich möchte hier auch hinweisen auf die Untersuchungen in der
von John Meier herausgegebenen Sammlung *Deutsche Volkslieder mit ihren Melodien*, Bd. I,
1 (1935), S. 145 ff. Sie lag zur Zeit der Abfassung meines früheren Aufsatzes noch nicht vor.
[3] Vgl. A. Hübner, *Eine neue niederrheinisch-westfälische Liederhandschrift aus dem
16. Jahrhundert* = Jahrb.d.Ver.f.ndd. Sprachforschung 53 (1927), S. 46 f.
[4] Vgl. P. S. Barto, *Tannhäuser and the Mountain of Venus. A Study in the legend of the
Germanic Paradise*, New York (1916), S. 72 ff.
[5] Vgl. den Abdruck der erreichbaren Fassungen bei Barto, S. 149-248, und die Übersicht
bei Koepp, a.a.O., S. 61-64 (DVM S. 152/55).

Jahre 1544, Nr. 160 („Van Heer Danielken")[6] eine ältere, und zwar die echte Form der Ballade darstellt. Die Auffassung Bartos wird jedoch von Grüner Nielsen abgelehnt[7] und auch von Margarete Lang aus verschiedenen Gründen bezweifelt.[8] Ich selbst habe in meiner ungedruckten Dissertation gezeigt, daß die Abweichungen der ndl. Version sich teils durch Zusammenziehung, teils durch Zerdehnung der hoch- oder niederdeutschen Lesarten erklären lassen. Bezüglich der dem ndl. Text eigentümlichen Motive wurden dort auch im einzelnen die vermutlichen Quellen nachgewiesen.[9]

Meiner jetzigen Untersuchung lege ich den Wortlaut der hochdeutschen Vulgatfassung zugrunde, die handschriftlich und auf fl. Blättern aus der ersten Hälfte des 16. Jahrhunderts überliefert ist.[10] Sie macht auch nach Pfaff[11] den ursprünglichsten Eindruck. Das gilt unter anderm für die Lesart 1, 4 „mit Venus der edlen Minne". Die Wendungen anderer Texte: „mit seiner Fraw Venussinnen", „mit fraw Venussinnen", „mit frouwen Venussinnen", „mit Venus der Tüvelinnen" wollen den Gegensatz zu ihrer Auffassung beseitigen, daß Venus eine Teufelin ist.

Die 26 Strophen dieser Fassung zerfallen in zwei Gruppen, die inhaltlich und formal ein so verschiedenes Gepräge tragen, daß der Schluß, sie rührten von zwei verschiedenen Verfassern her, wie ich glaube, nicht zu umgehen ist. Ihrem Inhalt und ihrer Form nach gehört auch eine Strophe zum Archetypus, die nur noch niederdeutsch, in den hochdeutschen Texten nicht mehr erhalten ist.[12] Der Beweisführung lasse ich den Text vorangehen, indem ich zur Erleichterung des Überblicks die für echt zu haltenden Strophen (= Gruppe A) auf die linke, die unechten Zusätze (= Gruppe B) auf die rechte Seite stelle.[13]

---

[6] Vgl. *Das Antwerpener Liederbuch vom Jahre 1544*, hrsg. von Hoffmann von Fallersleben, Hannover 1855; F. v. Duye, *Het oude nederlandsche Lied*, Antwerpen 1903, Nr. 3b; Joh. Koepp, a.a.O., S. 211.

[7] Vgl. H. Grüner Nielsen, *Danske Viser 4* (1919), S. 190.

[8] Vgl. *Von Deutscher Poeterey, Forschungen und Darstellungen aus dem Gesamtgebiete der deutschen Philologie*, Bd. 17: *Tannhäuser*, Leipzig 1936, S. 165.

[9] Vgl. *Studien zum Antwerpener Liederbuch vom Jahre 1544*, Tübingen 1923. – Der ndl. Text v. Duyse 3 ist zwar in vieler Hinsicht eine Sonderüberlieferung, setzt aber unseren deutschen Archetypus voraus (vgl. Koepp, a.a.O., S. 66). Zu den Namen „Danielken", „Danel" verweise ich auf die Ausführungen von P. Alpers. *Die alten niederdeutschen Volkslieder*, Hamburg 1924, S. 214; Koepp, a.a.O., S. 66.

[10] Fl. Bl. Nürnberg, Jobst Gutknecht 1515, Univ.-Bibl.-Erlangen Inc. 1146 a Nr. 24 = DVM I Nr. 15, Fassung 1; Uhland, *Alte hoch- und niederdeutsche Volkslieder* Nr. 297 A nach der Hdschr. Val. Holls, 1524; Erk-Böhme, Lh.I Nr. 17a.

[11] Vgl. F. Pfaff, *Die Tannhäusersage, Verhandlungen der 49. Versammlung deutscher Philologen und Schulmänner in Basel*, vom 24.-27. September 1907, S. 104.

[12] Vgl. Uhland, *Schriften zur Geschichte der Dichtung und Sage 4*, 266; anders, doch nicht überzeugend, H. Heine, *Die verbannten Götter* (1853). – Nach Alpers ist der ndd. Text aus dem hochd. übertragen. Vgl. auch Alpers, *Untersuchungen über das alte ndd. Volkslied*. Diss. Göttingen 1911, S. 42. Zu den ndd. Lesarten vgl. Uhland, Nr. 297 B; Erk-Böhme Lh.I, Nr. 17 c; Alpers, Nr. 3.

[13] Den 12 echten Strophen stehen 15 sekundäre gegenüber.

A   **B**

1. Nun will ich aber heben an
   von dem Danhauser singen
   und was er wunders hat getan
   mit Venus, der edlen Minne.

2. Danhauser was ein ritter gut,
   wann er wollt wunder schawen,
   er wolt in fraw Venus berg
   zu andren schönen frawen.

nd. 3. Do ein jar al umme quam,
   sine sünde begünden em to leiden:
   ‚Venus, eddel frouwe fin,
   ick wil wedder van juw scheiden.‘

        3. ‚Herr Danhauser, ir seind mir lieb,
   daran sölt ir gedenken!
   ir habt mir ainen aid geschworn;
   ir wölt von mir nicht wenken.‘

        4. ‚Fraw Venus! das enhab ich nit,
   ich will das widersprechen,
   und redt das iemants mer dann ir,
   gott helf mirs an im rechen!‘

        5. ‚Herr Danhauser, wie redt ir nun?
   ir sölt bei mir beleiben;
   ich will euch mein gespilen geben
   zu ainem stäten weibe.‘

        6. ‚Und näm ich nun ain ander weib
   ich hab in meinen sinnen:
   so must ich in der helle glût
   auch ewiklich verprinnen.‘

        7. ‚Ir sagt vil von der helle glût,
   habt es doch nie empfunden,
   gedenkt an meinen roten mund!
   der lacht zu allen stunden.‘

        8. ‚Was hilft mich euer roter mund?
   er ist mir gar unmäre
   nun gebt mir urlob, frewlin zart,
   durch aller frawen ere!‘

A

9. ,Danhauser, wölt ir urlob han,
ich will euch kainen geben;
nun pleibt hie, edler Danhauser,
und fristen euer leben!'

10. ,Mein leben das ist worden krank,
ich mag nit lenger pleiben;
nun gebt mir urlob, frewlin zart,
von eurem stolzen leibe!'

B

11. ,Danhauser, nit reden also!
ir tund euch nit wol besinnen;
so gen wir in ain kemerlein
und spilen der edlen minne!'

12. ,Eur minne ist mir worden laid,
ich hab in meinem sinne:
fraw Venus, edle fraw so zart!
ir seind ain teufelinne.'

13. ,Herr Danhauser, was redt ir nun
und daß ir mich tund schelten?
und sölt ir lenger hie innen sein,
ir müstens ser entgelten.'

14. ,Fraw Venus! das enwill ich nit,
ich mag nit lenger pleiben.
Maria můter, raine maid,
nun hilf mir von den weiben!'

15. ,Danhauser, ir sölt urlob han,
mein lob das sölt ir preisen,
und wa ir in dem land umb fart,
nemt urlob von dem greisen!'

16. Do schied er widrumb auß dem berg
in jamer und in rewen:
,ich will gen Rom wol in die statt
auf aines bapstes trewen.'

17. Nun far ich frölich auf die ban,
gott well mein immer walten!
zu ainem bapst der haist Urban
ob er mich möcht behalten. –

A   **B**

18. ‚Ach bapst, lieber herre mein!
    ich klag euch hie mein sünde,
    die ich mein Tag begangen hab,
    als ich euch will verkünden.

19. Ich bin gewesen auch ein jar
    bei Venus ainer frawen,
    nun wölt ich beicht und bůß empfahn,
    ob ich möcht gott anschawen.‘

20. Der bapst het ain steblin in seiner hand,
    und das was also durre:
    ‚als wenig das steblin gronen mag,
    kumstu zu gottes hulde.‘

                                                      21. ‚Und sölt ich leben nun ain jar,
                                                          ain jar auf diser erden,
                                                          so wölt ich beicht bůß empfahn
                                                          und gottes trost erwerben.‘

22. Do zoch er widrumb auß der statt
    in jamer und in laide:
    ‚Maria můter reine maid!
    ich můß mich von dir schaiden.‘

                                                      23. Er zoch nun widrumb in den berg
                                                          und ewiklich on ende:
                                                          ‚Ich will zu meiner frawen zart,
                                                          wo mich gott will hin senden.‘

                                                      24. ‚Seind gottwillkomen, Danhauser!
                                                          ich hab eur lang emboren;
                                                          seind willkom, mein lieber herr,
                                                          zu ainem bůlen auß erkoren!‘

25. Es stond biß an den dritten tag,
    der stab fieng an zu gronen,
    der bapst schickt auß in alle land:
    wa Danhauser hin wär komen?

26. Do was er widrumb in den berg
    und hat sein lieb erkoren;
    des můß der vierde bapst Urban
    auch ewig sein verloren.

Wir haben in der Gruppe A eine in sich geschlossene Darstellung der Märe von dem Ritter Tannhäuser und seinem Aufenthalt im Venusberge. Wie M. Lang in ihrem mir zur Zeit der früheren Abfassung dieses Aufsatzes noch nicht bekannten Buche (vgl. oben, Anm. 8) nachweist, läßt keines der Lieder aus dem großen Kreis der Tannhäusermotivdichtungen den völligen Balladenvorgang durchklingen. Die Motive von der Rückkehr in den Venusberg und vom Stabwunder fehlen.[14] Drei der übrigen die Handlung tragenden Bestandteile sind schon in höfischer Dichtung nachweisbar: die Venusminne, das Papsturteil und der Venusberg.[15] Aber M. Lang bemerkt dazu: „Wie der Handlungsverlauf sich bildete und zu den frühen Schichten der Tannhäuserüberlieferung und der klassisch-höfischen Sinn- und Formgebung in Beziehung trat, ist damit nicht erklärt.“[16] Mir scheint, daß diese Lücke in unserer Kenntnis der verschiedenen Stadien der Entwicklung am besten zu schließen wäre, wenn wir an das schöpferische Vermögen einer Dichterpersönlichkeit denken, und die zwölfstrophige Fassung A erfüllt eine solche Voraussetzung ungleich eher als die ndl. Form, in der M. Lang die „selbständige Umbichtung eines nicht unbedeutenden Sängers“ sehen möchte.[17] Wie hat der Dichter den Stoff gestaltet?

In der auch dem Volkslied eigenen Art des alten Heldengesanges eilt unser Lied sprunghaft von Gipfel zu Gipfel. Nach kurzer, nur eine Strophe füllender Exposition – die erste Strophe machte die Hörer allgemein mit dem Stoff des Liedes bekannt – führt uns der Dichter sogleich in eine entscheidende, spannende Situation. Die Zeit des Aufenthalts in der Unterwelt, Tannhäusers Teilnahme an den Freuden und Genüssen des Lebens im Venusreiche, übergeht unser Lied. Es zeigt den Helden erst wieder, als er im Begriffe steht, aus dem Reiche der Göttin zu scheiden. Nachdem ein kurzer, aber inhaltsreicher Dialog (3 Strophen, vgl. unten) hier die Entscheidung zu Tannhäusers Gunsten gebracht hat, steigt die Handlung weiter an. Wir sehen Tannhäuser auf seiner Bußfahrt nach Rom (Str. 16) und stehen sodann auf dem Höhepunkt des ganzen Dramas.[18] An die offene, nichts verheimlichende und umfassende Beichte schließt sich kurz und hart das päpstliche Verdammungsurteil, und Schlag auf Schlag, in je einer Strophe, folgen weiter die einzelnen Ereignisse, in denen die Handlung zu dem tragischen Ende herabsinkt. Bemerkenswert ist, daß auch jetzt nicht ein spannendes Moment fehlt, wodurch das Interesse bis

---

[14] A.a.O., S. 162 f.

[15] A.a.O., S. 161.

[16] Ebenda, S. 161.

[17] Als Anregung zum Stabwunder kommen außer einer von Grimm berichteten Necksage auch der grünende Stab Aarons (4. Mos. 17) in Betracht (vgl. E. Schmidt, *Charakteristiken 2*, 34, 47; Golther, *Zur deutschen Sage und Dichtung*, 1911, 38; M.Lang, S. 167). Zu der antipäpstlichen Tendenz vgl. R. M. Meyer, *Tannhäuser und die Tannhäusersage*, Zt. d. Ver. f. Volksk. in Berlin 21, S. 19 ff.

[18] Vgl. Erich Schmidt, *Tannhäuser in Sage und Dichtung* (Charakteristiken 2, 33, Berlin 1911): „... ohne jede Reiseschilderung und Audienzerklärung.“

zum Schluß wach erhalten wird. T. verläßt die Stadt Rom, um wieder in den Venusberg zurückzukehren. Aber noch einmal zeigt sich ein Hoffnungsstrahl. Ein
Wunder geschieht. Noch ist die Rettung des Ritters möglich, wenn nur die Boten
des Papstes ihn erreichen, ehe er sein Vorhaben ausgeführt hat. Auf diese Frage
spitzt sich also der letzte Teil des Liedes zu, und erst in der letzten Strophe wird die
atemlose Spannung der Hörer gelöst. Die drei Bestandteile des Stoffes, die Barto
(S. 73) unterscheidet, Tannhäusers Scheiden aus dem Venusberg, seine vergebliche
Bitte um Absolution, seine Rückkehr in den Berg, sind hier in durchaus ebenmäßiger
Weise behandelt, ein Vorzug, dessen Fehlen in unseren Vulgatfassungen Barto mit
Recht beanstandet und auf sekundäre Einschübe zurückgeführt hat. –

Der erste Teil der Plusstrophen (= Gruppe B) bezieht sich auf das Gespräch
zwischen Venus und Tannhäuser. Venus tritt hier als Dämonin auf, die den Ritter
nicht freigeben will und ihn durch alle möglichen Verführungskünste an ihr Reich
zu fesseln sucht. Der Umstand, daß es sich bei einzelnen Motiven dieses Teils um
formelhafte Züge des Volksliedes handelt (der angebliche Treueschwur des Ritters,
der Hinweis auf den lachenden roten Mund der Venus, das „Spielen") spricht hier
eher gegen als für eine primäre Entstehung im Rahmen des Liedes. Als Venus dem
Ritter eine ihrer Gespielinnen zu einem „stäten Weibe" anbietet, lehnt er dies Ansinnen mit dem Hinweis auf die Höllenstrafe ab. Die Furcht vor der Hölle ist ein
äußerliches Motiv und zeigt die Umkehr Tannhäusers nicht im günstigen Lichte.
Wieviel innerlicher faßt der andere Dichter die Sinnesänderung des Ritters auf:
Reue über seine Sünden (= nd. 3, 2) und der Wunsch, „Gott anzuschauen" (19,4)
waren der Anlaß, und wieviel ergreifender wirkt im Hinblick hierauf sein Geschick.

Ein Haupteinwand inhaltlicher Art gegen die Echtheit dieser 10 Strophen ergibt
sich aber daraus, daß in ihnen mit überflüssiger Breite ausgeführt wird, was der
ursprüngliche Dichter mit größerer Kunst in 2 Strophen (9.10) – wir dürfen sagen:
erschöpfend – zum Ausdruck gebracht hat. Wir blicken noch einmal zu Strophe 4
(= 9) der andern Gruppe hinüber. Sie enthält in gedrängter Form alles, was an
Widerstand von seiten der Venus zu erwarten war: Z. 2: Venus stellt sich auf den
Standpunkt der Gebieterin und verweigert den erbetenen Urlaub. Z. 3: Sie legt sich
aufs Bitten und fügt schließlich (Z. 4) noch eine Mahnung an. Nur ein Zug fehlt,
die Drohung mit ihrer Rache (vgl. Str. 13). Aber diese Rache der Göttin wird niemals ausgeführt, vielmehr wird T. gerade auch nach der Auffassung dieser Strophen
bei seiner Rückkehr aufs freundlichste empfangen (Str. 23, 24). Es ist also ein blindes Motiv. Sollte die Annahme da unbegründet sein, daß der ursprüngliche Dichter
von vornherein auf diesen Zug verzichtet hat? Andererseits aber war er Dichter genug, um das Moment der Verführung und Versuchung, das in dem Thema lag, nicht
unberücksichtigt zu lassen. Aber ein einziger Vers genügte ihm wieder, um es zur
poetischen Anschauung zu bringen: T. sagt in seiner letzten, dringenden Bitte:
„Nun gebt mir urlob, frewlin zart, von eurem stolzen leibe!" Das ist ein Hinweis
auf die Schönheit der Liebesgöttin, vor deren Eindruck der Ritter sich auch jetzt

nicht verschließt, ganz im Gegensatz zu der Auffassung der Strophen von B (vgl. 8,1–2; 12,1). Daß die Göttin es nötig hat, den Ritter noch ausdrücklich darauf aufmerksam zu machen, ist bereits eine Herabsetzung der Macht ihrer Reize und erklärt sich aus der naiven Anschauung eines Nachdichters, der uns auch sonst mehr in eine bürgerliche Sphäre als in die eines Feen- und Wunderreiches versetzt, wie es dem ursprünglichen Dichter offenbar vorschwebte (vgl. Str. 2 und dagegen Str. 11: in einem „kemerlein").

Wie John Meier in seinen „Volksliedstudien" (Straßburg 1917) gezeigt hat, ist es die Art sekundärer Erweiterer, daß sie Situationen ausführen, die bei dem sprunghaften Stil des Volksliedes übergangen wurden. Das ist auch in unserem Falle geschehen, wenn mitgeteilt wird, daß V. den Wunsch des Ritters erfüllt (Str. 15). In der anderen Fassung wird hierüber nichts gesagt, war es doch ohne weiteres aus der Tatsache ersichtlich, daß T. den Berg verlassen hat. Zudem erscheint dort auch das Verhalten der Göttin besser begründet als durch die sekundäre Strophe (T. soll überall im Lande das Lob der V. verkünden). T. hat auf sein seelisches Siechtum hingewiesen, und V. ist klug genug, um einzusehen, daß weiterer Widerstand ihr Verhältnis zu dem Ritter nicht bessern, sondern nur verschlechtern könnte. Ihre Einwilligung erscheint daher jetzt als selbstverständlich.

Es ist ferner durchaus folgerichtig, wenn T. nach der echten Fassung (Str. 16) den Berg in Jammer und in Reue verläßt. In B (Str. 17) macht er sich fröhlich auf den Weg. An diesem Punkt wird die Verschiedenheit in der geistigen Einstellung der Verfasser zu ihrem Stoff besonders greifbar. Str. 17 ist eine Dublette zu 16, wie sich auch äußerlich aus dem parallelen Bau der Verse ergibt (vgl. zu 17,4 den Vers 9,4). T. zeigt hier ein unbedingtes Vertrauen auf Gottes Güte. Hierzu ist er nach der Auffassung des Bearbeiters berechtigt, weil diesem im Geiste bereits das göttliche Gnadenzeichen des Stabwunders vor Augen stand, von dem T. in Wirklichkeit gar nichts wissen konnte.

Es ist aber anzunehmen, daß der ursprüngliche Autor soweit in seinem Stoffe lebte, daß ihm ein solcher Verstoß gegen die innere Logik der Legende nicht begegnen konnte, ist doch allein schon der Umstand, daß T. den Papst selber, statt einen Geistlichen niederen Ranges, aufsucht, ein Beweis seines tiefen Schuldbewußtseins. Von der dargelegten Anschauung des Bearbeiters aus versteht es sich wohl auch. daß T. schon in dem Gespräch mit V. nach den unechten Strophen auf Gottes und der Jungfrau Maria Beistand vertraut (vgl. 4,4; 14,3,4). Möglich wäre ferner, daß sich hierin eine schon protestantisch bzw. vorreformatorisch gerichtete Religiosität des zweiten Verfassers ausspricht: Von dem Augenblick an, in dem der Sünder Reue empfindet, ist er innerlich wieder mit Gott verbunden. Selbst der von der Kirche Gebannte führt deshalb den Namen Gottes wie jeder andere gläubige Christ im Munde und verläßt sich auf die göttliche Leitung (Str. 23).

Der Interpolator hat die Idee des Schlußteils in Str. 17 gleichsam antizipiert. Einem wirkungsvollen Motiv der letzten Strophe begegnet man verfrüht an dieser Stelle. Die Verfluchung des grausamen Papstes, Str. 26, wird durch die Nennung seines vollen Namens verschärft.[19] In der 17. Strophe lernen wir den Namen des Papstes kennen, ohne daß ein künstlerischer Zweck damit verbunden ist. In der Struktur des Verses 17,3 liegt eine Kombination der beiden Verse 16,4 und 19,2 vor.

Mit einer Dublette haben wir es auch in Str. 21 zu tun, und zwar soll jetzt – vom Standpunkt des Bearbeiters aus ganz logisch – der Eindruck der Beichte in einer bestimmten Richtung verstärkt werden.[20] In dem echten Text nimmt die Beichte einen verhältnismäßig breiten Raum ein. Die Bitte um Absolution dagegen wird nur angedeutet (vgl. besonders 19,4: „ob ich möcht gott anschauen"). Der Bearbeiter betont und unterstreicht vor allem das zweite Moment in Tannhäusers Buße, ohne Rücksicht auf die psychologische und zeitgeschichtliche Wahrscheinlichkeit, ist doch für ihn, der die göttliche Entscheidung im voraus kennt, Tannhäusers früheres sündiges Leben eine abgetane Sache. Zeile für Zeile gibt sich die Zusatzstrophe als eine Nachbildung und zugleich Überbietung von Str. 19 zu erkennen. V. 3 ist wörtlich übernommen.

Die Vorwegnahme eines erst später bedeutungsvollen Zuges ist, wie wir sahen, ein inhaltliches Kennzeichen der Interpolationen. Das trifft schließlich auch auf die beiden letzten Einschubstrophen, 23 und 24 der Vulgatfassung, zu. Es ergab sich uns schon früher, daß der Hörer in der echten Form bis zuletzt in Spannung erhalten wird. Ganz anders in der überlieferten Version. Tannhäusers Rückkehr in den Berg findet hier statt, noch ehe das Stabwunder in Erscheinung tritt. Also weiß der Hörer bereits, als der Papst seine Boten aussendet, daß es sich um ein vergebliches Bemühen handelt. Der Empfang des Ritters im Venusberge, der 26,2 nur andeutungsweise erwähnt wird, konnte allerdings eine nachschaffende Phantasie zur näheren Ausführung anregen. Z. 23,1 und der Gleichklang auf „erkoren" (24, 2-4) stammen aus dem echten Text (vgl. Str. 26).

Reuschel bemerkt zu dem Liedausgang: „Nur der Schluß befriedigt nicht recht. Warum verfällt Tannhäuser, der doch Reue fühlt, der Sünde von neuem?"[21] Man könnte diesen Einwand auch so formulieren: Warum läßt sich T., der doch vorher ein starkes Vertrauen auf Gottes Beistand zeigte und so bestimmt und sicher auftrat, durch den falschen Spruch des Papstes irre machen? Oder wie kann der beinahe protestantisch fühlende Ritter dem Spruch des Papstes eine so hohe Bedeutung zumessen, daß er sich durch ihn in die Arme der Teufelin zurücktreiben läßt? Ganz anders verhält es sich natürlich in A. Hier bedeutete das Urteil des Papstes die endgültige Verwerfung. Für den gläubigen Katholiken gab es keine Hoff-

---

[19] Andererseits liegt vielleicht auch in der Namensgebung eine gewisse Milderung, die vom Standpunkt der echten Strophen aus ebenfalls verständlich erschiene. Nicht das Papsttum allgemein wird gebrandmarkt, sondern dieser eine Papst, der an dem Untergang des Ritters die Schuld trägt.

[20] Die Strophe hatte ursprünglich wohl ihren Platz vor 20; statt „nun", Z. 1, ist „nur" zu lesen; vgl. unten.

[21] Vgl. Reuschel, *Die Tannhäusersage.* Neue Jahrbücher für das klass. Altertum 1, Bd. 13, S. 661.

nung mehr, wenn der Stellvertreter Christi auf Erden den Stab über ihn gebrochen hatte. Es kommt hinzu, daß auch die Auffassung von der Person der Venus bei den beiden Autoren nicht identisch ist. In der Vulgatfassung wird Venus teils in achtungsvoller, ja ehrerbietiger Weise genannt (vgl. 1, 4;2, 3-4; 8,3 = 10,3; 10,4; 12,3; 26,2; nd. 3,3), teils direkt oder indirekt verächtlich behandelt (8,1.2; 12,1.4; 14,4).[22] Die Strophen von A zeigen allein Äußerungen der ersten Art, während in den Einschubstrophen beide Arten gemischt sind, sich sogar, wie in Str. 12, hart im Raume stoßen. Als die dem Interpolator eigentümliche Auffassung wird man die zu betrachten haben, nach der Venus von dem Ritter als teuflisches, dämonisches Wesen hingestellt wird. Daß sich hier auch andere Wendungen finden, erklärt sich aus einer zum Teil wörtlichen Anlehnung an den älteren Text. So stammt die Zeile 8,3 wörtlich aus 10,3, und der Text von 12,3 ist eine Verbindung aus diesem Verse und ndd. 3,3 (vgl. auch 23,3). In dem ursprünglichen Liede wurde Venus ausschließlich als hoheitsvolle, allerdings unterchristliche Liebesgöttin geschildert. Demnach ist die „eddel frouwe fin" von vornherein als Kontrastfigur zu dem unchristlich handelnden Papst gedacht. Auf die ursprüngliche Ballade würde daher zutreffen, was J. Grimm (Mythologie 3,888) der Legende nachrühmt, daß in ihr die Sehnsucht nach dem alten Heidentum und die Härte der christlichen Geistlichkeit rührend geschildert sind, oder mit den Worten eines Forschers unserer Tage: „So klingt in einer Sage, die nicht vor Ende des 13. Jahrhunderts entsprungen ist, die Trauer um das längst verlassene Heidentum sehnsüchtig fort."[23]

Es bleibt noch übrig, die formalen Argumente anzuführen, durch die unsere inhaltliche Scheidung des Textes gestützt wird. Der Bearbeiter schließt sich dem metrischen Schema des ursprünglichen Liedes an. Ebenso wie der ursprüngliche Dichter macht er von der Freiheit des Volksliedes im Auftakt und in der Zahl der Senkungssilben Gebrauch. In beiden Texten stehen Assonanzen neben dem reinen Gleichklang. Darüber hinaus fallen aber in den Strophen von B mehrere Unregelmäßigkeiten auf: die zweisilbige Kadenz 5,3, das in der Kadenz einsilbig gebrauchte Wort „geschworn" 3,3 (vgl. dagegen 24,2:4), die Betonung von „also" auf der zweiten Silbe, die notwendig ist, um die vierte Hebung des Verses 11,1 – auf der letzten Silbe – zu erhalten (anders 20,2)[24], der rührende Reim 17,1:3. Dabei ist ferner zu beachten, daß eine größere Anzahl von Versen teils aus den echten Strophen wörtlich übernommen, teils echte Zeilen nachgebildet wurde und demnach zugleich auch deren metrischen Bau aufweist. Es sind folgende Verse: 8,3 = 10,3;

---

[22] Erst in der Reformationszeit wandelte sich der früher meist nur verlachte „Teufel" zu einer Bezeichnung des Bösen schlechthin.

[23] Vgl. A. Götze, *Tannhäuser und Venusberg*. Neue Jahrbücher für das klassische Altertum 53 (1924), 38.

[24] In den echten Strophen findet sich einmal, was aber weniger hart erscheint, die Betonung Dánhausèr mit Nebenton auf der 3. Silbe (9,3), dasselbe auch in der unechten Strophe 24, hier zugleich mit unregelmäßigem Reim 1 : 3 = Danhauser: herr.

14,2 = 10,2; 14,3 = 22,3; 21,3 = 19,3; 12,3: vgl. nd. 3,3 und 10,3; 23,1: vgl. 22,1 und 16,1; 24,4: vgl. 26,2; 15,1: vgl. 9,1; 17,4: vgl. 19,4; 17,3: vgl. 26,3; 5,2: vgl. 10,2; 11,4: vgl. 1,4. Die Wiederholung und Nachbildung von Versen beweist die Unselbständigkeit des Verfassers, vor allem den Mangel an eigenen Gedanken. Das wird weiter erwiesen durch die Übernahme formelhafter Wendungen aus dem Phrasenschatz der Volksdichtung und durch Anklänge an einige damals verbreitete Volkslieder. Formelhaft sind die Verse sowie der Reim 3,2:5[25] und die Bewillkommnung 24,1.3 (vgl. Uhland 121 Str. 18,3; 122 Str. 10,3). An andere Volkslieder klingen folgende Stellen an: Tannh. 3,1.3: „... ir seind mir lieb – ir habt mir ainen aid geschworn", vgl. Uhland 72 Str. 3,4.5: „so schwer ich doch bei meinem eid: kein lieber soll mir werden;" 21,2.4: „... erden – und gottes trost erwerben", vgl. Uhland 72 Str. 3,3: „gott ist mein trost auf erden"[26]; 12,2.4 (vgl. auch 6,2): „ich hab in meinem sinne – ir seind ain teufelinne, vgl. Uhland 67 (handschriftlicher Text der Klosterbibliothek St. Gallen, cod. 462 Bl. 20 b, nach Böhme vom Jahre 1510): 2,1.3: „Mir was in meinem sinne – si ist ein kaiserrinne" (ähnlich G. Forster III, 17 Str. 4, 1.3 und fl. Blatt Berlin Yd 9661 Str. 3,3.4); 7,4: „der lacht zu allen stunden", vgl. Uhland 67, Str. 1,4: „und traur zu aller stund." – In diesem Liede kommt auch (bei Forster zweimal) die Formel „wann ich an sie gedenck" vor (vgl. oben).

Als eine dichterische Eigentümlichkeit der Strophen von A haben wir neben der volksliedartigen Sprunghaftigkeit die gedrängte Kürze kennen gelernt. Hieraus folgt wiederum, daß die einzelnen Strophen in sachlicher und gedanklicher Beziehung sehr inhaltsreich sind. Bei dem Nachdichter steht der schon erwähnten Gedankenarmut ein phrasenhaft wirkender Wortreichtum gegenüber. So bestreitet T. in der vierten Strophe, der Venus Treue geschworen zu haben. Aber nicht mit Gründen widerlegt er sie, wie etwa 10,1, sondern mit leeren Redensarten. In Str. 24 wiederholt Venus sogar ihre eigenen Worte (Z. 1.3; vgl. auch 21,1:2). Leere Redensarten, gleichsam Verlegenheitsphrasen, sind auch sonst in den sekundären Strophen anzutreffen: 5,1; 11,1; 14,1. Lehrreich ist in dieser Hinsicht auch ein Vergleich der Strophen 23 und 16. Jene ist offenbar der 16. (echten) Strophe parallel gebaut. Die zweite Hälfte von Str. 16 unterscheidet sich nicht nur durch ihre dramatische Form von den beiden ersten Zeilen, sondern enthält auch einen neuen Gedanken. Hörten wir zuerst nur, daß T. den Berg verlassen hat, so erfahren wir jetzt das Ziel seiner Wanderung.[27] In Str. 23 wird aber mit den Zeilen 3/4 genau dasselbe gesagt, was uns schon in der ersten Hälfte der Strophe mitgeteilt wurde. Die Verschiedenheit ist nur äußerlich. Erst (Z. 1/2) sprach der Dichter in der 3. Person, sodann redet T. selbst.

Nicht nur die dichterische Formgebung, sondern auch die Sprache der beiden Autoren ist verschieden. Eigentümlichkeiten im Satzbau, die wir nur in den sekundären

---

[25] Vgl. Daur, *Das alte Volkslied*, Lpz. 1909, S. 64.

[26] T. sagt 17,2: „gott well mein immer walten." Der Sänger des angeführten Volksliedes will sich gleichfalls allzeit Gott befehlen (vgl. Uhland 72 Str. 3,4).

[27] Ähnlich ist auch die Struktur der Str. 22.

Strophen antreffen, sind das hypothetische Satzgefüge 4,3–4; 6,1–4; 13,3.4, die Umschreibung mit „tun" (11,2; 13,2), die Antwort in Form eines halb fragenden Ausrufs bzw. einer rhetorischen Frage: 5,1; 8,1; 13,1.2 und andererseits die Einleitung einer Rede mit einer kategorischen Zurückweisung: 4,1; 11,1; 14,1. Das Wort „Minne" ist in A Bezeichnung der Liebesgöttin, also ein Konkretum, bei dem Nachdichter ist es der Begriff „Liebe" (11,4; 12,1). In Str. 18 (echt) wird der Papst „lieber herre mein" angeredet; in Str. 24 sagt Venus dasselbe zu Tannhäuser. Dort ist es ein Ausdruck der Unterwürfigkeit, hier wird man es als liebevolle Begrüßungsformel aufzufassen haben (vgl. dagegen in dem ursprünglichen Text die schöne und würdige Anrede „edler Danhauser": 9,3). Den Ausdruck „weib" finden wir nur in den B-Strophen, und zwar in der Bedeutung „eheliches Weib" (5,4; 6,1) und in anscheinend verächtlichem Sinne 14,4. Natürlich sprach wohl auch der Reimzwang mit, und auch dieser Verfasser sagt in andern Fällen „fraw". Jedenfalls kommt aber in den Strophen von A nur dieser Ausdruck vor.[28] Wenn die Überlieferung hier genau dem Archetypus entspricht, so würde der ursprüngliche Dichter „ewig" (26,4), der Nachdichter „ewiglich" gsagt haben (6,4; 23,2). Allerdings könnte jeder Dichter, etwa aus metrischen Gründen, sich beider Formen bedient haben. Doch kommt noch eine künstlerische Erwägung hinzu: Die Wirkung des letzten „ewig" wird abgeschwächt, wenn dieser Begriff vorher schon öfter vorkam.

Ähnliche Beobachtungen eines verschiedenen Sprachgebrauchs können wir auch beim Verbum machen. A gebraucht statt der abgeschwächten Wendung „leid werden" (vgl. 12,1) das Verbum „leiden" (nd. 3,2). In den Strophen der Bearbeitung kommt wiederholt das Zeitwort „helfen" vor (4,4; 8,1; 14,4), A weist es nicht einmal auf. Auch die altertümliche Negation mit „en" (4,1; 14,1) ist eine Stileigentümlichkeit von B. Charakteristisch ist ferner die Wahl der Synonyma für den Begriff „reden". A hat hier nur wenige Ausdrücke: den stark gefühlsbetonten Ausdruck „klagen" 18,2 und das ebenfalls poetisch wirkende Wort „verkünden" (18,4).[29] Der Bearbeiter sagt: widersprechen (4,2), reden (4,3; 5,1; 11,1; 13,1), sagen (7,1), schelten (13,2). Der poetische Ausdruck „preisen" (15,2) steht in keiner notwendigen inneren Beziehung zu dem Stoff des Liedes. Dem schönen Pleonasmus „in jamer und in laide" Str. 22 (Z. 3 von B in Str. 14 übernommen) stehen in B zwei Tautologien gegenüber: 15,2 „mein lob das sölt ir preisen" und 23,2 „ewiklich on ende". In den echten Strophen wird einige Male (16; 22) auf die Gefühle des Ritters hingewiesen. Es geschieht durch Substantive. Der Bearbeiter gebraucht ein Adverb (17,1).

Wir haben somit auch den dichterischen und sprachlichen Stil der interpolierten Strophen einer eingehenden Prüfung unterworfen und konnten zahlreiche Abweichungen von dem Stil der anderen Strophen feststellen. Dadurch wird das Ergebnis unserer inhaltlichen Analyse auch von der formalen Seite her bestätigt.

---

[28] Maria ist sinngemäß „die reine Maid".
[29] Vgl. auch 1,2: singen.

In der nd. Fassung (29 Strophen) sind noch vier weitere Plusstrophen (23; 24; 26; 29) enthalten (dafür fehlen hd. 21 und 23). Sie erweisen sich durch ihren Inhalt ohne Schwierigkeit als Zusätze, so wird z. B. die Verfluchung des Papstes auf alle „Pfaffen" ausgedehnt (23). Wie Alpers bemerkt[30], ist die nd. Lesart aus dem Hd. übertragen. Unsere Untersuchung hat nichts dem Widersprechendes ergeben. Kein Zusatz, sondern zu dem Strophenbestand der alten Ballade gehörig ist, wie gezeigt wurde, die 3. Strophe des nd. Textes.

Der Anfang unserer Ballade ist in der Art eines Spielmannsliedes gehalten. Wir werden aber annehmen dürfen, daß der Verfasser ein echter Dichter war, den vielleicht die Liebe zur Kunst, vielleicht auch die Not zwang, seinen Lebensunterhalt als Spielmann zu erwerben.

---

[30] Vgl. P. Alpers, *Die alten niederdeutschen Volkslieder*, S. 214.

III. Das Spielmannslied von der Frau zur Weißenburg[1]

Über die Ballade von der Frau zur Weißenburg sind in den letzten Jahren zwei Abhandlungen John Meiers erschienen[2], die das Thema nach der sagengeschichtlichen Seite hin sowie in ihrer reichhaltigen Darlegung des Überlieferungsstandes wohl erschöpfen, textkritisch aber nicht bis zu der letzten Quelle, dem alten Spielmannsliede, vordringen.

Bei unserer Erörterung greifen wir vielfach auf die ältere Arbeit von J. Vollschwitz zurück[3], deren textkritischer Teil besonders durch seine Ausführlichkeit, aber auch durch feine Beobachtungen dazu drängt. Dagegen möchte ich darauf verzichten, ein Verzeichnis der Fassungen aufzustellen, da ich in dieser Hinsicht auf die genannten Werke sowie auf Joh. Koepp[4] verweisen kann.

Darin, daß die ndl. Version „Van vrou van Lutsenborch"[5] besonders geeignet ist, die Grundlage einer Rekonstruktion zu bilden, stimme ich mit J. Meier überein.[6]

Die längste Form des Textes ist die der Einzeldrucke aus Nürnberg: 30 Strophen, doch teilt J. Meier die Varianten einer diesem Typus verwandten Lesart mit[7], die nach seiner Meinung vielleicht aus Augsburg (Offizin Michael Manger) stammt. Da, wie Alpers zeigt[8], die ndd. Version sich als wörtliche Übertragung aus dem Hoch-

---

[1] Dieser Aufsatz erschien 1939 in der Zeitschrift Neophilologus, Rotterdam, S. 179 ff.

[2] Vgl. J. Meier, *Die Ballade von der Frau zur Weißenburg*, Jahrb. f. Volksliedforschung 3 (1932), S. 1 ff.; Deutsche Volkslieder mit ihren Melodien, herausg. vom Deutschen Volksliedarchiv (1935), 1.Bd. Balladen, 1. Teil, S. 301 ff.

[3] Vgl. Johannes Vollschwitz, *Die Frau zur Weißenburg, Das Lied und die Sage*, Straßburg 1914 (Freie Forschungen zur Deutschen Literaturgeschichte1).

[4] Vgl. Joh. Koepp, *Untersuchungen über das Antwerpener Liederbuch vom Jahre 1544*, Antwerpen, „De Sikkel" (1929), S. 125 ff. Auch hier ein Bericht über die historische Tradition, die der Sage zugrundeliegt (vgl. auch unten). – Weitere Nachweise, Abdrucke: Erk-Böhme, *Deutscher Liederhort I*, Nr. 102; Uhland, *Alte hoch- und niederdeutsche Volkslieder* Nr. 123; J. Bolte, Tijdschrift voor Nederl. Taal- en Letterkunde 10 (1891), S. 179; A. Kopp, *Die niederdeutschen Lieder des 16. Jahrhunderts*, Jahrb. d.Ver. f. ndd. Sprachf. 26 (1900), S. 30 f.; P. Alpers, *Die alten niederdeutschen Volkslieder*, Hamburg (1924¹), Nr. 11 (fehlt in der 2. Aufl. 1960).

[5] Vgl. *Antwerpener Liederbuch vom Jahre 1544* (hrsg. von Hoffmann von Fallersleben, Horac Belgicae XI 1855), Nr. 23; Uhland, Nr. 123 C usw.

[6] Daß auch die ndl. Melodie in den Souterliedekens als die älteste zu betrachten ist, zeigt Fred Quellmalz: *Die älteren Melodien zur Ballade von der Frau zur Weißenburg* = Jahrb. f. Volkslf. 4 (1934), S. 74 ff.

[7] Vgl. Jahrb. f. Volkslf. 3, S. 1 ff.

[8] Vgl. Alpers, *Untersuchungen über das alte niederdeutsche Volkslied*, Diss. Göttingen, 1911, S. 30.

deutschen erweist und gleichfalls von unserer längeren Überlieferung abhängt, so können wir von einer Vulgatfassung sprechen.

Von diesen 30 Strophen[9] hat schon Vollschwitz folgende als unecht ausgesondert: 3; 14–15: „einen Zustand beschreibende" oder „lediglich reflektierende" Strophen[10]; 27–29: die Moral[11]; Strophe 30, „eine um eine Gerippformel gebildete Spielmannsstrophe", die aber Vollschwitz wohl mit Recht für sehr alt hält.[12] Ich habe sie mit Benutzung der von J. Meier rekonstruierten Form in den Archetypus aufgenommen.

Keine echten Plusstrophen sind ferner 9 und 21 der Version Brotuffs[13], in denen Vollschwitz und J. Meier Zusätze des Chronisten sehen.[14] Zu den Testamentsstrophen einiger jüngerer Fassungen verweisen beide Forscher auf die Parallele des Steutlinger-Liedes.[15] Doch enthält schon die alte Ballade vom Moringer[16] ein ähnliches Motiv, nur handelt es sich hier noch nicht um den „letzten" Willen; dafür ist dieser Zug in seinem Kontext fest verankert: Schutz der Gemahlin und Versorgung von Land und Leuten während der Abwesenheit des Burgherrn.

Somit bleibt ein Bestand von 23 Strophen übrig, die den Texten der Einzeldrucke zu entnehmen sind. Er entspricht mit Ausnahme von zwei Strophen (18; 26) der ndl. Überlieferung, die ihrerseits drei Plusstrophen (7; 14; 24) aufweist. Von diesen ist Strophe 7 aus Versen der 6. und 9. Strophe zusammengestellt, das Motiv des „Findens" stammt aus der Urform.[17]

Ich teile neben dem überlieferten Wortlaut des Antw. Lb. auf der rechten Seite den Text mit, der sich aus unserer folgenden Untersuchung als die ursprüngliche Liedgestalt ergeben wird. Die von mir geänderten Lesarten hebe ich, soweit sie den Sinn tiefer berühren, durch Klammern hervor:

---

[9] Nach der Strophenzahl stufen sich die übrigen Fassungen in folgender Weise ab: Niederdeutsch 27 Strophen, niederländisch 24, Brotuffs Chronik und Historienbüchlein (1557) 21, Wiener Fassung 18, lothringisch 16, Schwarzwälder und Brandenburger Fassung 14, rheinländisch 7.

[10] A.a.O., S. 43. 80.

[11] A.a.O., S. 106 f.

[12] A.a.O., S 107 f

[13] Str. 9: vgl. unten, Str. 21 lautet:
Des erschrak die fraw von der Weißenburg,
faßt einen traurigen mut:
‚verlaß mich, holder fürste, nicht!
mein edler herr ist tot.'

[14] Vgl. Vollschwitz, a.a.O., S. 24 f.: 104: J. Meier (Jahrbuch), S. 10.

[15] Vgl. Erk-Böhme, Lh. I, Nr. 103.

[16] Vgl. Erk-Böhme, Lh. I, Nr. 28.

[17] Vgl. dort 10,3 und unten. – Vollschwitz fordert Str. 7 auch für die Version der fl.Bll. (a.a.O., S. 52 f.), während J. Meier sie mit Recht ausmerzt (vgl. Jahrbuch f. Volksldf. 3, S. 19).

1. Di mi te drincken gaue,
   Ic songhe hem een nieuwe liet
   Al van myn vrouwe van Lutsenborch,[18]
   Hoe sie haren lantsheere verriet.

2. Si dede een briefken scrijuen
   So verre in Gulker landt
   Tot Frederic haren boele,
   Dat hi soude comen int lant.

3. Hi sprac tot sinen knapen:
   ,No sadelt mi mij paert,
   Tot Lutsenborch wil ic rijden,
   Het is mi wel rijdens waert.'

4. Als hi te Lutsenborch quam,
   Al voor dat hooge huys,
   Daer lach de valsce vrouwe
   tot haerder tinnen wt.

5. Hi sprac: ,god groet v, vrouwe,
   god geue v goeden dach;
   Waer is myn here van Lutsenborch,
   Dien ic te dienen plach?'

6. ,Ic enderfs v niet wel seggen,
   Ic enwil v niet verraen,
   Hi is heden morghen
   Met sinen honden wt iaghen ghegaen.

7. Hi reedt heden morghen
   Al in dat soete dal,
   En daer suldi hem vinden
   Met sinen hondekens al.'

8. Hi sprac tot sinen knape:
   ,Nv sadelt mi mijn paert,
   Ten dalewaerts wil ic rijden
   het is mir wel ridens waert.'

1. Di mi te drincken gaue,
   Ic songhe hem een nieuwe liet
   Al van myn vrouwe van Lutsenborch,
   Hoe si haren heere[19] verriet.

2. Si dede een briefken scrijuen
   So verre in Gulker landt[20]
   Tot Frederic haren boele,
   Dat hie soude comen tehant.[21]

3. Hi sprac tot sinen knapen:
   ,No sadelt mi mijn paert,
   Tot Lutsenborch wil ic rijden,
   Het is mi wel rijdens waert.'

4. Als hi te Lutsenborch quam,

---

[18] Zu dem Namen „Lutsenborch/ (= Luxemburg) statt des ursprünglichen deutschen „Weißenburg" vgl. Koepp, a.a.O., S. 129. Für unsere textkritische Betrachtung hat der Name keine unmittelbare Bedeutung.

[19] Der Begriff des „Landesherrn" ist aus anderen Liedern eingedrungen, vgl. „Falkenstein" 2,2 (Erk-Böhme, Lh. I, Nr. 62); ndl. „Vanden Timmermann" 5,2, Antw. Lb., Nr. 164; Koepp, a.a.O., S. 134 ff.

[20] Dieser Landschaftsname (= Jülicher Land) wurde in Holland eingesetzt, vgl. Koepp, a.a.O., S. 129.

[21] Vgl. zu der Lesart „tehant" die Einzeldrucke und Vollschwitz, a.a.O., S. 42.

9. Als hi bi der iachten quem,
    Al in dat soete dal,
    Daer lach die edel heere
    Met sinen hondekens al.

(Die frawe gegen jm lief),
Daer lach die edel heere
Unter einer Linde und schlief.

10. Hi sprac: ‚god groet v, heere,
    God ghewe v goeden dach;
    Ghi ensult niet lenger leuen
    Dan desen haluen dach.‘

11. ‚Sal ick niet lengher leuen
    Dan heden desen dach,
    So mach ict wel beclagen,
    Dat ic oyt mijn vrou aensah.‘

12. Hi sprac tot sinen knape:
    Spant uwen boghe goet
    ende schiet myn here van Lutsenborch,
    In zijns herten bloet!‘

5. (Sie) sprach zu (jrem bulen):
    ‚Spant uwen boghe goet
    ende schiet myn heere van Lutsenborch
    In zijns herten bloet!‘

13. Waerom soude ic hem scieten,
    Waerom soude ick hem slaen?
    Ick hebbe wel seuen iaer
    Tot zijnder tafelen ghegaen.‘

6. ‚Waerom soude ic hem scieten,
    Waerom soude ick hem slaen?
    Ick hebbe wel seuen iaren[22]
    Tot zijnder tafelen ghegaen.‘

14. Hebdy wel seuen iaren
    Tot zijnder tafelen ghegaen,
    So endorfdi hem niet schieten
    Noch niet ter doot slaen.‘

7. ‚Hebdy wel seuen iaren
    Tot zijnder tafelen ghegaen,
    So dorfdi hem (wel) schieten
    (Ende wel) ter doot slaen!‘

15. Hi tooch wt zijnder scheyden
    een mes van stale goet:
    Hi stac mijn here van Lutsenborch
    In zijns herten bloet.

8. Hi tooch wt zijnder scheyden
    een (swaert)[23] van stale goet,
    Hi stac mijn here van Lutsenborch
    In zijns herten bloet.

16. Hi sprac tot sinen knape:
    ‚Nv sadelt mi mijn paert,
    Tot Lutsenborch wil ic riden,
    het is mi wel rijdens waert.‘

17. Als hi te Lutsenborch quam
    Al voor dat hooghe huys,
    Daer quam de valsce vrouwe
    Van haerder tinnen wt.

---

[22] Die zweisilbige Form, die der Rhythmus fordert, hat der analoge Vers 14,1 bewahrt. John Meiers Umstellung: „tot zijnder tufelen – wel seven iar . . .“ wirkt künstlich.

[23] „swaert“ nach 20,2 und der Lesart im Einzeldurck aus Augsburg.

18. ,Vrou, god seghen v, vrouwe,
    God gheue v goeden dach;
    Vwen wille is bedreuen,
    V verraderie is volbracht.'

19. ,Is mijnen wille bedrewen,
    Hebdy mijnen sin volbracht,
    So doet mi sulcken teyken,
    Dat ic daeraen gelouen mach.'

20. Hi troc wt sijnder scheyden
    Een swaert van bloede root:
    ,siet daer, ghi valsce vrouwe,
    Ws edel lantsheeren doot!'

21. Si trock van haren halse   9. Si zoch van jrer hende
    Van peerlen een cranselijn: von goldt ain vingerlijn:[24]
    ,Hout daer, myn liefste boele,   Hout daer, myn liefste boele,
    Daer is die trouwe van mijn.'   Daer is die trouwe van mijn.'

22. ,Vwe trouwe enwil ic niet,   10. Er nam das selbig vingerlein,
    Ic enwil se niet ontfaen: warfs in des wassers grund:
    Ghi mocht mi vor verraen,   ,als wenig du wirst gefunden,
    Ghelijc ghi uwen lantshere hebt ghedaen.' wirt mir mein herz gesund.'

23. Hi troc wt zijnder mouwen
    Een siden snoerken fijn:
    ,hout daer, ghi valse vrouwe,
    Ghi sulter bi bedrogen zijn.'

24. Te Lutsenborch op de mueren   11. Te Lutsenborch op de mueren
    Daer loopt een water claer,   Daer loopt[25] een water claer,
    Daer sit vrou van Lutsenborch   Daer sit vrou van Lutsenborch
    int heymelic ende int openbaer.   int heymelic ende int openbaer.

                                       12. Die Burg heist Weissenburge,
                                           da schenct man külen Wein,
                                           do must die falsche frawe
                                           jres Herrn verrätherin sein.

---

[24] Ich schließe mich hier der Vulgatfassung an, das „Perlenkränzlein" ist wohl aus dem Liede Nr. 25 im Antw. Lb. „Den winter is een onweert gast" eingedrungen.

[25] Natürlich wäre auch ein anderes Verbum denkbar, etwa „fließt" (vgl. unten) oder „rinnt" (vgl. DVM S. 307 f., Version 5, Str. 17,3: „er warfs ins rinnende Wasser").

In dem überlieferten Text fällt die große Zahl der von uns als Einschaltung erklärten Strophen auf: 12 von 23 (ohne Str. 7)[26], also über die Hälfte. Diese Zahl verkleinert sich jedoch dadurch wesentlich, daß wir es mehrmals mit Wiederholungen und Umformungen des echten Wortlautes zu tun haben. So finden sich unter den 23 Strophen der längeren Version 3 Sattelstrophen (3; 8; 16), 3 Ankunftsstrophen (4; 9; 17) und 2 Strophen, die den Mord zum Gegenstand haben (15 . 20). Unter den übrigen Strophen sind wieder die stereotypen Begrüßungen 5; 10; 18 Parallelen, denen jedesmal eine Erwiderung entspricht.

Zu der zweiten Sattelstrophe (8) bemerkt Vollschwitz: „Die Wiederholung des Befehls zum Satteln scheint sinnwidrig zu sein, zeigt aber nur, daß im Volksliede die Macht der Formel größer ist als die der Logik."[27] Diese Auffassung trifft allerdings für das Volkslied unserer Überlieferung zu. Die Tradition braucht hingegen nicht immer mit der Urform eines Liedes identisch zu sein. Unsere These, die sich aus dem Charakter der Interpolationen selber, sowie aus der Beschaffenheit der echten Strophen erweisen läßt, ist vielmehr:

In der ursprünglichen Spielmannsdichtung[28] wurde nur einmal der Befehl zum Satteln gegeben, nur von einer Ankunft, und zwar bei der Burg, berichtet, nur einmal das Schwert aus der Scheide gezogen, und sie enthielt keinerlei Begrüßung mit darauf folgender Gegenrede.

Der interpolierte Text

Die ursprüngliche Reihenfolge, die der Redaktor vorfand, war: Befehl zum Satteln und Ankunft am Schauplatz der Handlung: 3 – 4,1. Die zweite Sattelstrophe (8) stellt zusammen mit Str. 9 diesen Anschluß wieder her, nachdem er durch einen Einschub unterbrochen wurde. Der Bearbeiter nimmt den Faden gewissermaßen da wieder auf, wo er abgerissen war. Den Rahmen des dritten Zwischenstückes bilden die Strophen 15 und 20, die nach dem gleichen Schema gebaut sind. Nehmen wir an, die ursprüngliche Strophenfolge war: Tatstrophe – Belohnungsstrophe, so wäre auch hier dieser Erzählungsgang zunächst unterbrochen, dann aber mit den Strophen 20; 21 wiederhergestellt worden.

Diese Gleichmäßigkeit in der Technik der Einschübe, die uns berechtigt, an einen Bearbeiter zu denken, erstreckt sich auch auf die Art, wie er die vorgefundene Mo-

---

[26] Zu Str. 7 vgl. oben S.
[27] A.a.O., S. 58; vgl. S. 85 f. zur dritten Sattelstrophe. Auch J. Meier tritt für die Formelhaftigkeit als das Ursprüngliche ein (vgl. Jahrb. f. Volksliedf. III, S. 32); seine Begründung (S. 33: „Die formelhaften Strophen geben die nötigen Ruhepunkte zwischen den Hauptmomenten der Handlung und zerteilen sie gleichsam in einzelne Akte.") erklärt jedoch nur die Wirkung dieser Darstellungsart auf den primitiven Hörer.
[28] Daß es sich um ein Spielmannslied handelt, geht aus Str. 1 unzweifelhaft hervor; vgl. Vollschwitz, a.a.O., S. 40 f.; Vogt, *Leben und Dichten der deutschen Spielleute im Mittelalter*, Halle 1878, S. 22.

tivreihe: Aufbruch (= Sattelstrophe) – Ankunft erweiterte. Er läßt auf die Ankunftsstrophen in jedem Fall einen Begrüßungsdialog folgen.

Auch inhaltlich gleichen sich die Zwischenstücke. Keines von ihnen bringt einen notwendigen Fortschritt der dramatischen Handlung, diese wird vielmehr gesprächsweise teils vorweggenommen (erster und zweiter Einschub), teils wiederholt (dritter Einschub). In Str. 9 hören wir, wo und unter welchen Umständen die beiden Rivalen zusammentreffen. Der Bearbeiter stellt es retardierend so dar, daß Friedrich zuerst die Frau von Luxemburg (Weißenburg) fragt, und daß diese sodann, scheinbar widerstrebend, den Ort und jene Umstände „verrät"; 10–11 wird vorausverkündet und beklagt, was wir Str. 15 erfahren, daß der Herr von Weißenburg bei der Begegnung den Tod findet. In der dritten Interpolation berichtet der Mörder über dieselbe, uns jetzt bereits bekannte Begebenheit.

Zu der scheinbar so folgenschweren Unterredung zwischen Friedrich und der Burgfrau, Str. 4–8, führt Vollschwitz aus: „Dann hat der Dichter unseres Liedes nichts vorgefunden als im Volke den Glauben an die Mitschuld der Pfalzgräfin. Es ist aber die große Kunst der deutschen Balladendichtung, daß sie alles Allgemeine und Abstrakte in besonderen Taten und Handlungen realisiert. So mag auch in unserem Liede die besondere Form des Verrats entstanden sein. Denn der Verrat selbst erscheint gar nicht als unbedingt notwendig. Auch ohne ihn hätte der Graf den Burgherrn auf der Jagd treffen können. Doch es war die Absicht des Dichters, die falsche Frau als Mitschuldige auftreten zu lassen."[29]

Die Realisierung des Verrats hat auch nach unserer Meinung, jedoch in ganz anderer Weise stattgefunden. Richtig ist dagegen die Ansicht, daß „der Verrat selbst", d. h. hier die Unterredung Str. 4-8, „gar nicht als unbedingt notwendig erscheint". Der ankündigende Spielmann (Str. 1) versteht unter dem Verrat die Untreue der Frau, wie sie in ihren wesentlichen Zügen durch den Hergang der Fabel veranschaulicht wird. Die andere Stelle meint das Ausplaudern einer Sache, die zum mindesten der Person des Fragenden gegenüber besser verschwiegen geblieben wäre. Nun wird aber die Meinung des Dichters in der ersten Strophe dadurch verdunkelt, daß die folgenden Strophen den Verrat in anderer Weise darstellen. Daher ist es nicht wahrscheinlich, daß er selbst ihr Verfasser war. Dagegen wäre es leicht verständlich, wenn jemand, der den Begriff in Str. 1 in dem engeren Sinne auffaßte, bei der Ausführung das Vorhandensein einer „verräterischen" Handlung vermißte und daher zum Ersatz jene Strophen einfügte.[30]

Auffallend ist auch die Begrüßung des Opfers durch den Gegner (10). „Ein solcher Gruß wirkt in diesem Zusammenhange im höchsten Grade sinnwidrig; denn in einem Atem wird dem Edelherrn ein guter Tag gewünscht und angekündigt, daß er an diesem guten Tage sterben solle." Und obwohl der Herr von Weißenburg auf der

---

[29] A.a.O., S. 137.

[30] Zu den Übereinstimmungen zwischen Einzelheiten unseres Liedes mit dem Prosabericht des Merseburger Bürgermeisters Ernst Brotuff aus dem Jahre 1557 vgl. DVM I,1 (1935), S. 309 f.

Jagd begriffen, also nicht waffenlos ist und in mehreren Fassungen von seinen Hunden begleitet wird, beklagt er nur sein Schicksal (11), ohne an eine Gegenwehr zu denken.[31]

In der dritten Interpolation kommt der Gesinnungsumschwung des Buhlen verfrüht zum Ausdruck. J. Meier schlägt daher eine andere Lesart der 18. Strophe vor[32]:

> Gott grüße euch edele Fraue,
> gebt mir das Botenbrot:
> Eur Wille der ist ergangen,
> Eur edeler Herre ist tot.

Doch J. Meier selbst bemerkt mit Recht zu dem von ihm befürworteten Text: „In Wirklichkeit würde der Mörder zweifellos anders gehandelt haben und sobald als möglich von dem Tatort in sein Land geflohen sein, um einer Verbindung mit der Tat und einer etwaigen Verfolgung zu entgehen.“[33] Somit zeigt sich, daß auch das Botschaftsmotiv für den Archetypus nicht zu retten ist.

Mehrmals werden in den Zusatzstrophen Ortsangaben zerdehnt, so daß sie zwei Zeilen füllen: 4, 1/2; 9, 1/2; 17, 1/2. Ähnliches gilt von den Begrüßungsstrophen: 5, 1/2; 10, 1/2; 18, 1/2. Die Bezeichnung „Hohes Haus“ für „Burg“ (4,2; 17,2), die Umschreibung „dem ich zu dienen pflag“ (5,4) lassen den knappen echten Balladenton vermissen. Str. 10 reimt rührend, 18 mit schwacher Assonanz[34], die Antwortstrophe 7 der fl. Bll., die auch J. Meier in seine Rekonstruktion aufgenommen hat, zeigt die rhythmisch unregelmäßige Reimbindung „sagen : jagen“.

Der wiederhergestellte Text

Nach der ndl. Fassung reitet der Buhle allein zu der Burg (3, 2/3). Dem entspricht der Anfang der vierten und neunten Strophe.[35] Zudem werden mehrere Knappen

---

[31] Auf den Bildchen der fl. Bll. beugt er sich seinem Mörder geradezu entgegen. Nur in einer Plusstrophe (9) des Merseburger und Freiburger Textes (Brotuff) wird über einen Wortstreit und einen Kampf berichtet:

> Sie kamen hart zusammen
> mit wortten, Zorrnn so gros,
> das einer zw dem andern
> sein Armbrost abeschos.

Wie Vollschwitz zeigt (S. 74 f.), handelt es sich um einen Zusatz Brotuffs.

[32] Vgl. Jahrb. f. Volksliedf. III, S. 18. 21.

[33] Vgl. ebenda S. 34.

[34] Die hd. Einzeldrucke haben an dieser Stelle überhaupt keinen Reim.

[35] Der ndl. Überlieferung ist jetzt auch eine hd. anzureihen, der von J. Meier nach seinen Varianten angeführte Einzeldruck Aa (vgl. DVM I,1 S. 302 f.). Die zweite Sattelstrophe der anderen fl. Bll. (8) hat in ihrer dritten Zeile den Singular. Der Singular in 19 hängt dagegen dort mit Str. 18, einem unechten Sondergut, zusammen.

angeredet, was nicht unlogisch erscheint und auch beweist, daß ursprünglich nicht an die besondere Rolle eines einzelnen Knechtes gedacht ist. Der Plural „wir" konnte aber leicht für den Singular eintreten, da man sich im Gefolge eines Ritters wohl gern den Knecht oder Knappen vorstellte.

Der letzte Vers der Strophe lautet niederländisch: „het is mi wel rijdens waert." Diese Zeile ist hier noch nicht, wie Vollschwitz annimmt[36], formelhaft. Vielmehr handelt es sich um einen wichtigen Hinweis, den uns der Dichter in dramatisch-dialogischer Form gibt und sinngemäß, als eine Art Selbstgespräch, mit der an die Knappen gerichteten Rede verbunden hat: Die Frau ist dem Buhlen so teuer, daß er um ihretwillen gern den Ritt unternimmt. Die Tatsache, daß er ganz von seiner Leidenschaft beherrscht wird, bildet zusammen mit der mangelnden Festigkeit seines Charakters die psychologische Grundlage für den Mord.[37]

Mit J. Meier stimme ich darin überein, daß das Zusammentreffen bei einer Linde stattfand und daß die ndl. Überlieferung den ursprünglichen Wortlaut der dritten Zeile (Str. 9) bewahrt hat. Gegen J. Meiers Lesart der Strophe[38], die sich an den Text der fl. Bll. anlehnt[39], spricht indessen außer dem klingenden Reim, daß die Kennzeichnung des Ortes durch „unter eine Linde" offenbar als nähere Bestimmung für das „Liegen" in den Hauptsatz gehört. Die jetzt in Z. 4 erwähnten Hunde haben allein den Zweck, die sekundäre Fiktion zu stützen, daß der Herr von W. auf der Jagd begriffen war.[40]

Die Fassung aus dem Schwarzwald[41] hat den Dialog 10.11 seinem Inhalt nach in die Unterredung mit der Burgfrau aufgenommen. Dafür wird 8, 1/2 berichtet:

> da er in Grüninger wald uße kam,
> ligt er unter der linden im schlaf.

---

[36] A.a.O., S. 45. V. sieht in dem Wortlaut der fl. Bll. (4,4; 17,4): „Dahin hab ich gut recht", der mit dem Versausgang „Pferd" (Z.2) nur assoniert, den älteren Text, während die andere Überlieferung nach seiner Meinung an die Analogiestrophe 8 angeglichen wurde. Für den Wechsel der beiden Lesarten gibt es aber eine einfache Erklärung. Der Verfasser der Erweiterung hat die Worte „es ist mir wohl Reitens wert" auf die vermeintliche Mordabsicht Friedrichs bezogen und änderte deshalb den Text, sobald der Buhle zu einer Begegnung mit der Frau reitet. Die Umformung ins Ndl. behielt die richtige Lesart 1,4 auch in den sekundären Strophen.

[37] Es läßt sich leicht denken, daß, wo die Wendung später auftaucht, eine Entlehnung aus der vielgesungenen Ballade vorliegt.

[38] Str. 8. Als sie zu der Grünbach kamen,
        Unter einen Linden,
        Da lag der edele Herre
        Mit seinen Winden.

[39] Diese lesen: „Da sie zu der Grünbach kamen – vnter ein Linden grün – do hielt der edel Herre – mit seinen Winden kün."

[40] In einer 4. Zeile treffen wir hier die Angabe „unter der Linde" in der Mordstrophe (16,4): „unter der Linden zu tod." Entsprechend heißt es bei Brotuff (12,4): „unter der linden zuhand."

[41] Erk-Böhme, Lh. I Nr. 102 c; Uhland, Nr. 123 B; DVM I, S. 309: Fa.

Hierzu führt Vollschwitz aus: „Diese Verse sind der Form nach stillos, dem Inhalte nach fremdartig. Sie wirken fast als Prosa und stehen ungefüge neben den andern Versen, mit denen sie nicht organisch verbunden sind."[42] V. folgert daraus, daß die Vorstellung von außen her, vielleicht aus einer lokalen Sage, eingedrungen sei. Doch ist auch die Annahme berechtigt, daß ein alter Zug hier in sekundärem Rahmen auftritt, wobei sich jene ungefüge, das Versmaß sprengende Lesart ergab. Das Schlafen des Herrn von W. ist eine natürliche Motivierung seines Liegens unter der Linde, und es erklärt zugleich den Umstand, daß die Untat ohne Kampf und Gegenwehr geschehen konnte. Offenbar beabsichtigte der Dichter, die Tat des Buhlen in ganzer Schwere vor uns erstehen zu lassen, so wie der Dramatiker Shakespeare die tragische Schuld eines Macbeth darin kulminieren läßt, daß dieser „den Schlaf gemordet habe" (Macbeth II,1).

Die andern Überlieferungen schwanken in bezug auf das Verbum, daß den Zustand des Herrn von Weißenburg beschreibt: „Do hielt" (Nürnberg, fl. Bll.), „Do kam" (Brotuff), „Da kam" (Wien), „Da war" (Brandenburg), „Da stund" (Rheinland). Keine der Ersatzwendungen kommt dem echten Text an Anschaulichkeit und innerer Begründung gleich.

Bezüglich der Form des vierten Verses ist zu sagen, daß das alte Volkslied statt der adverbialen Ausdrucksweise „im Schlaf" die verbal-prädikative bevorzugen würde, wie es z. B. in der Moringerballade (14, 1/2) geschieht.

Zu Str. 17 der ndl. Fassung bemerkt Vollschwitz: „In L. scheinen die Verse

> daer quam de valsce vrouwe
> van haerder tinnen wt

die Vorstellung auszudrücken, daß die Frau dem Ankommenden entgegengeht, während sie sich in L 4 oben von der Zinne zu den beiden herablehnt.[43] Nun wurde von uns bereits festgestellt, daß die drei Ankunftsstrophen sich nachträglich aus einer einzigen dieser Art entwickelt haben. Dann mußte in dieser Strophe natürlich auch erzählt werden, daß Friedrich mit der Frau von Weißenburg zusammentraf, d. h. es handelt sich um den Ort des verabredeten Stelldicheins[44], und der Bearbeiter erinnert noch 9, 2 an den ursprünglichen Sachverhalt[45], obwohl dieser in seine Umdichtung nicht hineinpaßt. Offenbar liegt es auch nahe, an die Verbform „lief" als entsprechenden Reim auf „schlief" (Z. 4) zu denken (reiner Reim wie in allen echten Strophen!).[46]

---

[42] A.a.O., S. 71.

[43] A.a.O., S. 89.

[44] Die Annahme, daß schon der Brief eine offene oder versteckte Aufforderung zum Morde enthielt, erscheint nicht notwendig, auch menschlich und dichterisch wenig wahrscheinlich.

[45] Vgl. Antw. Lb. Nr. 90 Str. 6, 4/5: „Ende segt dat ghi waert roosen lesen – int soete dal."

[46] Zum Konventionellen gewandelt findet sich das Motiv der Balladenstrophe in dem Liebesliede „Es stet ein Lind in diesem tal" (Erk-Böhme, Lh.II, Nr. 406; Uhland, Nr. 27).

Wir werden mit unserer Strophe in einen Augenblick höchster dramatischer Spannung versetzt, in dem, wie so oft, auch der böse Zufall eine verhängnisvolle Rolle spielte. In dem Dialog der Strophen 12-14 kommen als Partner jetzt nur Friedrich und die Frau in Betracht.[47] Statt „Er sprach zu seinem Knappen" (12,1) lesen wir daher: „Sie sprach zu ihrem Buhlen." Diese äußerlich geringfügige Änderung ist von einschneidender Bedeutung. In den überlieferten Versionen ist vor der Tat nicht ausdrücklich davon die Rede, daß Friedrich den Willen der Frau ausführte.[48] Nach unserem Text hat sie dem Manne den Gedanken eingegeben. Es ist auch Frauenart, daß sie zunächst an das weniger Grauenvolle, den Pfeilschuß aus der Entfernung, denkt.

Die Zumutung, den Herrn von W. zu töten, wird mit verschiedenen Begründungen zurückgewiesen: fl. Bll.: der Burgherr habe ihm, dem Knappen, kein Leid getan; Schwarzwald: der Knappe habe ihm gedient. Die erste Form wird auch von V. für sekundär erklärt, da sie nur einen allgemeinen Gedanken enthält.[49] Dagegen sieht er in dem Dienstverhältnis das Ursprüngliche. Hiergegen erhebt sich jedoch das Bedenken, daß es nur ein zufälliger Hinderungsgrund wäre, wenn der Knappe Friedrichs früher einmal den Herrn von W. zum Gebieter hatte.

Auf das Treueverhältnis des mittelalterlichen Dienstmannes zu seinem Herrn führt Vollschwitz auch die ndl. Lesart 13, 3/4 zurück, der Knappe sei sieben Jahre zu der Tafel des Herrn von W. gegangen. Das ist jedoch nur durch einen mittelbaren Schluß möglich, der nach V. lautet: „Die Treue seines Mannes erkauft der Herr dadurch, daß er ihn unterhält."[50] Ziehen wir stattdessen aus dem gegebenen Text die direkte Folgerung, so haben wir die Verse auf das Band der Gastfreundschaft oder noch einfacher der Freundschaft zu deuten, die Friedrich seit Jahren („sieben" im Volkslied formelhaft = „viel") mit dem Gemahl der Frau verbindet. Indem nicht der Manne seinem Herrn, sondern der Freund dem Freunde um der Frau willen die Treue bricht, hat der Dichter das Motiv auf die allgemeinste und einfachste, aber deshalb nicht weniger ergreifende Form gebracht.

J. Meier weist auf das Kunstmittel des Gegensatzes hin: Kontrastierung der Mannentreue des Herrn und des Knechtes.[51] Indes, von einem wirklichen Kontrast kann nicht gesprochen werden, da ja für den Knappen kein Grund zu persönlicher Gegnerschaft vorhanden war. Und, so muß wohl gefragt werden, bedarf es einer solchen Gegenüberstellung, um die Treulosigkeit Friedrichs scharf hervortreten zu lassen?

---

[47] Pfalzgraf Friedrich von Goseck wurde im Jahre 1085 auf der Jagd ermordet, und nach den beiden ältesten geschichtlichen Überlieferungen geschah der Mord durch drei Vasallen Ludwigs von Thüringen bzw. auf seinen Befehl (vgl. VDM I, S. 309).

[48] Vgl. Vollschwitz, a.a.O., S. 90.

[49] Ebenda, S. 77 f.

[50] Ebenda, S. 77.

[51] Vgl. Jahrb. für Volksliedf.III S. 33. Das Motiv der Mannentreue ist an sich natürlich alt und wertvoll, aber gerade dies erklärt das nachträgliche Eindringen in die anders angelegte Fabel.

Str. 14 des ndl. Textes wurde bisher stets als sekundäre Erweiterung angesehen. Vollschwitz weist auf ihre Verknüpfung mit den vorhergehenden Versen hin.[52] Doch, worauf V. bereits aufmerksam macht, wir haben es hier nicht mit dem bekannten kettenförmigen Anschluß im Volkslied zu tun, sondern mit einer Wiederaufnahme jeder einzelnen Zeile und ihres Gedankens. Weiter fällt auf, daß die Verse 14 3/4 der ersten Hälfte von Str. 6 parallel gebaut sind. Besonders die Zeilen 6,1 und 14,1 korrespondieren einander:

> 6,1. Ic enderfs v niet wel seggen . . .
> 14,3. So endorfdi hem niet schieten . . .

Da nun Str. 6, wie wir wissen, kein echtes Motiv darstellt, so könnte der Bearbeiter dort wohl die Stelle in Str. 14 nachgebildet haben. Hier fand er auch die Partikel „wel" vor, natürlich ohne das den ursprünglichen Sinn verkehrende zweimalige „niet".

Die ersten Zeilen von Str. 14 stehen jetzt nicht mehr in einem konditionalen, sondern in einem konzessiven Verhältnis zu dem Nachsatz, und der Gedanke ist: Die Frau redet dem Manne jene Bedenken aus. Die sittlichen Hemmungen, die ihn von der Tat zurückhalten, gelten in ihren Augen nicht. Unser Lied zeigt also eine Abstufung der Charaktere; die Frau ist der schlechtere Charakter, aber dem Buhlen durch ihre Willensstärke überlegen. Und wiederum wird man an ein berühmtes dramatisches Gegenbild erinnert: Adelheid und Weislingen im „Götz von Berlichingen".[53]

In dieser Szene, nicht in der Episode am Anfang der erweiterten Fassung, findet die von Vollschwitz (vgl. oben) mit Recht geforderte Verwirklichung des Verrats statt, noch gesteigert durch die unmittelbar auf die Tat folgende Überreichung des Verlobungsringes, des dem Buhlen zugedachten Lohnes. Wenn in der heutigen Lesart diese innerlich zusammengehörigen Vorgänge durch den erneuten Ritt zur Burg, einen Bericht und die Forderung eines Zeichens getrennt sind, so kann wohl kaum ein Zweifel darüber bestehen, wo die echte dichterische Gestaltung zu spüren ist.[54]

Vollschwitz vergleicht die Strophen N (Einzeldrucke) 25, L (ndl.) 22, F (Brotuff) 20 und führt dazu aus: „Alle drei Fassungen setzen eine vollständige, innere Umwandlung des Grafen voraus. Aber die hochdeutschen Fassungen gehen tiefer. Hier

---

[52] Vgl. a.a.O., S. 79.

[53] Auf die bemerkenswerten Parallelen zwischen der Dichtung Goethes zu unserem Liede und dem Prosabericht in der Chronik Brotuffs habe ich bereits im Neophilologus 1939 S. 34–38 hingewiesen: *Parallelen zur Adelheid-Weislingen-Handlung in Goethes „Goetz von Berlichingen."* In derselben Chronik findet sich auch ein längerer Bericht über den Bauernkrieg.

[54] Man könnte vielleicht einwenden, daß der Dichter gerade die Härte vermeiden wollte, die Belohnung unmittelbar auf die blutige Tat folgen zu lassen. Dagegen spricht aber wohl, daß ja Friedrich das vom Blut des Ermordeten gefärbte Schwert vor den Augen der Frau herauszieht.

bedeutet diese Umwandlung eine sittliche Reinigung infolge der Reue über die furchtbare Tat, in L dagegen erscheint sie nur als Folge eines Grauens vor dem Weibe. Die Strophe läßt sich nicht wiederherstellen. Nur der erste Vers scheint in N und F die echte Form gewahrt zu haben."[55]

Soweit diese Feststellung den Inhalt betrifft, können wir ihr nur zustimmen. Wie aber steht es um den Wortlaut? Die fl. Bll. haben Str. 24. 25 folgenden Text:

> 24. Er nam dasselbige fingerlein
> in sein schnee weisse hand,
> Er warff es an die mawren,
> das es inn Graben sprang.

> 25. Was soll mir fraw ewr fingerlein,
> ich mag sein doch nit trag,
> Wann ich es an thet schawen,
> so hett mein Hertz gros klag.

In dem Tagelied „Ich sach den liechten morgen"[56] wird erzählt, daß ein „Held" früh am Tage die Geliebte aufsucht. Sie aber fordert ihn auf, wiederzukommen, „wenn der Tag ein Ende hat". Dies geschieht, aber es zeigt sich, daß der Held inzwischen in einem Kampf verwundet wurde. Es erhebt sich nun ein edler Wettstreit, wer von den beiden die Verletzungen lieber am eigenen Körper tragen würde. Die Jungfrau verbindet darauf die Wunden des Geliebten mit ihrem kostbaren Kopfumhang, und das Lied klingt Str. 10 freundlich mit den Worten aus: „wie pald er rů empfand".

Es finden sich nun am Schluß noch fünf weitere Strophen, die dort ein Anwuchs sind, sich aber im Inhalt und Wortlaut mit dem letzten Teil der Ballade berühren.

> 11. Was zoch er ab seiner hende?
> von gold ain vingerlein:
> ,nemt hin, mein schöne frawe,
> tragts durch den willen mein!'

> 12. ,Was sol mir das rote gold,
> so ichs nit tragen soll
> vor rittern vnd vor knechten?
> mein herz ist traurens vol.'

> 13. Er nam das selbig vingerlein,
> warfs in des möres grund:
> ,als wenig du wirst gefunden,
> so wenig wirt mein herz gesund.'

---

[55] A.a.O., S. 101 f.
[56] Uhland, Nr. 76 A; Erk-Böhme, Lh. I, Nr. 47.

14. Was zoch si aus irer schaide?
ain meßer von gold so rot;
si stach irs durch ir herze,
auß großer lieb tet si ir selbs den tod.

15. Nun fleuß, nun fleuß, du plut so rot,
fleuß in des möres grund!
es leben nimmermere
zwen rosenvarbe mund.

Die Strophen bzw. Motive sind denen der Ballade in folgender Weise parallel:
11 = B 23 (ndl. 21); 12 = B 25 (ndl. 22); 13 = B 24; 14 = B 16 (ndl. 15); 15 =
B 22 (ndl. 20; 24).

Vergleichen wir den Text der 13. Strophe des Tageliedes mit dem der Ballade
Str. 24. 25, so macht dieser den Eindruck einer Zerdehnung der einstrophigen Lesart, die ihrerseits in ihrem Aufbau, symbolische Handlung (Z. 1/2) und begleitende
Rede (Z. 3/4), genau der Ringstrophe 23 in der Ballade (= ndl. 21) entspricht. Statt
„des Meeres Grund" ist in Z. 2 „des Wassers Grund" vorauszusetzen. Auch die
Handlung des Tageliedes spielt nicht am Meer, dieses ist erst in der 15. Strophe berechtigt. In der letzten Zeile sind die aus V. 3 wiederholten Worte „so wenig" zu
streichen. Die begleitenden Reden der beiden Strophen 9; 10 des Archetypus geben
jetzt nicht bloß den Beweggrund des jeweiligen Tuns an, sondern sie deuten dessen
symbolischen Sinn, so hier: Da der Ring nicht mehr gefunden wird, kann das Herz
des Schuldigen nicht gesund werden. Zugleich ist mit größerer Klarheit als in allen
anderen Fassungen[57] ausgesprochen, auf welche Weise die böse Tat von seiten des
Buhlen gesühnt wird (vgl. auch unten). Ein schwacher Nachklang unserer Tagelied-
strophe ist vielleicht V. 3 in der ndl. Zusatzstrophe 7: „en daer suldi hem vinden."

Nach J. Meier würde Str. 23 (ndl.) den Schluß der eigentlichen Fabel bilden.[58]
Äußerlich erscheint die Zurückgabe des Liebespfandes als eine Wucherung des Motivs „Er zog aus seiner Scheiden" (15.20), „Sie zog von ihrem Halse" (21) bzw.
„Was zoch si von der hende?"[59] Stärker noch ist das Bedenken gegen den Inhalt.
Der Dichter hat seine eigene Meinung deutlich zum Ausdruck gebracht, charakteri-
stischerweise in den beiden außerhalb der Handlung stehenden Strophen zu Anfang
und am Schluß. Von hier sind die Begriffe „falsch", „Verrat" später in die Fabel
übergegangen. Wir haben sie nur in sekundären Strophen angetroffen.

Bei unserer Auffassung ist das Charakterbild des Buhlen psychologisch geschlossen, während es in den überlieferten Formen einen Bruch aufweist. Dort wäre
Friedrich vor und nach der Tat ein anderer. „Damals, als der Graf vor die Burg

---

[57] Diese knüpfen die Reue des Buhlen an eine Bedingung: fl. Bll. „Wann ich es an thet
schawen . . .“; Brotuff: „wan ich daran gedencke."

[58] Vgl. Jahrb. f. Volkslf. III, S. 15 f. J. Meier deutet die Strophe nach Walther von der
Vogelweide 44,9.

[59] Vgl. auch J. Koepp, a.a.O., S. 128.

geritten kommt und nach dem Aufenthalt des Burgherrn fragt, hat es den Anschein, als wäre die Initiative bei ihm."[60] Hier widerstrebte er der Zumutung des Mordes, und wir sind darauf vorbereitet, daß er nachher von Reue ergriffen wird.

Die tragische Handlung des Liedes, soweit sie den Buhlen betrifft, ist somit abgeschlossen. Welchen Ausgang nimmt sie für die Frau von Weißenburg? Mit J. Meier ist die Streichung der Plusstrophe 26 des Vulgattextes zu fordern.[61] Die ndl. Fassung hat am Schluß eine Strophe, die zu verschiedenen Deutungen Anlaß gab. Kalff spricht folgende Vermutung aus: „Wil de dichter zeggen, dat zij 'in ghemeyn ginc', zoals men in de middeneeuwen zeide?"[62] Man vermißt hier aber eine innere Beziehung zwischen dieser Art der Sühne und dem Inhalt des Liedes. Koepp sieht in V. 2 eine Hyperbel: „... es rinnen die Tränen der Frau wie 'ein water claer'". Z. 3 und·4 bedeuten nach seiner Meinung, die Frau weine für sich und vor den Leuten.[63] Doch selbst in dieser hyperbolischen Form wäre das Weinen im Vergleich zu dem Geschehenen nur ein schwacher und blasser Ausdruck für die Gefühle der Frau.

Wir haben es jedoch nicht nötig, die Strophe mit Vollschwitz für eine „gedankenlose Neubildung des Volksgesanges" zu halten.[64] Sollte nicht mit dem Wasser, das jenseits[65] der Mauer fließt, jenes Wasser gemeint sein, in das der Buhle den Ring geworfen hat? Und wenn die Frau von W. „heimlich und offenbar" an dem „klaren" Wasser sitzt, so könnte man wohl an die unerfüllbare Bedingung denken, die vorher ausgesprochen wurde. Die Frau sucht nach dem Ringe, denn wenn er gefunden wird, dann würde ja das Herz des Buhlen gesund und alles gut. Die Vorstellung ist einerseits, daß das fließende Wasser das ihm übergebene Gut – im Tagelied (Str. 15) ist es das Blut des Mädchens – zum Meere hinabtragen wird, anderseits die, daß die Frau in einer Art Geistesverwirrung oder gänzlicher geistiger Umnachtung den Ring noch immer zu finden hofft.[66]

Die schlimme Tat findet demnach ihre volle Sühne, indem die beiden Schuldigen, das ist der tiefste Sinn der Strophen 10; 11 des Archetypus, den Tod erleiden, der Mann seelisch, die Frau geistig. Beider Leben ist unwiederbringlich verloren, ein Dasein von lebensunfähigen Schatten. Wiederum drängt sich ein Vergleich mit der klassischen Dramatik auf. Auch im Macbeth spielen bekanntlich unerfüllbare Bedingungen eine Rolle (sie sind hier nur scheinbar nicht zu erfüllen), und es erinnert nicht nur entfernt an das Verhalten der Frau von W., wenn die gleichfalls geistig umnachtete Lady Macbeth die in Wirklichkeit nicht vorhandenen Blutflecke von ihren Händen waschen möchte (V, 1).

---

[60] Vgl. Vollschwitz, a.a.O., S. 97.
[61] Vgl. Jahrb. f. Volkslf. III, S. 12.
[62] Vgl. G. Kalff, *Het Lied in de Middeleeuwen*, Leiden 1884, S. 214.
[63] Vgl. a.a.O., S. 129.
[64] Vgl. Vollschwitz, a.a.O., S. 108.
[65] Vgl. DWB: „ob" geographisch = oberhalb, jenseits.
[66] Die in DVM I, S. 311 angeführte Strophe ist in ihrer ersten Hälfte eine Zusammenziehung aus 11; 12 der Urform (Z.1 = 11,1; Z.2 = 12,2).

Durch die Spielmannsstrophe am Schluß werden die Zuhörer, die unter dem Bann des schweren, düsteren Inhalts der Ballade stehen, wieder in die Gegenwart zurückgeführt. Der Übergang von der Dichtung zur Wirklichkeit ist somit weniger hart.

Aus tragischer Schuld und ihrer Sühne hat unser Spielmann ein Lied geformt. Die einzelnen Teile der Handlung folgen im echten Balladenstil kurz und wuchtig aufeinander. Das Volk aber, das von dem Stoff innerlich ergriffen ist, möchte gern bei den einzelnen Abschnitten länger verweilen. So wird, vorausschauend und rückblickend, dasselbe möglichst oft reproduziert. Wir haben dem Lied des Dichters, indem wir es von dem verwirrenden Rankenwerk der Überlieferung befreiten, seine reinste und ergreifendste Gestalt zurückgegeben.

IV. Das „Herzessen" im alten Volkslied[1]

Die alte Märe von dem gegessenen Herzen des Geliebten gelangte bereits im 13. Jahrhundert von Frankreich aus in die Nachbarländer Italien[2] und Deutschland und darüber hinaus nach England, Skandinavien und weiter. Sie wurde in Deutschland, nachdem bei Konrad von Würzburg in seinem Spruchgedicht „Herzmaere" noch kein Name vorkommt, mit der Person des Minnesängers Reinmar von Brennenberg verbunden.[3] Meistergesang und Volkslied gestalteten den Stoff.[4]

Drei Fassungen kommen hauptsächlich für die Wiederherstellung des Archetypus der Ballade in Betracht: Das alte ndl. Lied in dem Lb. von Marigen Remen, um 1540. Bibl. d. Maatschappy der Ndl. Letterkunde in Leiden (v. Duyse Nr. 35 a; DVM I,1 Nr. 16 Version 1); die ndd. Fassung im Lb. von Uhland und de Bouck Nr. 44 um 1600 (Uhland Nr. 75 A; DVM I,1 Nr. 16 Version 2); ein hd. Text in dem fl. Bl. aus Nürnberg, o.J., Druck durch Valentin Neuber. Staatsbibl. Berlin Yd 9748.1, Mitte des 16. Jahrh. (DVM I,1 Nr. 16 Version 3).[5]

Ich teile hier die alte ndl. Version (= A) und den ndd. Wortlaut (= B) mit:

A

1. ‚jn eenen boemgaert quaem jc ghegaen,
daer vant jc scoene vrouwen staen,
sy plucten alle roesen,
sy plucten alle tc.'

2. ‚myn dochte, dat myn den hemel ontsloet,
doe myn die scoen een cransselyn boet
mit hoer sneewytseer handen,
mit tc.'

---

[1] Der Aufsatz wurde gedruckt in: „Volkskunde". Driemaandelijksch Tijdschrift voor de studie van het volksleven. Nieuwe Reeks: 5e Jaargang Nr. 2 (1946), S. 68 ff.

[2] Vgl. Boccaccio, Dekameron, 9. Geschichte des 4. Tages.

[3] Vgl. A. Kopp, *Bremberger-Gedichte*, Wien 1908, S. 3 ff.; P. Alpers, *Untersuchungen über das ndd. Volkslied*, Diss. Göttingen 1911, S. 40; *Alte niederdeutsche Volkslieder*[2], München 1960, Nr. 6, Anm. S. 188; F. Rostock, *Mittelhochdeutsche Dichterheldensage*, Halle 1925, S. 16 ff.; Joh. Koepp, *Untersuchungen über das Antwerpener Liederbuch vom Jahre 1544*, Antwerpen 1929, S. 118 ff.; J. Meier, *Drei alte deutsche Balladen*, Jahrb. f. Volksliedf. IV (1934), S. 56 ff.; DVM I,1 (1935), Nr. 16; Erk-Böhme, Lh. I, Nr. 100; Uhland, Nr. 75.

[4] Zum Ursprung des Motivs vom Herzessen („Castellan von Coucy") sowie über die geschichtlichen Begebenheiten, die vielleicht den Anlaß zu der Übertragung auf den Dichter Brennenberg bildeten, vgl. Rostock, a.a.O., S. 16 ff.; Koepp, a.a.O., S. 122; DVM I,1 S. 168.

[5] Wie Alpers bemerkt (*Alte niederdeutsche Volkslieder*[2] S. 188), nimmt die ndd. Lesart eine eigenartige Sonderstellung zwischen den hd. Texten und dem älteren ndl. ein.

3. een roede ridder heeft dat vernoemen,
tot synen heer js hy ghecoemen,
hy brochte soe leider maerren,
hy brochte soe tc.

4. ,Heerre', seide hy, ,here goet,
dats bruneburch dracht hoeghe moet,
hy slaept by dinre vrouwen,
hy slaept by tc.'

5. ,dat engheloef jc waerlick niet,
dat bruin [e] burch myn onttrou doet,
hy staet my [n] by jn noeden,
hy helpt myn wt noed [en].'

6. die ridder die maeckte syn
clacht soe groe[t],
dat bruinenburch ghevanghen vort,
gheleit op eenen toernen,
gheleit[t]c.

7. dat verhoerde dat vrouken fin,
sy dede sadelen hoer telderkin,
sy volchde hem totter toerne,
sy volchde hem tc.

8. ,bruineburch, waerom hebdy myn lief?
want jw van myn niet warden enmach
dan reine, cvssche lieffte,
dan [tc].'

9. ,mocht jc hier noch legghen seuen jaer,
aenschouwen jv mit oggens claer,
eens daechs een woert te spreken,
ee [ns tc].'

10. ,bruinenburch, jc heb een man,
die myn ter eeren wel houden sal,
jc wyl daermede ghenoeghen,
jc t[c].'

11. ,mocht jc hier leggen myn leuen lanc,
omvanghen v mit armkens blanck,
een vriendelick kusgen mede,
een tc.'

12. die ridder die maeckte syn claecht
soe [g] roet,
dat bruneburch ghehangen woert,
[g]heleit al totter galgen,
gheleit al tot tc.

13. [e]nde dat verhoerde dat vrouken fyn,
sy dede sadelen hoeren roes was fin,
sy volchde hem totten galghen,
sy volchde [tc].

14. ,sy comt op eenen roes gheronnen,
daer jc den doot om steruen moet
al buten mynre sculden,
al buten myn tc.'

15. ,jc heb noch soeuen broeders stout,
die vven doot weel vreken sellen;
daer ensel ghen wrekens ontbreken,
daer ensel gheen wreckens ont[t]c.'

16. ,dat nem jc op myn heenevaert,
dat jc hoer lif niet sculdich enwaert,[6]
daer jc den doot om sterue,
daer jc den tc.'

17. ,myn haer sel onghevluchten staen,
myn oghens ensellen niet mer spoellen
gaen,
my mont ensel niet meer lachen,
myn mont en tc.'

18. brunnenburch die gaf den gheest,
oft hadde ghewees eenen stommen beest;
het mochte een man ontfarmen,
het[t]c.

B

1. Ick hebbe gewaket eine Winterlange Nacht,
dartho hefft my ein schōn Junckfrōuwlin
gebracht
Mit eren schneewitten Brūsten,
dat mōchte dem Helde gelûsten.

---

[6] Handsch.: enben.

2. Er Brúste weren witt und súuerlyck,
daran so lede de Heldt synen flyth
vnde alle syne Sinne,
mit der schönsten wolde he van hinne.

3. Ick quam in einen Boemgarden gahn,
dar vandt ick dre schone Junckfröuwlyn
stahn,
se breken alle dre Rosen to einem Krantz
tho einem Auendtdantz.

4. De eine de my dat Krentzelin bodt,
van bleker farue so was ydt rodt,
van Goldt[7] so was ydt ryke,
van Perlen súuerlyke.

5. De valschen Kleffer schlöten einen Rådt,
dat Brunnenberch gefangen wardt,
gefangen vp fryer Straten,
in ein Thorn wardt he gelaten.

6. Darin satt he wol soeuen Jahr,
syn Kop wardt witt, syn Bart wart grauw,
syn modt begund em tho breken,
neen wordt konde he mehr spreken.

7. Se leden Brunenberch op einen Disch,
se reten en recht wo einen Visch,

Se nemen em vth syn Herte,
dat dede dem Helde groth schmerte.

8. Se nemen em vth syn yunge Herte fyn
recht so einen Wildenschwyn,
vorweldent in einem Peper,
se geuent der[8] schönsten tho eten.

9. ‚Wat ysset, dat ick gegeten hebb,
dat my so wol geschmecket hefft?'
‚Dat ys Brunnenberges Herte,
dat dede dem Helde groth schmerte.'

10. ‚Ys dat Brunnenberges yunge Herte fyn,
so schencket[9] my den kolen Wyn,
schencket in vnde geuet my drincken,
myn Herte wil my vorsincken.

11. ‚So[10] neme ick dyt vp myne leste henfarth,
dat ick Brunnenberges syn nicht schúldich
wart,
denn reyne kúsche leue,
dat konde vns nemandt vorbeden.

12. Den ersten Drapen, den se dranck,
er Herte in dusent stucke spranck.
Berådt, Herr Christ du reyne,
mit dyner Gnadt alleine!

J. Meier hat bereits versucht, den Aufbau der Ballade zu rekonstruieren[11], und ich stimme mit ihm in verschiedenen Punkten überein: Ursprünglichkeit der Gartenszene, des Motivs vom Altern im Kerker (Weiß- bzw. Grauwerden von Haar und Bart) sowie der Szene des Mahles, bei dem das Herz des Sängers der Frau vorgesetzt wird. Mit J. Meier teile ich auch die Ansicht, daß beide Anfangsstrophen des deutschen Textes (ndd. und hd.) und die Strophen 13-15 nicht dazugehören.[12]

---

[7] Druck: Geldt.
[8] Druck: dar.
[9] Druck: schencke.
[10] Druck: Se.
[11] Vgl. Jahrb. f. Volksldf. IV, S. 63.
[12] Das Motiv der Strophen 13-15 tritt ähnlich auch in der Ballade „Schloß in Österreich" (DVM I,2 Nr. 24, Version 7) und in dem ndl. Liede „Kint van twaelef jaren" (DVM I,2, Nr. 23) auf. Unser Motiv A 13 geht vielleicht auf eine Andeutung in dem Meisterliede Kopp VII (a.a.O., S. 33) zurück. Dort bittet der zum Tode Verteilte:
nun hilf herr, das ichs moeg sehen an,
so wil ich sterbens nimmer klagen.

Diese Feststellungen genügen jedoch nicht zur Erschließung des älteren Zusammenhanges, denn es bleibt noch eine Reihe von wesentlichen Fragen ungelöst.[13] In A 16 versichert Bremberger kurz vor seinem Tode, daß er die Tat, derer man ihn bezichtigt, nicht begangen habe, also unschuldig sterbe. Nach derselben Lesart wurde der Ritter nur dadurch davor bewahrt, schuldig zu werden, daß die Frau seine Liebesbeteuerungen entschieden zurückwies (Str. 8-11). Es fällt weiter auf, daß in B 12 um die Gnade Christi für die Frau gebetet wird. Das hier zerdehnte Motiv würde in der ursprünglichen dreizeiligen Strophenform[14] lauten: „Herr (Gott) berat sie mit deiner Gnade." Diese Worte erinnern an die uns bekanntere Formel: „Gott sei seiner (ihrer)Seele gnädig!" Ein solches Gebet pflegt man bei dem Tode eines großen Sünders zu sprechen, der nichts mehr von Gottes Gerechtigkeit zu erwarten hat. In all unseren deutschen Überlieferungen ist aber die Frau ebenfalls ein Opfer der unbegründeten Eifersucht ihres Gemahls.[15]

Gleichfalls uneinheitlich ist das Charakterbild des grausamen Ehegatten. Das edle, schwer zu erschütternde Vertrauen, das er im ersten Teil von A in seinen Freund und Vasallen setzt, läßt ihn in demselben Licht erscheinen, wie einen Götz von Berlichingen in seinem Verhalten zu Weislingen: „Götz von Berlichingen" II Im Spessart. Götz: „Ich glaub's nicht." Auch durch sein streitbares Leben, das ihn mit den Unglücksfällen des Krieges wohlvertraut gemacht hat, gleicht der Gemahl dem Ritter Götz.

Str. 14 antizipiert Gedanken aus 16 (14,2 = 16,3; 14,3 = 16,2). Vor allem ist hier die Drohung mit Rache (Str. 15) ein blindes Motiv, das nur als schwacher Ersatz dafür dient, daß sonst nichts zur Rettung unternommen wird (vgl. unten zur Herkunft dieses Zuges aus der Ulingerballade). Die Anspielung auf die „stolzen Brüder" hat in der Ballade „Südeli-Schwabentöchterlein" einen überzeugenderen Rahmen (vgl. unsern entsprechenden Aufsatz unten).

[13] Hermann Schneider (a.a.O., S. 123) bezeichnet es als eine Voraussetzung unserer Einsicht in das Wesen des vorhandenen Volksballadengutes, daß die Fabel in möglichst reiner Form aus der Hülle der zersungenen Überlieferung herausgeschält wird.

[14] Zeile 3 wird in A wiederholt, also liegt ein dreizeiliges Strophenschema zugrunde, und wie F. Quellmalz nachweist, geht aus der Überlieferung der Melodie mit Wahrscheinlichkeit hervor, daß die älteste Strophenform aus drei Versen bestand (vgl. DVM I,1 S. 170).
In den deutschen Texten sind die vierten Zeilen teils, wie sich aus dem Mangel an neuen Gedanken ergibt, nachträglich angeflickt (so ndd. Str. 1; 2; 3; 4; 6; 7; 9; 11), teils zwischen die anderen Verse eingesprengt (5; 10) oder, wie in B 12, durch Zerdehnung einer echten Zeile entstanden. In Str. 5 kann man vielleicht in dem eingeschobenen Vers einen Hinweis auf die Ermordung Reinmars von Brennenberg durch Regensburger Bürger (vor 1276) sehen. Eine solche historische Reminiszenz braucht aber nicht von dem ursprünglichen Dichter zu stammen. Auch J. Meier äußert Bedenken gegen das in der ndd. Fassung zweimal auftretende, ungeschickt formulierte „dat dede dem Helde groth schmerte" (Jahrb. f. Vlf. IV, S. 61). Dieser Vers kommt auch in dem Liede „Te Bruynswijk staet een casteel" Str. 7 vor (Antw. Lb. v. J. 1544 Nr. 151). Er lautet dort: „Des hadde die ridder smerte." Zum Ursprung dieses Motivs vgl. unten unsern Aufsatz Nr. 10.

[15] Der Meistergesang Kopp, Nr. VIII, unterstellt, daß die Dame „ihre Ehre gar stäte hält".

Wir teilen jetzt zuerst den erschlossenen Wortlaut des Archetypus der Ballade mit, durch den nicht allein die genannten Unstimmigkeiten aufgehellt werden, sondern aus denen zugleich hervorgeht, daß sie und alle weiteren aus der gleichen Ursache herzuleiten sind. Die Motivierung meiner Lesarten lasse ich folgen.

1. Was wôllen wir aber heben an,
   ein newes Lied zu singen?
   wir singens dem Herrn von Prennensperg,
   hilff Gott das vns gelinge.

2. In einen Baumgarten kam er gegan,
   Da fand er eine Fraue stan,
   Sie pflückte alle Rosen.

3. Die Fraue ihm ein Kränzlein bot,
   Von seiner[16] Farbe war es so rot,
   Von Gold war es so reiche.

4. Brunnenberg sprach:
   ‚Warum gebt ihr mir das
   Da euch von mir nichts werden mag
   Denn reine, keusche Liebe?'

5. ‚Mein Haar soll ungeflochten stan,
   Meine Augen sollen nicht mehr spielen gan,
   Mein Mund soll nicht mehr lachen.'

6. Brunnenberg sprach:‚Ihr habt einen Mann,
   Der euch in Ehren wohl halten kann,
   Damit laßt euch genügen.'

7. Die Frau hat das so bald vernomm'n,
   Zu ihrem Herrn ist sie gekomm'n,
   Sie brachte so leider Mären.

8. ‚Herre', sagte sie, ‚Herre gut,
   Der ist Brunnenberg trägt hohen Mut,
   Er schläft bei deiner Frauen.'

9. ‚Das engelaub ich wahrlich nicht,
   Daß Brunnenberg mir untreu ist[17],
   Er steht mir bei in Nöten.'

10. Die Frau die machte so große Klag',
    Daß Brunnenberg gefangen ward,
    In einen Turm geworfen.[18]

11. Da lag er mehr denn sieben Jahr,[19]
    Sein Haar ward weiß, sein Bart ward grâ,
    Sein Mut begann ihm zu brechen.

12. ‚Das nehme ich auf meine Hinnefahrt,
    Daß ich ihres Leibes nicht schuldig ward,
    Darum den Tod ich sterbe.'

13. Brunnenberg gab auf den Geist.
    Sie nahmen ihm das Herz aus dem Leib,
    Sie gaben's der Fraue zu essen.

14. ‚Was ist es, das ich gegessen hab,
    Das mir so wohl geschmecket hat?'
    ‚Das war Brunnenberges Herze.'

15. ‚War das Brunnenberges jung Herze fein,
    So schenket[20] mir ein den kühlen Wein,
    Mein Herz will mir versinken.

16. Den ersten Tropfen, den sie trank,
    Ihr Herz in tausend Stücke sprang.
    Gott berat' sie mit deiner Gnade!

---

[16] Ndd. „bleker", wohl verhört aus hd. „seiner", das als „bleicher" mißverstanden wurde.
[17] „ist" anstelle des nicht reimenden „doet".
[18] So nach dem hochdeutschen und dem jüngeren ndl. Text = DVM Version 3 Str. 3,3; Koepp, a.a.O., S. 243 (Antw. Lb.v.J. 1544 Nr. 81) Str. 1,3.
[19] Text = Antw. Lb.v.J. 1544 Nr. 81 Str. 2,1.
[20] „schencket" im hd. Liede Str. 6,2.

Die Spielmannsstrophe

St. 1 findet sich in einer alten Fassung der Ballade „Schloß in Österreich", die W. Heiske entdeckt und in seinem Aufsatz *Ein neuer Fund zum Schloß in Österreich* behandelt hat.[21] Sie geht dort der Schloßstrophe, dem Eingang der Vulgatfassung jenes Liedes, voran, und der Name Prennensperg wird teils zur Bezeichnung des Landes, teils (so besonders in der stereotypen Anredezeile: 'Bitt euch, ihr Herrn von Prennensperg') als Eigenname des Gebieters gebraucht. Vor allem durch ihren Rhythmus scheint sie sich als zugehörig zu der Schloß-Ballade zu erweisen.

Es sprechen aber außer dem Kriterium des Dichternamens noch andere Tatsachen für die von uns vermutete Beziehung. Zeile 3 gibt diesem Eingang unverkennbar den Charakter einer Widmung: Das Lied soll dem Herrn von Prennensperg zu Ehren, d. h. hier zu ehrendem Gedächtnis gesungen werden. Eine Persönlichkeit, deren Handeln und Schicksal eine solche Huldigung nahelegte, war aber nicht der grausame, unerbittliche Schloßherr der anderen Ballade, sondern der unglückliche Sänger in unserem Gedicht. Hierzu würde auch der vierte Vers der Strophe stimmen, in dem neben der Frömmigkeit des Verfassers auch der sittliche und künstlerische Ernst zum Ausdruck kommt, mit dem der Dichter sein Werk betrachtet. Der von dem Schema der Brennenbergstrophen abweichende Rhythmus wurde vermutlich von ihm gewählt, da sich seine spielmännische Ankündigung nicht in die dreizeilige Form pressen ließ.[22]

Nun wäre zwar auch darauf hinzuweisen, daß die Mutter des verurteilten Knaben in der Version aus Zürich zweimal „Frau Gärtnerin" betitelt wird (Str. 4; 6). Dies klingt an die Gartenszene im „Brunnenberg" an, und die dort Blumen pflückende „Frau" kommt ebenfalls zu dem Turm geritten, in dem der Gefangene liegt. Doch gibt Heiske für den seltsamen Zug eine andere Erklärung. Es könnte sich um eine Entstellung aus frz. „gardienne" (Wärterin) handeln, da die historischen Belege für die Kaninchengeschichte in ndl. „Kint" auf französisch-flämisches Gebiet führen. Somit stimmen wir mit Heiske darin überein, „daß eine völlig befriedigende Lösung in dieser letzten Frage kaum möglich ist."[23]

Str. 1/2.

Wenn Brennenberg, wie es in A der Fall ist, durch das Singen eines Liebesliedes sich selbst verriet, so würde der Dichter sich das Schürzen des Knotens allzu leicht gemacht haben. Es ist jedoch anzunehmen, daß der Spielmann, nachdem er den Helden mit seinem Namen eingeführt hatte, jetzt in der dritten Person erzählend fortfuhr. Daß in den sekundären Lesarten mehrere Rosen pflückende Frauen zugegen sind – in A 2 und B 4 wird nur noch von einer Frau gesprochen –, hat offenbar

---

[21] Vgl. Jahrb. f. Volksliedf. 4 (1934), S. 66-72; DVM I,2, Version 7.
[22] Vgl. Ähnliches in Nr. 10.
[23] Vgl. Heiske, a.a.O., S. 69.

den Zweck, das Verhalten der einen, die dem Ritter das Kränzlein bot, weniger verdächtig erscheinen zu lassen. In der Symbolsprache des Volksgesanges wird in den beiden ersten Strophen der Ballade berichtet, daß die Frau dem Ritter ihre Liebe anbot.[25]

Str. 3-5.

Sowohl der allein durch das rätselhafte Beiwort „rot" exponierte Verleumder[26] wie auch die im ndd. Liede genannten typischen „Kläffer"[27] sind Hilfsfiguren, die alsbald wieder untertauchen, wenn sie nicht mehr gebraucht werden. Mit dem Wegfall dieses Motivs ist die Anknüpfung der Strophen A 3-6 an Str. 2 nicht mehr zu halten, was sich gleichzeitig an der Wiederholung von Str. 6 nach 11 (= Str. 12) erkennen läßt. Str. 7, eine Dublette zu der bereits oben (S. 48) als unecht erwiesenen Str. 13, kommt ebenfalls für die Urform nicht in Betracht. Demnach rücken die Strophen 8 ff. unmittelbar an die Gartenszene heran, die uns ja vor die Frage stellt: Wie wird Brunnenberg auf die Gabe der Frau reagieren?

Allein die Anrede „Brunnenberg" deutet in den Strophen 8; 10 an, daß wir es mit Worten der Frau zu tun haben. Nichts in ihrem Text kennzeichnet sie in besonderem Maße als Frauenstrophen. Ihr ruhig ernster, besonnener Ton läßt im Gegenteil darauf schließen, daß ursprünglich der Ritter sprach. Zudem wird der Rhythmus ihrer ersten Zeilen durch die Einfügung von „sprach" fließender: „Br. sprach" anstelle von „Brunnenberg" mit Nebenton auf der letzten Silbe.[28]

In Str. 8 fehlt eine Reimbindung der beiden ersten Zeilen. Die fast gleichlautenden Versausgänge 1 : 3 (lieb : Liebe) sind dafür kein Ersatz. Der Grund dieses Verstoßes gegen das Reimschema ist jedoch leicht zu erkennen. Bei unserer wiederhergestellten Lesart bezieht sich Brunnenbergs Frage unmittelbar auf das in Str. 2 Erzählte. Gerade dieser enge Anschluß war aber in der Bearbeitung nicht erwünscht, da ja hier der primäre Zusammenhang weitgehend gelockert wurde. Unsere Strophe weist jetzt eine Assonanz („das: enmach") auf, wie man solche in diesem Gedicht mehrfach antrifft (außer Str. 8 noch in den Strophen 9; 10; 12; 13).[29]

---

[25] Das entsprechende Gegenstück ist bekanntlich im Volkslied das Überreichen einer Kleeblume.

[26] Kalff (a.a.O., S. 209) weist das Vorkommen von „roten Rittern" in der mhd. Dichtung nach. Es sind meist Missetäter, Räuber.

[27] Die englische Romanze „The knight of Curtesy and the Lady of Faguell" behilft sich mit der billigen Motivierung: Neid der Höflinge wegen Begünstigung des Ritters durch den Landesherrn (vgl. J. Ritson, *Ancient English Romances*, London 1802, S. 193 ff.). Ganz anders ist die Begründung der Eifersucht des Ehegatten in der Kreuzzugserzählung vom Castellan von Coucy (vgl. Kopp, a.a.O., S. 3; Koepp S. 122).

[28] In der Frauenstrophe B 11 sind Motive aus zwei ursprünglichen Brennbergerreden kombiniert: A 8; 16, vgl. Urform 3; 11.

[29] Eine Nachbildung des Motivs von Str. 10 findet sich in dem Liede „Es stet ein baum in Osterreich", einem auch stofflich gesunkenen Mischtext (vgl. E.-B. Lh.I, Nr. 141; Uhland, Nr. 99 „Muskatbaum"), Str. 5 Vers 4 wurde wörtlich aus der Grundform übernommen (= 5,3). Vgl. auch unten.

Aus den sekundären Strophen 9; 11 ist noch ersichtlich, daß der Bearbeiter auch die Motive der langen Kerkerschaft Brennenbergs (mehr als sieben Jahre) und seines Todes im Turmgefängnis gekannt hat, denn diese tragischen Züge der Urform treten in seiner Umdichtung entstellt auf. Ferner hat wohl der Meistergesang Kopp Nr. VIII zwei Motive geliefert. Wir lesen S. 39:

> ich was also fro das sy in freintschafft zu mir sprach,
> ir schoen wol durch meine augen prach.

Während die beiden Strophen A 8; 10 sich als Brembergerreden erwiesen haben, enthält die alte ndl. Fassung auch eine Strophe (17), an deren Charakter als Frauenstrophe nicht zu zweifeln ist. Da die vorhergehenden Worte Str. 16 aber nicht an die Frau gerichtet waren[30], mit ihr überhaupt kein Gespräch am Turm stattfand (vgl. oben), so erhebt sich die Frage nach der primären Bedeutung der Verse. J. Meier vermutet, die Frau hätte in der Szene des Herzessens, nachdem sie erfahren, was sie zu sich genommen hat, die Absicht ausgesprochen, nie mehr eine andere Speise und keinen anderen Trunk zu genießen.[31] Vom Essen und Trinken ist in der Strophe nicht die Rede, und hier, an dem dramatischen Höhepunkt der Ballade, erwartet man keine so wortreiche Erklärung. Dagegen fügt sich unsere Strophe sinngemäß in das Gespräch der Frau mit dem Ritter ein, in dem er die Annahme ihrer symbolischen Blumengabe aus sittlichen Gründen verweigerte (= A 8). Es sind leidenschaftlich beschwörende Worte[32], mit denen sie das Herz des Geliebten zu erweichen sucht, und ihre einer Drohung mit Selbstmord nahekommenden Versicherungen machen deutlich, wie groß die Versuchung für Bremberger gewesen ist.

Str. 6-9.

Der Vers A 3,1 erscheint auch in der ndl. Version der Ballade von der Nonne[33], gehört aber nicht zum echten Bestand dieses Liedes.[34] Er lautet dort: (7,1) „Den ruyter had so haest vernomen."[35]

Hier ist die Wendung „so haest" für ursprüngliches Gut aus dem Brembergertext zu halten. Sie wurde in der sekundären Fassung durch das zweisilbige Epitheton zu „ridder" („roede") verdrängt. Die Verleumdung eines Unschuldigen durch die Frau ist ein im Altertum häufig auftretender Stoff, sowohl im Orient wie bei west-

---

[30] Vgl. Jahrb. für Vlf. IV, S. 60 ff.

[31] J. Meier verweist auf den Meistergesang VII bei Kopp, S. 36, der indessen eine andere Situation voraussetzt.

[32] Die leidenschaftlichen Gefühle, die aus den kurzen Sätzen sprechen, wurden in dem weicher angelegten Meisterlied dadurch gedämpft, daß die Verse nicht zusammenhängend überliefert sind.

[33] Vgl. Antw. Lb.v.J. 1544 Nr. 87; Koepp, a.a.O., S. 226.

[34] Vgl. unten in Nr. 10 den Abschnitt „Die Nonne".

[35] Reimbindung „vernomen : gecomen" wie im Bremberger.

lichen Völkern.[36] Er kommt wieder bei Boccaccio vor[37], der auch diese Erzählung ebenso wie die vom Herzessen aus französischer Quelle schöpfte.[38] Unser Dichter hat die beiden Motive kombiniert. Für unsere Meinung, daß es sich um die Tat einer Frau handelt, nicht um die eines Ritters, spricht auch das Mittel, womit sie ihr Ziel erreicht. Das „große Klagen" ist Frauenart. Ein Rest der echten Strophen ist in der hd. Überlieferung der Vers 3,1: „Dem Frewlein kamen leydige mär."

Str. 10-11.

Die Hinrichtung am Galgen (A 12) ist ein Zug aus späterer Zeit. Hängen galt allgemein als der ehrloseste Tod. Dem Brauch des Mittelalters entspricht, daß der gefangene Edelmann seinen Tod im Burgverlies findet. An Urform 9 ist daher B 6 anzuschließen bzw. vor A 16 einzureihen.

Zwischen den Geschehnissen des ersten Teiles der Ballade und der neuen Wendung sind mehr als sieben (= viele) Jahre vergangen. Der zu früh gealterte Gefangene fühlt seinen Tod nahen. Bis dahin hat er über die an ihm verübte Missetat geschwiegen, um die Frau zu schonen. Sterbend enthüllt er die Wahrheit, denn als Mann von Ehre und echter Ritter will er nicht aus dem Leben scheiden, beladen mit einer so schweren Schuld.[39]

Str. 12-15.

An Str. 16 knüpft in der Fassung A Str. 18 mit ihrem ersten Vers an. Die Zeilen 2.3 sind sekundäre Bestandteile zur Auffüllung des Textes. Der Redaktor wollte das Lied anders ausgehen lassen, als die Urform es vorschrieb. Umgekehrt hielt B an den Motiven der Verse 2.3 fest (= B 7,3; 8,4), überging aber die Andeutung, daß es sich um einen Toten handelte.[40] Für den Archetypus ergibt sich jetzt die Assonanz „Geist : Leib".[41] Die Strophen B 9; 10; 12, jede in ihrer ursprünglichen dreizeiligen Gestalt, beschließen das Lied.[42]

---

[36] Vgl. die biblische Erzählung von Potiphars Frau und die griechische Sage von Phaedra und Hippolytus; Grimm, *Kinder- und Hausmärchen*, Nr. 49: „Die sechs Schwäne".

[37] Vgl. im Dekameron die 8. Novelle des zweiten Tages: Erzählung von dem Grafen von Antwerpen.

[38] Vgl. M. Landau, *Die Quellen des Dekameron*, Stuttgart 1884, S. 116 ff.

[39] An unserer Stelle ist der ursprüngliche Platz der Zeile: „Das nehme ich auf meine Hinnefahrt." Denn ihre tragische Bedeutung wird gerade hier in jeder Hinsicht gerechtfertigt. In dem Liede „Degner und Lussewinne" (vgl. DVM I,2 Nr. 29, S. 296 ff.; Alpers, Diss. S. 42; Koepp, a.a.O., S. 120), wo die Strophe mit den Versen 1.2 kurz vor dem Schluß auftaucht, ist sie ein Fremdkörper (vgl. auch DVM I,1, S. 299).

[40] Statt dessen bringt der Bearbeiter eine krasse Ausmalung der physischen Grausamkeit, die dem Ritter widerfuhr. Durch die Art der Zubereitung soll die Frau zunächst über den Geschmack getäuscht werden (vgl. Jahrb.f.Vf. IV, S. 62).

[41] Der Reimverband in B 7: „Tisch : Fisch" ist formelhaft. In der Ballade „Graf Friedrich" (vgl. oben) begegnet er sinngemäß bei der Schilderung des Hochzeitsmahles.

Wie es bei dem Charakter des Schloßherrn nicht anders zu erwarten war, fand Bremberger Glauben. Damit aber kam die Schuld der Frau an den Tag. Wir stehen somit vor der Frage, welche Bedeutung das Motiv des Herzessens in diesem neuen Zusammenhang hat. Es erscheint gerechtfertigt, daß die Schuldige mit dem Tode bestraft wurde, und wenn man die Härte mancher mittelalterlichen Verurteilungen in Betracht zieht, so kann man die Art der Sühne auch nicht als unangemessen einer Frau gegenüber ansehen (schneller Tod durch den Schreck). Die Entscheidung ging jedoch in diesem Fall von dem Gemahl aus, der ja seine Frau geliebt hatte. Wir werden uns daher bei einem anderen Gedankenkreis Rat holen müssen: Das Geschehen hat jetzt den Sinn eines höheren Gerichtes. Es steht in Übereinstimmung mit altgermanischen und mittelalterlichen Rechtsvorstellungen, daß der Gatte sich bei der Bestrafung der sündigen Frau auf ein Gottesurteil stützen will, und alle Bemühungen deutscher und ausländischer Traditionen, das Motiv durch Zusätze auszuschmücken[43], reichen an die Konzeption des Dichters nicht heran.

Von hier aus gelangen wir nun auch zu einem Verständnis des schwierigen Zuges, daß die Frau, nachdem sie erfahren, was sie gegessen hat, einen Trunk Weines verlangt, und zwar mit der Begründung, daß ihr „Herz versinken will".[44] Der Gedanke ist: So eng, wie mit der Speise der Trank verbunden ist, so eng gehört der Tod des Schuldigen zu dem seines Opfers. Das wird in dem Liede auch dadurch versinnbildlicht, daß die Frau stirbt, als sie den ersten Tropfen trinkt. Indem sie aber aus eigenem Antrieb, während sie den Tod nahen fühlt, zu trinken begehrt, gibt sie zu erkennen, daß sie die Strafe als gerecht empfindet und zur Sühne bereit ist. Die Ballade läuft also in ihrer ursprünglichen Form in das Motiv der Läuterung aus.[45]

Aus unserer Untersuchung ging hervor, daß der Verfasser das Motiv der Herzmäre mit einem anderen Stoff, der Geschichte von der Frau, die ihren völlig unschuldigen Liebhaber verleumdet und dadurch seinen Tod herbeiführt, verschmolzen hat. Augenscheinlich haben ihn Gründe künstlerischer Art dazu bewogen. Die Sage vom Herzessen, so rührend sie auch den Hörern erschienen sein mag, war, für sich allein betrachtet, kein geeigneter Vorwurf für eine Ballade. Denn es fehlt eine dramatische Entwicklung, die auf dem Kampf annähernd gleichwertiger Gegner be-

---

[42] Damit bestätigt sich J. Meiers Auffassung, daß die alte ndl. und die ndd. Fassung sich in gewisser Weise ergänzen (vgl. DVM I,1 S. 168).

[43] So bei Bocc. 4,1: Die Tochter begießt das im goldenen Becher ruhende Herz mit Tränen, schüttet einen aus Giftkräutern bereiteten Trank darüber und trinkt dies aus (vgl. Jahrb.f.Vlf. IV, 62).

[44] In dem Meistergesang Kopp, Nr. XI, wird der Trunk nach dem Essen nicht motiviert. In manchen alten und jüngeren Fassungen, auch in einem Meisterlied, erklärt die Frau, sie wolle weder Speise noch Trank zu sich nehmen, nachdem sie das edle Gericht des Herzens genossen hat (vgl. Jb. f.Vlf. IV, S. 61 f.).

[45] In nordischen Versionen ebenso wie in der erwähnten englischen Romanze und im Dekameron 4,1 wird am Schluß von der Reue des grausamen Vaters bzw. Gemahls berichtet. Doch kann dieser Zug hier nicht überzeugen oder ergreifen.

ruht.[46] Das Liebespaar ist nur leidend, nicht handelnd und streitend, und der Gemahl der Frau stellt sich mit seiner Tat außerhalb der Reihe fühlender Wesen. Bremberger dagegen streitet und fällt für eine sittliche Idee, und diese Idee triumphiert, da die Wahrheit zuletzt doch ans Licht kommt. Hierdurch schuf der Dichter eine tragische Fabel, die uns gleichzeitig erschüttert und befreit.

---

[46] Uhlands Gedicht vom „Castellan von Coucy" ist eine Romanze, keine Ballade.

V. Volksballaden vor ihrer Zersingung
(Ulinger – Schildknecht – Blumenpflücken)[1]

Die drei hier zu untersuchenden Texte, zwei Balladen und ein Lied, berühren sich in verschiedenen Einzelheiten, so daß sie eine gemeinsame Betrachtung zweckdienlich erscheinen lassen.

Ulinger

Außer der Dissertation von Friedrich Holz[2] liegt über diese Ballade eine Abhandlung durch W. Heiske vor[3], in der hauptsächlich die Motivgeschichte in ihren vielfachen in- und ausländischen Verzweigungen berücksichtigt wird.[4] Daß auch bei diesem weitgehend zersungenen Gedicht eine Wiederherstellung der deutschen Urform möglich ist, möchte ich im folgenden zeigen. Wir teilen hier zunächst eine alte hd. Fassung = A[5] und eine ndd. Version = B[6] mit:

A

1. Gvt Reuter der reit durch das ried,
   er sang ein schônes Tagelied.
   Er sang von heller stimme,
   das in der Burg erklinget.

2. Die Junckfraw an dem Laden lag.
   Sie hôrt gut Reuter singen:
   ,ja, wer ist der, der singet?
   mit dem wil ich von hinnen.'

3. ,O Junckfraw, wolt jhr mit mir gan,
   ich wil euch lernen, was ich kan;
   ich wil euch lernen singen,
   das gegen der Burg thut klingen.'

4. Die Junckfraw inn jhr Schlaffkammer tratt,
   jr gelbes Har sie in Seiden band,
   sie kleidt sich in Silber vnd rotes Gold,
   gleich wie eine, die von hinnen wolt.

5. Er schwang sein grûnen Schilt neben jn,
   sein schône Junckfraw hinder jn,
   er eylet also balde
   zu einem grûnen Walde.

6. Und da sie in den Wald einkam,
   vnd da sie leider niemand fand,
   dann nur ein weisse Tauben
   auff einer Haselstauden.

---

[1] Erschienen in Volkskunde 1948, S. 31-41.

[2] *Die Mädchenräuberballade*, Heidelberg 1929.

[3] Vgl. Wilhelm Heiske, *Der Mädchenmörder* (Halewijn-Ulinger), DVM II,1 (1937), Nr. 41, S. 67 ff.

[4] Vgl. ebenda S. 87 ff. zum Stand der Überlieferung.

[5] Fl. Bl. Nürnberg (um 1550/65), Friedrich Gutknecht. Staatsbibl. Berlin Yd 8803 = DVM II,1 Nr. 41, Version 3.

[6] Aufzeichnung Annettes von Droste-Hülshoff (Westfalen) 1842 = DVM Nr. 41, Version 2; Uhland, Nr. 74 C.

7. ‚Ja hör vnd hör, du Fridburg,
ja hör vnd hör du Junckfraw gut!
der Vlinger hat eylff Junckfrawen
　　　　　　　　　gehangen,
die Zwölfft hat er gefangen.‘

8. ‚Ja hör, so hör, du Vlinger,
Ja hör, so hör, du trewer Herr!
was sagt die weisse Tauben,
auff jhener Haselstauden?‘

9. ‚Ja jhene Taube leugt mich an,
sie sicht mich für ein andern an,
sie leugt in jhren roten Schnabel
ach schöne Junckfraw, reit furbaß!

10. Er breit sein Mantel in das Graß,
er bat sie, das sie zu jhm saß;
Er sprach, sie solt jhm lausen,
sein gelbes Har zerzausen.

11. Er sach jr vnder die augen da:
‚was weinet jr, schöne Junckfraw?
Weinet jr vmb ewren trawrigen Man,
Ich hab euch nie kein leid gethan!‘

12. ‚Ich wain nicht vmb mein trawrigen Man,
jr habt mir nie kein leids gethan.
ich sich dort einher Reiten,
ein grosse schar mit Leuten.‘

13. ‚Ja, wilt du zu jhn reiten,
oder wilt du mit jhn streiten?
oder wilt du bey der liebe stan,
dein Schwerdt zu beiden Henden han?‘

14. ‚Ich wil nicht zu jhn reiten,
ich wil nicht mit jn streiten;
Ich wil wol bey der liebe stan,
mein Schwerdt zu beiden Henden han.‘

15. Sie reit ein wenig baß hindan.
vnd da sie leyder niemand fandt
dann nur ein hohe Tannen,
daran eylff Junckfrawen hangen.

16. Sie wandt jr Hend, raufft auß jr Har,
sie klagt jr leyd Gott offenbar:
‚Ich bin so ferr in tieffem Thal,
das mich kein Mensch nit hören mag.‘

17. ‚So bitt ich dich, mein Vlinger,
so bitt ich dich, mein trawter Herr,
du wöllest mich lassen hangen,
inn Kleidern, da ich inn gange.‘

18. ‚Das bitt mich nicht, du Fridburg,
das bitt mich nit, du Junckfraw gut!
dein schwartzer Rock vnd dein
　　　　　　　　scharlamantel
stat meiner jungen Schwester wol an.‘

19. ‚So bitt ich dich, du Vlinger,
so bitt ich dich, du trawter Herr,
du wöllest mir erlauben
ein schrey, zwen oder dreye.‘

20. ‚Das solle dir erlaubet seyn:
du bist so ferr in tieffem thal,
du bist so ferr in tieffem thal,
das dich kein Mensch nicht hören mag.‘

21. Den ersten schrey vnd den sie thet:
‚hilff, Jesu, Marie Sone!
vnd kompst du nicht so balde,
so bleib ich in diesem Walde.‘

22. Den andern schrey vnd den sie thet:
‚hilff, Maria, du reine Meid!
vnd kompst du nicht so behende,
mein leben hat schier ein ende.‘

23. Den dritten schrey vnd den sie thet:
‚hilff, allerliebster Bruder mein!
vnnd kombst du nit so drate,
mein leben würd mir zu spate.

24. Jr Brüder vber den Hoff einreit
vnd einer zu dem andern seidt:
‚mich dunckt inn allem meim sinne,
ich hör meiner Schwester stimme.‘

25. Er ließ seinen Falcken fliegen,
er ließ seinen Falcken fliegen,
er eylet also balde
zu einem finsern Walde.

26. ,Was thust du hie, mein Vlinger,
was thust du hie, mein trawter Herr?‘
,so stand ich hie vnd wind ein Wid,
daran ich meinen Follen bind.‘

27. ,Vnd stast du hie vnd windst ein Wid,
da du dein Follen anbinden wilt,
so rede ichs auff die trewe mein,
du solt mir selber der Follen sein.‘

28. ,So bitt ich dich, mein Fridburger,
so bitt ich dich, mein trawter Herr,
du wöllest mich lassen hangen
in Kleidern, da ich jetzt stande.‘

29. ,Das bitt mich nicht, du Ulinger,
das bitt mich nicht, du falscher Herr!
dein schwartzer Rock vnd dein
scharlamantel
stat meinem Kuchenbuben wol an.‘

30. Er schwang sein grünen Schildt neben jn,
sein schöne Schwester hinder jhn,
er eylet also veste,
da er seins Vatters Königreich weste.

B

1. Well will met Gert Olbert utriden gohn,
de mot sick kleiden in Sammt un Seiden,
de mot sick schnören int rode Gold.

2. Dat wull de schöne Helena dohn,
Se wull met Gert Olbert utriden gohn;
Se dei sik kleiden in Sammt un Seiden,
Se dei sick schnören int rode Gold.

3. Helene de kiekt tom Fenster herut:
,Nu kom, Gert Olbert, unn hale de
Brud!‘
He nam se by ehr brunsidene Kleed,
Hee schwung se wull achter sick up sin
Perd.

4. Se ridden de grune Heide entlank,
Se ridden drei Dag un drei Nächte lank:
,Gert Albert, Gert Albert, mein
Schätzelein,
Es muß auch gegessen und getrunken sein.‘

5. ,Do giernter, unner giernter gent
Linienbaum,
Da soll gegessen und getrunken sein.‘
Se satten nieder int grune Gras,
den kühlen Wyn drunken se ut dat Glas.

6. ,Wust du die keisen den Dannigenboom,
Oder wust du die keisen den Waterstrom,
Oder wust du di keisen dat blanke
Schwert?‘

7. ,Ik will nich keisen den Dannigenboom,
Ik will nich keisen den Waterstrom,
Vierl laiwer keis ik dat blanke Schwert,
Dat is Helena ehr Häuft wol werth.‘

8. ,Treck ut, trek ut din sidene Kleed,
Junkfraulik Bloot springt wiet un breet;
Wen et di besprützte dat dei mi leed.‘

9. Un as he sick had ter Siden gekehrt,
Do nam Helena dat blanke Schwert,
Do flog sin Häuft wol öwer dat Perd.

10. Do sprak to ehr dat falske Hert:
,Wol achter min Perd do hangt en Hoon,
Do mot Helena in bloosen dohn.‘

11. ,Dorin te bloosen dat wör nich goot,
Dann leipen mi alle de Mörners no,
As wie de Hunde den Hasen doot.‘

12. Frau Jutte de keek tom Fenster herut:
,Helena, wo ist mein Söhnelein?
Helena, wo ist dein Schätzelein?‘

13. ,Dein Söhnelein lebt und ist nicht todt,
He sit unner giernter gent Linienboom
Un spierlt met sierwen Junckfräulein
schoon;
De achte de soll Helena syn,
De achte de most he sölwer syn.‘

Unser Text des Archetypus

1. Helena sah zum Laden[7] heraus:
   ‚Nun komm, Gert Olbert, und hole die
   Braut.'

2. Er nahm sie bei ihrer schneeweißen Hand,
   Er führte sie aus ihres Vaters Land.

3. Sie gingen die grüne Heide entlang,
   Sie gingen drei Tag' und drei Nächte
   lang.

4. ‚Gert Olbert, Gert Olbert, mein
   Schätzelein,
   Es muß auch gegessen, getrunken sein.'

5. ‚Ich esse kein Brot und trink keinen Wein,
   Kann mit guten Gesellen nicht fröhlich
   sein.'

6. Sie bat ihn, daß er zu ihr saß,
   Sein lockig Haupt in ihrem Schoß.

7. Da nahm er ab seinen Seidenhut,
   Erst kennet ihn die Jungfrau gut.

8. Sie hob gar heiß zu weinen an,
   Eine Zähre der andern nicht entrann.

9. Sie rang ihr' Händ, rauft aus ihr Haar,
   Klagt Gott ihr Leid ganz offenbar:

10. ‚Ich bin so fern im tiefen Tal,
    daß mich kein Mensch nicht hören mag.'

11. ‚So bitt ich dich, mein trauter Mann,
    Du wolltest mir das Leben lan.'

12. ‚Das bitt mich nicht, du Jungfrau gut,
    Deine Kleider stehn meiner Schwester gut,

13. Meine Mutter liebt Silber und rotes Gold,
    Darum du heute noch sterben solt.'

14. Gut Jäger reitet durch den Wald,
    Er bläst sein Horn, daß laut es schallt.

15. ‚Ach Jäger, liebster Jäger mein,
    Ich wollt, du sollt'st mein Rächer sein.'

16. Der Jäger nimmt das Horn vom Mund,
    Er horchet auf und stillt den Hund.

17. ‚Mich dunkt in all mein'm Sinn', er seit,
    Als ob eine Jungfrau um Hilfe schreit.'

18. Alsbald er nach der Stimme sich kehrt,
    Läßt stieben sein viel gutes Pferd.

19. Und als er zu einer Linde kam,
    Da sach er Gert Olbert darunter stan.

20. ‚Gert Olbert, was stehst du hier allein?
    Gert Olbert, wo ist dein Schätzelein?'

21. ‚Sie sitzt dort oben im Kämmerlein
    Und spielt mit sieben Jungfräulein.'

22. Er nahm ihn, da er am schwächsten was,
    Er schwang ihn hinter sich in das Gras.

23. Durchrannt ihn mit seinem Jägerspieß
    Und warf ihn in ein Brunnenfließ.

24. ‚Liege da, liege da, und hab dir das!
    Um dich stirbt nie mehr eine junge
    Magd.'

---

[7] „Laden" statt „Fenster" nach A 2,1.

Erläuterungen

Zu Str. 1-2.

Der niederländische Halewijn-Text[8] hat die ursprüngliche metrische Form des Liedes bewahrt: Reimpaare aus vierhebig vollen Versen. Zu einem ähnlichen Ergebnis gelangt F. Quellmalz in seiner Untersuchung der Halewijn-Weise.[9] Dieser Rhythmus liegt, wie man leicht erkennt, auch den drei- oder vierzeiligen Strophen der anderen Versionen zugrunde.

Wir haben den Wortlaut der ersten Verse aus B 3 (Z. 1/2) entnommen.[10] Der Name „Gert Olbert" wurde beibehalten, weil er sich ohne Schwierigkeit in den Rhythmus einfügt und der Dichter unserer Ballade ja hierauf ebenfalls Rücksicht nehmen mußte.[11] In einer neueren ndl. Fassung wurde daraus durch Verhören der sonst nicht zu erklärende Name „Generolmus". Auch die Namensnennung macht es wahrscheinlich, daß diese Strophe der ursprüngliche Liedanfang war.

Der echte Eingang versetzt den Hörer unmittelbar in eine spannende Situation. Zugleich enthalten die Verse aber eine Andeutung des Kommenden. Denn wenn das Mädchen hier den von ihr Gert Olbert genannten Entführer (vgl. die folgende Strophe) herbeiruft, als dessen Braut sie sich betrachtet, so kann uns das bereits ein Fingerzeig sein, in welche Gefahr sie sich unwissentlich begibt. Die beiden in B vorangehenden Strophen antizipieren (ähnlich wie A 4 und Halewijn 11-16) das Motiv des kostbaren Putzes, den die Braut angelegt hat (vgl. zu Urform 12/13). Das Singen eines Reiters in den alten nd. Fassungen und in Halewijn, offenbar ein Zaubermittel, dem eddischen Motiv der „rufenden Harfe"[12] vergleichbar, beruht zwar auf einem echten Zug des Liedes, der jedoch, unter entsprechender Umbildung mythisiert, an den Anfang hinaufrückte (ursprünglich Anfang eines zweiten Teils

---

[8] Vgl. VDM II, 1 Nr. 41 Version 1; Uhland, Nr. 74 D.

[9] Vgl. VDM ebenda, S. 107.110.

[10] Es handelt sich hier um die Verse, die Professor Schott, ein Schüler Uhlands, nachträglich eingeschoben hat, während der übrige Text von Annette selbst geschrieben wurde. Schott korrigierte auch die anderen Texte ab und zu mit Tinte oder Bleistift. Teilweise war die Strophenform unterm Nachschreiben nicht gleich richtig erkannt worden, teilweise wurde der Text an Annette nicht ganz richtig oder lückenhaft diktiert (vgl. John Meier und E. Seemann, *Volksliedaufzeichnungen der Dichterin Annette von Droste-Hülshoff*, Jahrb. f. Volksliedf. I, 1928, S. 79 ff.). Wenn in der ursprünglichen Niederschrift die Verse 3, 3-4 und 4, 1-2 die dritte Strophe bildeten, so bleiben für die vierte Strophe nur die beiden Zeilen 3-4.

[11] Dagegen kann die etymologische Frage hier außer Betracht bleiben; vgl. aber zu dieser Fr. Holz, a.a.O., S. 86 f.

[12] Wolfgang Mohr (*Entstehungsgeschichte und Heimat der jüngeren Eddalieder südgermanischen Stoffes*, Zt.f.dtsch.Altertum 75, 1938, Heft 4, S. 217 ff.) schreibt: Aber Zauberharfenschlag kann auch die Geliebte zum Stelldichein rufen, und es wird immer dabei gesagt, daß das Spiel über weite Entfernungen hin vernehmlich sei, z. B. Dg F 73 A 7.

der Fabel, vgl. zu Str. 14). Der Dichter wird die Wurzel des Konfliktes in die Seele des Menschen verlegen, ohne daß damit das dämonische Element ganz ausgeschaltet wird. Erst dadurch erhebt sich die Dichtung über das Märchen.

Das sekundäre Tageliedmotiv der Einleitung hat nun auch andere Formeln dieses Liedgenres angezogen, so das Fragen des Mädchens, wer der Sänger sei (Uhland, Nr. 76, Str. 2). Zu Str. A 3 verweisen wir auf das unten behandelte Lied „Blumenpflücken".

Str. 2 ist aus dem zerrütteten Text B 3, 3/4 zu erschließen. Hier war vielleicht der Ursprung des Anfangs der Wanderstrophe „er nam sie bei der hende". Auch das Wegführen aus „ihres Vaters Land" ist offenbar typisch geworden. Man begegnet dem Motiv unserer zweiten Strophe zerdehnt in einer alten Lesart der Ballade „Abendgang"[13]:

Str. 7, 1–4.

> Er nam dy junckfrau zarte
> bey jr wol weissen handt,
> er furt sy also drahte
> aus jrs vater land.

Auch das Landkind „Gretlein" wird von ihrem Verführer bei der „schneeweißen Hand" mitgenommen und aus ihres „vatters hof" geführt.[14] Wir haben jedoch überdies einen direkten Beweis dafür, daß auch das „Führen aus ihres Vaters Land" zum Bestande der Urform gehörte. In dem Einzeldruck aus Augsburg (Mattheus Franck, um 1560/70 = Uhland, Nr. 74 B; DVM Version 4) fragt Ulinger scheinbar unvermittelt:

1, 3/4.

> Weynend jr vmb ewers Vatters Landt ...'
> ,was weinet jr, schöne Jungfrawe?

Die Antwort lautet:

12,1.

> ,Ich weyn nicht vmb meines Vatters land ...'

Auf unseren Text geht wohl ferner die Auffassung in „Halewijn" zurück, daß es sich um ein Königskind handle.

Die Aussage der beiden wiederhergestellten Strophen ist nicht allein ihrem Wortlaut zu entnehmen. Ihr Text wird auch durch das bedeutsam, wovon er schweigt. Es ist darin weder von Eltern und Geschwistern oder anderen Verwandten und Hochzeitsgästen die Rede (vgl. dagegen oben „Graf Friedrich").[15] Das Mädchen

---

[13] Vgl. VDM I, 1 Nr. 19, Version 2 (Cgm 5919 Bl. 268b-269b); Uhland, Nr. 90 B: Anfang des 16. Jahrh.: „lückenhaft und verdorben."

[14] Vgl. Uhland, Nr. 256 Str. 3.6.

[15] Auf primitive Weise versucht „Halewijn" in den Strophen 3-10 diese Lücke zu schließen.

folgt, anscheinend ohne Wissen und Willen ihrer Familie, in blinder Vertrauensseligkeit dem Entführer.

Zu Str. 3-5.

Strophe 3 der Grundform entspricht dem Text B 4 1/2. Indirekt werden diese Verse durch A und weitere fl. Bll. bezeugt, denn es kam in den sekundären Bearbeitungen zu einer Kontamination mit dem Liede „Hanselijn over der heide reed"[16] (Reim „taube : staude", das „Strauchen des Pferdes", „ein wenig fürbass reiten"[17]). Unsere Lesart „gingen" anstatt des typischen „ridden" stimmt mit Str. 2 überein: Das vermeintliche Liebespaar zog „Hand in Hand", also zu Fuß, in die Ferne. Das Motiv „Pferd – reiten" gehört zum zweiten Teil des Liedes. Auch Str. 4 ist wörtlich der ndd. Fassung zu entnehmen (= B 4 3/4). Dagegen weicht B 5 von der Urform ab, indem die ndd. Überlieferung zu einer kunstlosen Lösung greift. Die Mahnung des Mädchens (vorher lange[18] Wanderung ohne zu essen und zu trinken) wird, wenigstens scheinbar, zustimmend beantwortet, wie es von einem gewöhnlichen Menschen allein zu erwarten wäre.[19] Das aber kann nicht der Sinn des Motivs sein, und wir sind in der Lage, ihn mit Hilfe eines anderen Textes zu erschließen.

Das Lied „Es stet ein lind in jenem tal"[20] knüpft an ein Ulingermotiv an: „jenes tal" ist entstellt aus „tiefes tal" (A Str. 16; Urform 10). Zu dem Motivbestand der Ballade gehört auch die Linde (Str. 19). Daß der Vers nicht in diesem Zusammenhange neu konzipiert wurde, zeigt der leere zweite Teil des Reimpaares: „ist oben breit und unten schmal". Die Nachtigall tritt in der konventionellen Rolle als Bote auf. Hier soll sie für einen jungen Burschen den Verlobungsring besorgen, und als man ihr bei der Ankunft vor dem Hause eines Goldschmieds etwas zu trinken herausreicht, lehnt sie seltsamerweise den Trunk mit den Worten ab:

> Ich trink kein bier und auch kein wein,
> dann bei guoten gesellen frisch und frölich sein.

Z. 1 geht augenscheinlich auf die ältere Form zurück: „Ich esse kein Brot und trink ..." In dem verderbten zweiten Vers liegt zweimaliges Verhören vor, wir werden „kann" anstatt „dann" und „nicht" für „frisch" lesen dürfen. Die ursprüngliche Lesart von V. 2 schimmert noch deutlich in der sekundären Frage Ulingers

---

[16] Vgl. H. Hoffmann von Fallersleben, Horae Belgicae II (1856), Nr. 68.
[17] Vgl. meinen Aufsatz *Das Schlangenturmmotiv im alten Volkslied* Jahrb. d. Ver.f. ndd. Sprachf. 81 (1958), S. 144 ff. und unten unseren Aufsatz Nr. 9.
[18] „Drei Tage und drei Nächte" ist hyperbolisch zu verstehen.
[19] Auch die durch Lambrecht Lambrechts mitgeteilte flämische Version (Jahrb. f. Volksliedf. III, 1932, S. 156) enthält die sekundäre Strophe (XI): Daar ginder staat een fontein zeer klaar, Daar zulln wij eten en drinken gaan."
[20] Vgl. Uhland, Nr. 15 A und B: „Nachtigall".

durch (A 11,3): „weinet jr vmb ewren trawrigen Mann?" Das Zurückweisen von Speise und Trank bewirkte in der Umdichtung A eine Assoziation an „Graf Friedrich" (vgl. oben Str. 14; 15) und wurde die Ursache für eine Einsprengung der Verse 12 3/4.[21] Für die psychologische Situation ergibt sich aus unserer Feststellung, daß Ulinger ein dämonisches Wesen ist. Das Mädchen erhält damit eine erste Andeutung von der wirklichen Natur ihres vermeintlichen Bräutigams. Aber, wie natürlich, vermag sie die ganze furchtbare Wahrheit nicht sofort zu fassen. Doch folgt aus den Worten nicht, daß Ulinger, wie man vermutet hat, des Jungfrauenblutes zu seiner Ernährung bedarf.

Zu Str. 6.

Die Bitte, sich niederzusetzen, wird ursprünglich nicht von Ulinger, sondern von dem Mädchen ausgesprochen. Es besteht gar kein Anlaß für den Mörder, sein finsteres Vorhaben durch ein idyllisches Lagern im Walde zu verzögern. Das Spreiten oder Schwingen (Schweifen) des Mantels in das Gras erscheint als stereotypes Motiv auch in einigen Jägerliedern.[22] Zur echten Waldespoesie gehört vielmehr das Niedersetzen in das weiche Moos oder Gras. Das Mädchen will nach der anstrengenden Wanderung eine kurze Ruhepause einlegen. Bei dem eigentümlichen Zug des „Lausens" denkt Holz unter anderem an ein hypnotisches Zaubermittel zum Einschläfern des Mörders.[23] Formal hat wohl auf diese Stelle ein Motiv des Liedes „Blumenpflücken" (vgl. unten) eingewirkt: „Er bat, sie sollt ihm pflücken" (2,3).

In der sekundären Weiterbildung, Halewijn 31–38, wird erzählt: Das Mädchen begegnet, nachdem sie H. das Haupt abgeschlagen hat, der Mutter des Getöteten und teilt der nach ihrem Sohn Fragenden dessen Tod mit. Das geschieht in einer dreizeiligen Strophe:

> 35. ‚Uw zeon, heer Halewyn, is dood,
> ik heb zijn hoofd in mynem schoot,
> van bloed is myn voorschoot rood.

Wie die ganze Episode sekundär ist (vgl. unten zu dem Ausgang des Liedes), so auch der primitive Wortlaut mit Ausnahme der mittleren Zeile, in der sichtlich ein charakteristischer Zug zum Vorschein kommt. Das Mädchen hält H.s Kopf in ihrem Schoß. Wir haben hier das formal nur wenig veränderte echte Motiv aus Str. 6 vor uns. Dafür spricht die hochdeutsche Assonanz „saß : Schoß", und auch das Lockenmotiv klingt in einer sekundären Lesart an: „Als manichen locken vnd lawsen

---

[21] Vgl. Graf Friedrich I, 1/2.
[22] Vgl. Uhland, Nr. 101; 106. Oder hängen diese Lieder von der Ballade ab?
[23] Vgl. a.a.O., S. 73 ff. Richtig jedoch S. 102: Zersingen. Vgl. auch DVM S. 93 f.
[24] Einzeldruck aus Augsburg, Uhland B, Str. 10.

kam."[24] Vermutlich hat das Wort „locken" (Urform „lockig") den alliterierenden Ausdruck „lausen" herbeigezogen.[25]

Die Strophen A 11-14 verweilen zunächst bei liedfremden Motiven. Das „unter die Augen Sehen" (Str. 11) stammt aus der Ballade vom „Schildknecht" (vgl. den zweiten Teil dieses Aufsatzes). Doch sind dort die bereits gebrochenen Augen eines Toten gemeint. Das Vorbild für den Dialog über das Weinen (A 11/12) gab das Volkslied von den „Zwei Gespielen"[26]:

> 3. ‚Ghespeele, wel lieve ghespeelken goet,
>   waer om weent ghi so seere?
>   mer weent ghi om uus vader goet
>   oft weent ghi om u eere?'
>
> 4. ‚Ic en ween niet om . . .'[27]

Ein Balladenstoff ganz anderer Art scheint in der Abschweifung A 13/14 vorzuliegen. Ein Mädchen flieht mit ihrem Geliebten und wird von ihren Verwandten verfolgt.[28] Im „Ulinger" ist dieses Thema ein blindes Motiv.

Zu Str. 7.

Der Anblick einer Tanne, an der elf Mädchen hängen, bringt in den alten Drukken die kunstlos direkte Enthüllung.[29] Der Dichter verfährt natürlich auf weniger einfache Weise. Das Lied Uhland, Nr. 116 „Unter der Linde"[30] erinnert durch seinen Eingang an das Nachtigall-Lied, aus dem wir das Motiv der 5. Strophe entnahmen (vgl. oben). Str. 1 dieses Textes lautet:

> Es stet ein lind in jenem tal,
> ist oben breit und unden schmal,
> darauf da sitzt frau Nachtigal
> und andre vögelein vor dem wald.

Die folgende Fabel hat, wie es zunächst scheint, mit dem Ulingerstoff nichts zu tun. Ein Liebespaar nimmt zur Frühlingszeit Abschied voneinander, weil der Ritter in die Ferne zieht. Doch verspricht er, zum Sommer wieder zurückzukehren. Das Mädchen erwartet ihn im nächsten Jahr an derselben Stelle unter der Linde, es begegnet ihr jedoch ein fremder Ritter. Nun entwickelt sich ein Gespräch mit Anklän-

---

[25] In der Fassung bei Fr. J. Child, (*The English and Scottish popular Ballads*, Boston 1882), Nr. 4 A, legt der Ritter sein Haupt in den Schoß der Jungfrau.
[26] Vgl. Uhland, Nr. 115, Fassung B (Lesart wie im Antw.Lb.v.J. 1544 Nr. 161).
[27] Vgl. auch DVM Version 5 (Schweiz), Str. 11/12.
[28] Vgl. DVM Nr. 44 (S. 142): „Die Entführung", und ebenda S. 145 f.
[29] „Halewijn" Str. 22: „. . . een galgenveld, daeraen hing menig vrouwenbeeld."
[30] Liederbuch für Ottilie Fenchlerin von Straßburg, 1592 angefangen, bl. 59 b.

gen an die Ulinger-Ballade. Der Ritter berichtet, der Geliebte des Mädchens habe
sich vor neun Tagen einem anderen Jungfräulein vermählt. Das Mädchen erklärt
darauf, um ihn trauern zu wollen wie die Turteltaube, wenn sie das Männchen
verloren hat. Damit sie nicht länger um ihr „feins lieb" klage, will der Ritter ihr
einen Ring geben. Das Lied endet mit folgenden Strophen:

> 15. Sie warf den ring wol in ir schoß,
>   mit heißen tränen sie in begoß,
>   sie sprach: ‚den ring will ich nicht haben,
>   mein feins lieb will ich lenger klagen.'
>
> 16. Da zog er ab sein seidenhut,
>   erst kennet in die jungfrau gut:
>   ‚bis gott willkomm, du schöns mein lieb!
>   wie lang ließ mich in trauren hie!'
>
> 17. ‚Da tet ich dich versůchen,
>   ob du mir tätest flůchen,
>   und hätest du mir ein flůch getan,
>   so wär ich geritten wider darvon.
>
> 18. Da du mir nicht tetst flůche,
>   da erfreut sich mein gemůte,
>   du machst mein herz ganz freuden vol,
>   du erfreust mich daß ich dich haben sol.'

In diesem scheinbar geschlossenen Zusammenhang erscheint es sonderbar, daß die
Verkennung des Geliebten allein durch den Hut hervorgerufen wurde, auch wenn
man sich die breitkrempige Kopfbedeckung in der Tracht eines Ritters vorstellt. Die
Jungfrau könnte den Fremden ja auch an der Stimme erkannt haben. Das Hutmotiv
schließt sich an eine Schoßstrophe an wie im Archetypus unserer Ballade. In den
beiden letzten Strophen ist vom Fluchen die Rede. Man flucht nicht dem unge-
treuen Geliebten, woran in dem Liede gedacht ist, sondern dem Mörder, den man
selbst nicht mehr der verdienten Strafe zuführen kann (vgl. Ibykus).

Somit hält der Eindruck der Geschlossenheit des Textes einer genaueren Prüfung
nicht stand, und der Grund dieses Befundes ist, daß wir keine orginale Schöpfung
vor uns haben. Das Verkennungsmotiv ist aus dem Rahmen des Ulingerliedes zu
deuten. Der unkenntlich machende Hut erweist sich dort als ein zauberhaft mythi-
sches Element, der Tarnkappe bzw. dem Tarnmantel vergleichbar (vgl. auch den
Mantel Ulingers). „Gut" gehört als Adverb zu „kennen". Der dämonische Entführer hatte Gestalt und Aussehen eines Ritters angenommen.

---

[31] Er „sticht in sein viel gutes Roß, daß ihm das Blut zum Leib ausschoß" und „rennt,
daß der Schweiß oben zusammenschlug".

Auch für unsere Strophe fehlt es nicht an einer indirekten Bezeugung. In der Fassung des fl. Bl. aus Augsburg hört der Bruder die Hilferufe seiner in Todesgefahr schwebenden Schwester und macht sich sofort zur Rettung auf. In mehreren Strophen ist der Redaktor bemüht, die große Eile beim Aufbruch und während des Weges zu schildern. Zu dieser – noch dazu kraß übertreibenden – Darstellung[31] stimmt nun die Angabe wenig, daß der Bruder nicht versäumte, vorsorglich seinen Helm aufzusetzen: 23,1. „Da satzt er auf sein Eysenhut". Wenn der Vers auch zugleich zur Füllung einer Strophe dient, so wollte der Bearbeiter wohl vor allem einen Nachklang an das wichtige Hutmotiv des zugrundeliegenden Textes bringen. Auch Verhören „Seidenhut – Eisenhut" wäre möglich.[32]

Zu Str. 8-10.

Wir haben den Vers 8,2 einer Fassung unserer Ballade wörtlich entnommen, er ist in dem fl. Bl. aus Augsburg in die verderbte Lesart von Str. 10 geraten (Z. 4).[33] Zu vier Zeilen ausgesponnen, findet sich unser Reimpaar in „Gretlein"[34], einem Schlemmerliede, das ebenfalls von einer Entführung handelt und seine Motivik z. T. aus unserer Ballade schöpft:

> 5. Die Gred hub an zu weinen,
> der unmut der was groß,
> daß ir die liechten zeher
> über ir wenglein floß.

Mit Hilfe dieser Überlieferung und anderer verwandter Volksliedformeln ist Strophe 8 leicht zu ergänzen. Das „heiße Weinen des Mädchens" hat auch in dem Liede „unter der Linde" eine Parallele.[35]

Die beiden folgenden Reimpaare des Archetypus (9/10) sind in A zu einer Strophe (16) kombiniert. Zerdehnt zu einer vierzeiligen Strophe erscheint Str. 9 in dem Liede „Frau zur Weißenburg" nach Brotuff[36]:

> 18. Sie rank ir weiße hende,
> rauft auß ir gelweiß har:
> ,hilf, reicher Christ von himel,
> was hab ich nu getan!'

Zu Str. 11-13.

Es ist das Natürliche, daß das Mädchen, wie es die alten fliegenden Blätter über-

---

[32] Vgl. unten zu „Nachtigall" B Str. 11.
[33] Durch dieses Zeugnis sind wir in der Lage, die Strophe zu retten.
[34] Vgl. Uhland, Nr. 256.
[35] Vgl. oben Str. 15,2.
[36] Vgl. oben unseren Aufsatz Nr. 3.

liefern, jetzt zum letzten Mittel (vorher Weinen und Gebet), zur Bitte, greift. Auch die Anrede mit dem Schmeichelnamen „mein trauter..." entspringt der Lage des in Todesangst flehenden Opfers. Doch setzen wir statt „Herr" das einfache „Man" ein, das offenbar zu dem ursprünglichen Wortgut der Ballade gehört. Es tritt sekundär schon A 11,3 auf und begegnet uns auch in der Umdichtung „Unter der Linde" in dem Dialog zwischen dem Fremden und dem Mädchen: 7/4 „oder habt ir heimlich einen man?"; 8/2: „heimlich hab ich wol einen man"; (vgl. auch „Halewijn" 36,2).

Verderbt ist wieder der zweite Teil von A 17. Das Kleidermotiv der folgenden Strophe, in der es zur Begründung der ablehnenden Antwort dient, wird hier in entstellter Form vorweggenommen. Es gibt nur einen Inhalt der Bitte, die das Mädchen an ihren Entführer richtet, und der Wortlaut ist noch in den zwei Bruchstücken „du wöllest... lan (lassen)" vorhanden.

Die beiden Strophen 12/13 unserer Grundform bilden zusammen eine Rede Ulingers. Aus ihnen schöpften die sekundären Fassungen das Motiv zu ihren mehr oder weniger ausführlichen Berichten über das Anlegen des Brautgewandes. Während wir nun die sekundären Kleider- und Schmuckstrophen stets in der Nähe des Liedanfanges vorfinden (wohl naive Freude an der tragischen Ironie: die Braut schmückt sich ahnungslos für ihren Mörder), bringt der Dichter das Motiv erst dort, wo es im Zusammenhange wichtig wird.

Im Nürnberger Einzeldruck (Str. 18) will Ulinger seine Schwester mit den Kleidern des Opfers beschenken, in der Version aus Augsburg seine Mutter (Str. 15). Das Richtige ist, daß beide, Schwester und Mutter, in zwei verschiedenen Strophen genannt werden bzw. in der einen Strophe ist von der Schwester und den Kleidern, in der anderen von dem Schmuck und der Mutter die Rede. Die Zweiteiligkeit der Erwiderung wird auch von dem sekundären Gegenstück, Str. 4 der alten fl. Bll., belegt, und die Grundlage schimmert noch im Reimverband (3/4) durch: „Gold – wolt" (vgl. „solt" in der Urform). Das Verbum „liebt" 13,1 ist hier die naheliegende Ergänzung, die der Sinn erfordert.[37]

Wie das Folgende zeigt, greift im zweiten Teil der Ballade ein Jäger entscheidend in die Handlung ein. Es ist daher nicht zu verwundern, wenn Bestandteile aus unserem Gedicht auch in Texte eindringen, die zum Typus der Jägerlieder gehören. Das Lied Uhland, Nr. 103 lautet:

> 1. Es blies ein jeger wol in sein horn – alleweil bei der
> nacht – und alles was er blies das war verlorn.
>
> 2. ,Sol denn mein blasen verloren sein, – vil lieber wolt ich
> kein jeger sein.'

---

[37] Halewijn Str. 33-35; ndd. Str. 12/13 wird die Mutter auch redend eingeführt, eine frühere Erwähnung fehlt, wurde also gleichsam am Schluß nachgeholt.

3. Er zog sein netz wol übern strauch, – da sprang ein
schwarzbrauns meidel herauß.

4. ‚Ach schwarzbrauns meidel, entspring mir nicht! – ich habe
große hunde, die holen dich.‘

5. ‚Deine große hunde, die tun mir nichts, – sie wißen meine
hohe weite sprünge noch nicht.‘

6. ‚Deine hohe weite sprünge die wißen sie wol, – sie
wißen daß heute noch sterben solt.‘[38]

Der ganz wider Erwarten tragische Abschluß dieses Textes erklärt sich nun als
Entlehnung aus der Ballade. Das eindrucksvolle Motiv, die grausame Todesankün-
digung durch den Dämon Ulinger, hatte die Phantasie eines Volksliedsängers zur
Nachbildung angeregt, wobei die Frage nach dem Zusammenhang in den Hinter-
grund trat.[39] Für unsere Auffassung spricht wohl auch, daß im Ulingerliede die
Kadenz „solt“ mit dem Reimwort „Gold“ einen reinen Gleichklang bildet.[38a]

Zu Str. 14/15.

Strophe 14, der Anfang eines zweiten Teils der Ballade, wurde in den alten fl.
Blättern aus Nürnberg und Augsburg als Liedeingang verarbeitet, was zur Folge
hatte, daß die primäre Beziehung zum Jägerleben verloren ging. Der „Wald“ ver-
blaßte zu „riet“ (mit Schilfrohr und Sumpfgras bewachsener Grund), der fröhliche
Schall eines Jägerhornes wird durch das typische Tageliedmotiv ersetzt, ein „ritter“
oder „reuter“ spielt die Rolle des Entführers. Hinweise auf die ursprüngliche Darstellung sind: Halewijn Str. 27 f.: das Mädchen soll auf dem Horn des Enthaupteten
blasen; Str. 34: sie erzählt seiner Mutter, Halewijn sei „jagen“ gegangen; Str. 36:
sie bläst das Horn „wie ein Mann“. In der ndd. Form erscheint das Motiv in den
Strophen 10/11: Das Horn ist nach Jägerart am Sattel befestigt.

Mitten in den frohen Klang des Jägerhornes dringt aus weiter Ferne der Hilfe-
ruf eines Mädchens (Str. 15). Diesem Motiv entsprechen in unseren alten Texten
die drei bzw. zwei Schreie, von denen je einer an den Bruder gerichtet wird (A 23;
fl. Bl. Augsburg 20). Hier liegt eine Kontamination mit dem Südeli-Motiv vor (Ret-

---

[38] Die noch folgenden Strophen sind Anwüchse.

[39] Wir haben hier eine Variante des Jägerliedes vor uns, durch das Herder seine Ansicht über Volksdichtung bestätigt fand, daß gerade die „Würfe und Sprünge“ das Charakteristische ihrer Art ausmachen (*Von deutscher Art und Kunst. Einige fliegende Blätter*
1773).

[39 a] Unser Dichter bleibt uns nicht eine psychologische Begründung für die Taten Ulingers schuldig.

tung durch den Bruder, vgl. unten, Nr. 10). Daß der Ruf dem Jäger galt, ergibt sich auf natürliche Weise, da dessen lautes Blasen von dem Mädchen gehört werden konnte.[40] Nicht wahrscheinlich ist es jedoch, daß sie um Rettung aus der Gefahr bittet, denn dazu war es bereits zu spät. Daß der Jäger noch rechtzeitig zur Hilfe herbeikommen würde, war in der gegebenen Lage kaum zu erwarten und wäre also innerhalb der Urform ein blindes Motiv. In den sekundären Fassungen soll die Fabel aber, ganz entgegen ihrer von vornherein tragischen Tendenz, zu einem happy end geführt werden.

Das Lied Uhland Nr. 15 A („Nachtigall"), dem wir, wie sich schon zeigte, in noch wiederherstellbarer Form das Motiv der 5. Strophe unseres Archetypus verdanken, enthält auch eine Apostrophe an die Nachtigall:

> 4. ‚Fraw Nachtigal, du kleines waldvögelein,
> ich wolt, du soltst mein botte sein.

Das Vöglein wird von dem Sprechenden, der in dem Liede ganz allgemein als „burger" bezeichnet ist, ausgesandt, um von einem Goldschmidt einen goldenen Ring zu holen. Nachdem dieser mit „großer Arbeit" angefertigt war, fliegt die Nachtigall wieder „für eins (des) burgers haus" und überreicht das Geschenk dem „braun meidlein", das „zum fenster auß" sieht. Es handelt sich, wie wir schon oben sahen, um ein typisch-konventionelles Liebeslied ohne individuelle Prägung, allerdings mit einer Ausnahme: Str. 4 weist einen dichterischen Gedanken auf. Aber war er auf dem Boden dieses Liedes erwachsen? Die Vermutung liegt nahe, daß ursprünglich ein viel ernsteres Anliegen zum Ausdruck gebracht wurde als die Entsendung eines Liebesboten. Wir denken an eine Bitte um Rache. Das Mädchen ruft mit letzter Kraft den Jäger herbei, damit er ihren Tod räche. Der Gedanke an eine mögliche Rache wird auch am Schluß der Ulinger-Umdichtung „Unter der Linde" (Uhland, Nr. 116) bezeugt (vgl. oben) und tritt in sekundären Überlieferungen anderer Balladen als äußerlich angeflickter Abschluß auf (vgl. unseren Aufsatz Nr. 4 und unten Nr. 9).

Zu Str. 16-18.

Alles kommt jetzt darauf an, wie der Jäger reagieren wird, und der Dichter beschreibt diesen schicksalhaften Augenblick mit liebevoller Kleinmalerei. Der Plural

---

[40] Ebenso wie das lockende Singen zu Anfang der Ballade (vgl. oben) ist auch das Motiv der drei Schreie bzw. des Rufes, der über weite Entfernung hinweg von dem Bruder vernommen wird, auf das jüngere Eddalied „Oddrunargratr" zurückzuführen. O. hört, obwohl sie in einem anderen Lande weilt, das Harfenspiel Gunters und eilt ihm sofort zu Hilfe (vgl. *Thule, Altnordische Dichtung und Prosa*. Übertragen von Felix Genzmer. Mit Einleitungen und Anmerkungen von Andreas Heusler. 1.Bd. 1928, Nr. 13, Str. 27 ff.). Auch zwei weitere Berührungen fallen auf: Wie O. ihren Frauen Befehle gibt, die Fahrt zu rüsten, so befiehlt der Bruder seinen Knechten, die Hunde zu stillen. O. läßt das Schiff über den Sund schwimmen. Vom Bruder heißt es 22,1: „Die Hund, die ließ er schwimmen."

„Hunde" im fl. Bl. Augsburg Str. 21 ist sekundär, der Jäger wird von „einem", d. h.
„seinem" Hund begleitet. Mit der einsilbigen, auf „Hund" reimenden Kadenz
„Mund" ist auch V. 1 von Str. 16 bestimmt. Die Wendung (17,1): „Mich dunkt in
all mein'm Sinn (= A 24,3) ist in verschiedenen sekundären Zusammenhängen wie-
derzufinden.[41] Voll berechtigt erscheint sie in unserer Ballade. Sie drückt das aufs
äußerste gespannte Aufhorchen des Jägers aus und ist wohl erst später zur nichts-
sagenden Formel geworden. In A 24,2 wurde noch das Reimwort „seit" erhalten:
„und einer (= von den Brüdern) zu dem andern seidt".[42] Unser Vers 17,2 liegt
einer zerdehnten Lesart im fl. Bl. aus Augsburg zugrunde:

> 21,3/4. Ich hôr ein Frawlein schreyen,
> ghrad ob es mein Schwester seye.

Str. 18 des Archetypus konnten wir noch vollständig den alten Texten entnehmen.
Die Bestandteile sind dort über drei Stellen verstreut. Z. 1 findet sich in Str. 22 des
Augsburger Druckes V. 2: „er kert sich nach der stymme." Der ursprüngliche Versausgang ist in das Innere der Zeile gerückt (infolgedessen unregelmäßige Reimbindung mit „schwimmen"). Die „Stimme" würde nach Str. 21 die Stimme der Schwester sein, die der Bruder gehört hat. In der Urform ist darunter die Stimme eines
dem Jäger unbekannten Mädchens zu verstehen, wodurch die ritterliche Handlungsweise schön hervortritt.

Während in A 25 die beiden ersten Zeilen gleich lauten, weisen zwei fl. Bll. aus
Basel[43] in der entsprechenden Strophe eine Variante auf:

> 1/2. Er ließ seinen Falken fliegen,
> Er ließ seinen Winde stieben.

Z. 2 geht offenbar auf die Lesart unserer Urform zurück.
Die Worte „vil gut", die zweifellos mit Bezug auf das Pferd ursprünglich sind,
werden in Str. 22 des Augsburger Druckes in folgendem entstellten Sinnverband
überliefert:

> 3/4. Er stach in sein vil gûttes Rossz,
> das jhm das Blut zum Leib außschoß.

Der Bearbeiter will das Motiv der großen Eile, die der Dichter allein schon durch
die Wahl des Verbums angedeutet hat, noch steigern und greift zur Übertreibung.[44]

---

[41] Vgl. oben zu Str. 12 der Tannhäuser Ballade.
[42] Vgl. im fl. Bl. (Augsburg) Str. 13,4: „das sey dir gseit."
[43] Fl.Bl. o.J. Getruckt zu Basel bey Samuel Apario. 30 Str. (um 1570); fl.Bl. Getruckt
zu Basel bey Johann Schrôter. 1605. Vgl. VDM II,1 (S.88) Nr. 30/31; = Uhland, 74 A.
[44] Der Neigung zum Überbieten des Vorbildes entsprang auch die folgende Plusstrophe
23, 2-4, die aber wohl von einem anderen Umdichter herrührt (Str. 22 reitet der Bruder,
hier „rennt" er).

Dabei wird die Kennzeichnung des edlen Pferdes in gedankenloser Weise mit einer unnötigen schweren Mißhandlung des Tieres verbunden.

Zu Str. 19-21.

Daß in den Fassungen aus Nürnberg (15 3/4) und Augsburg (12 3/4) eine Tanne die Stelle des Lindenbaumes vertritt, erklärt sich durch die Assonanz zu „hangen" Das „Stehen" Ulingers unter dem Baum, an dem seine Opfer hängen, wird auch A 26; 27 vorausgesetzt. In B tritt das Motiv „unter der Linde" zweimal auf: 5,1; 13,2. Der Umwandlung des Stoffes in ein Liebeslied entsprechend, sagt die Jungfrau in dem Gedicht Uhland Nr. 116 („Unter der Linde", vgl. oben):

> 8,3/4: ‚... dort unter der linden also breit
> da schwûr er mir einen hohen eid.‘

In demselben Text fragte vorher der zurückkehrende, von dem Mädchen aber nicht erkannte Ritter:

> 7,1/2: ‚Gott grüß euch, jungfrau reine!
> was macht ir hie alleine?‘

Nach B 12 sieht Gert Olberts Mutter zum Fenster hinaus und fragt das allein ankommende Mädchen:

> ‚Helena, wo ist mein sönelein?
> Helena, wo ist dein schätzelein?‘

Die Frage nach dem Grund des Alleinseins ist ein Wandermotiv geworden, das zur Anknüpfung eines Gespräches dient (vgl. unten S. 75). Es kann jedoch kein Zweifel sein, daß sie ihren ursprünglichen Platz im Zusammenhang der Ballade hat, dem ihr im tiefsten Sinne tragischer Gehalt konform ist. Gert Olberts Antwort auf die Fragen des Jägers ergibt sich aus ndd. 13 2/3, wenn wir dort zunächst für „He" (= er) das weibliche Pronomen einsetzen und am Ende von V. 3 das überflüssige Epitheton „schoon" streichen. Daß es sich bei diesem Motiv um ein Mädchen handelt, wird wieder durch das Lied „Nachtigall" (vgl. oben) bestätigt. In der ndd. Form dieses Textes (Uhland, Nr. 15 B) fliegt das Vöglein vor die Tür eines Bürgers und fragt:

> 10. ‚Gott grote juw, borger hübsch und fien!
> wor hebbe gi juw jüngste dochterlien?‘

Die Erwiderung des Vaters lautet:

> 11. ‚Se sitter in einem kammerkien,
> van gold stikt se der ein hötelien.‘

Vielleicht ist hier in dem Vers 11,2 eine Anspielung auf den Seidenhut Ulingers zu sehen. Ein echter Zug aus unserer Ballade ist das Sitzen im „kammerkin".

In dem Liede von der Nachtigall endet die Handlung, wenn man dort bei der Häufung formelhafter Elemente überhaupt von einer solchen sprechen darf, durchaus glücklich. Trotzdem schimmert im Text der beiden Strophen noch die ursprünglich tragische Bedeutung hindurch. Im Ulinger ist der Sinn der Antwort nicht zu verkennen. Unter einer zynischen Metapher teilt der Mörder dem fragenden Jäger das Geschehene mit.[45]

Zu Str. 22-24.

In den alten Überlieferungen wird Ulinger aufgehängt, nach einigen sogar mit demselben Strang, den er zum Hängen des Mädchens verwenden wollte. In dieser Art der Bestrafung erblickt das einfache Volk eine besondere Gerechtigkeit. Die Darstellung in Halewijn und B, wonach Helena mit Zuhilfenahme einer List ihrem Entführer das Haupt abschlägt, fällt psychologisch gänzlich aus dem Rahmen unserer Ballade heraus (vgl. unten). Der Dichter wird, so dürfen wir vermuten, den Jäger sein Werk vollenden lassen, wie es der Wesensart eines Jägers entspricht. Gibt es nun einige noch nicht ganz verwischte Spuren, die uns vielleicht einen Weg weisen könnten?

Mehrere Male „schwingt" jemand in der Ballade, entweder der Entführer oder der Bruder, die Jungfrau hinter sich auf das Pferd. Von dem Bruder heißt es im Augsb. fl. Bl. Str. 29, und zwar unmittelbar, nachdem Ulinger „bey der Brunfluß" von ihm gehenkt wurde, er habe seine Schwester „bei dem gelben Zopf" auf das Roß geschwungen. War das bloßer Reimzwang oder der Übermut des Siegers, oder ist es als Nachklang einer alten Überlieferung zu verstehen, die von einem gewalttätigen Tun wußte?

Das Jüngere Hildebrandslied schildert den untragisch verlaufenden Kampf zwischen Vater und Sohn in folgender Weise (12, 1-4)[46]:

> Er erwischt in bei der mitte,
> da er am schwechsten was,
> er schwang in hinterrucke
> wol in das grüne gras.

Ludwig Wolff, der das Volkslied mit der älteren Überlieferung in der Thidreksaga vergleicht, findet diese Wendung „beim Gegeneinander von Schwergewapp-

---

[45] Das Motiv ist nicht notwendig so aufzufassen, daß die anderen Opfer noch immer an der Linde hingen. Ulinger sieht sie jetzt nur im Geiste, in seiner Erinnerung. Er mußte ja die ermordeten Mädchen abnehmen, um sich in den Besitz ihrer Kleider und ihres Schmuckes zu setzen.

[46] Vgl. Uhland, Nr. 132; Alpers, *Alte niederdeutsche Volkslieder*[2] 1960, Nr.1; J. Meier, *Drei alte deutsche Balladen*, Jahrb. f. Volkslfg. 4 (1934), 1 ff.

neten recht auffällig."[47] Er möchte das Jägerlied „It wold ein gut jeger jagen"[48] für die Quelle des J. Hildebrandsliedes halten und weist auf den gemeinsamen Eingangsvers hin: „Was begegnet dir (em) auff der heyden" (= Jägerl. II,1). Doch die Überlieferung spricht dagegen: Während von „Hildebrand" 27 Lesarten seit dem 15. Jahrhundert vorhanden sind, existiert von „It wold gut jeger jagen" nur eine von 1560.[49]

Es zeigt sich nun weiter, daß es sich bei dem vierzeiligen Text um eine künstliche Ausweitung handelt. Die Verse 1/2 besagen dasselbe, V. 4 erhielt überflüssige Zusätze. Als Grundlage der Zerdehnung ergibt sich ein Reimpaar, also der Rhythmus unserer Ballade, und es liegt ein Teil eines wirklichen Kampfgeschehens vor. Leicht konnte sich aber von diesem die heitere Darstellung ableiten lassen.

Wir begegneten in der sekundären Brotuff-Fassung der Ballade „Frau zur Weißenburg" (vgl. oben) folgender Strophe:

> 12. Do nam Ludwig sein Jegerspieß
> selber in seine handt,
> durchrandt den Pfalzgraff Friderich
> under der Linden zuhandt.

Dieser Text ist niemals für echt gehalten worden, doch erkennt man jetzt, daß auch er eine Grundlage in der Tradition hat, wenn auch nur als ein einziger Vers. Wir haben wohl keinen Anlaß, daran zu zweifeln, daß das Motiv 23,1 in dem Zusammenhang unserer Ballade seinen ursprünglichen Platz hat. Der Spieß ist die echte Jägerwaffe und der Sinn des Vorgangs wird ohne weiteres klar: Der vielfache Mörder sollte wie ein wildes Tier des Waldes erlegt werden.

Das Wassermotiv tritt in verschiedenen Formen auf[50], im Augsburger Druck lesen wir:

> 28 3/4. Er hanckt jhn bey der Brunfluß,
> der Teüfel jm die Seel zum Leyb außrissz.

Wie hier auch der Reim wahrscheinlich macht, war „...fließ" das entsprechende Reimwort, d. h. ein reiner Gleichklang zu „...spieß". Auch die Leiche des Mörders darf den Frieden des Waldes nicht entweihen, das fließende Wasser wird sie forttragen.

Der Übeltäter erleidet zum Lohn für seine Taten gleichsam einen dreifachen Tod.

---

[47] Vgl. L. Wolff, *Das jüngere Hildebrandslied und seine Vorstufe,* Hessische Blätter für Volkskunde 39 (1941), S. 60.

[48] Vgl. Uhland, Nr. 104; Alpers, a.a.O., Nr. 29; E.-B.Lh. Nr. 1438/9.

[49] Vgl. Alpers, a.a.O., S. 83.

[50] Das Waschen des Hauptes vom Blute (Halewijn 31) stammt, wie wir im folgenden sehen werden, aus der Ballade „Schildknecht". Für das Aufkommen oder Eindringen des Märchenmotivs vom blutumronnenen Brunnen (vgl. Heiske, DVM II,1 S. 97, der an die Märchenparallele der Blutkammer erinnert), genügte wohl schon die Tatsache, daß am Schauplatz ein Gewässer vorhanden war.

Hierauf gründet sich vermutlich das sekundäre Motiv in den Fassungen aus Niederdeutschland und den Niederlanden, daß die Jungfrau unter drei Todesarten wählen soll. Es ist aber auch ein alter mythischer Brauch, ein mit übermenschlichen Kräften versehenes, dem Dämonenreich entstammendes Wesen auf dreifache Art und damit vollständig zu vernichten. So wird der indische Vampyr, sobald er in die Gewalt der Menschen geraten ist, gepfählt, enthauptet und verbrannt.[51]

In der jungen deutschen Überlieferung „Schön Ulrich" hat der Bruder dem Mörder seiner Schwester das Haupt abgeschlagen und spricht zu dem an Boden liegenden Toten[52]:

> 26. ,Jetzt lieg du hier im Blute,
> Jetzt trüb um Vater und Mutter!
>
> 27. Jetzt lieg du hier und faule,
> Kein Mensch wird um dich trauern.'

Daß dieses Motiv einer Apostrophe an den Toten formal keine junge Erfindung ist, wird wieder durch ein altes Zeugnis erwiesen. In der Fassung der Ballade „Ritter und Magd" nach dem Antw. Lb. v. J. 1544, Nr. 45[53] liest man:

> 20. Hi nam sijnen bruinen schilt,
> hi worp hem op der aerden:
> ,ligghet daer, ligghet daer, goet bruine schilt!
> van mi en suldi niet ghedraghen werden.'

Auch diesem sekundären Wortlaut liegt das Bestrafungsmotiv zugrunde, aber der hier Sprechende will sich selbst bestrafen, indem er seinen Schild, das Zeichen seiner Ritterwürde, von sich wirft. Wie wir im folgenden Abschnitt sehen werden, handelt es sich um einen Mischtext, dessen Hauptgedanke der Ballade „Schildknecht" entnommen ist.[54] Beiden Texten war das Schuldbewußtsein des Helden gemeinsam (vgl. auch unten).

Der ursprüngliche Rahmen der Worte „Liege da, liege da" ist der erste Vers von Str. 24 des Ulingerliedes. Die zweite Hälfte der Zeile wurde in der jüngeren Überlieferung zu einem schadenfrohen Verweilen bei den Folgen benutzt, die das Geschehen für den Toten hat. Eine solche Abschweifung rührt natürlich nicht von dem Dichter der Urform her. Wir müssen uns demnach mit unserer Frage an die weitere Tradition wenden.

---

[51] In einer Fassung aus Siebenbürgen (1850/65) wird das Mädchen rücklings in ein schon bereitetes Grab gestoßen und von dem Mörder gepfählt (vgl. DVM II,1, Fassung 9).

[52] Vgl. DVM II,1, Version 8.

[53] Vgl. Uhland, Nr. 97 B und unten unseren Aufsatz Nr. 10.

[54] Vgl. Uhland, Nr. 94 „Die Lilien" und den zweiten Teil des vorliegenden Aufsatzes. Auch der aus diesem Text entliehene Gedanke tritt nicht mehr seinem primären Sinne entsprechend auf.

Um eine Bestrafung handelt es sich auch in dem zwölfstrophigen Reiterliede „Rosenbaum".[55] Doch ist dort die eigentliche Fabel mit Str. 8 abgeschlossen. Ein Reiter rühmte sich beim Weine seiner Absicht, das „praun meidlein", das ihm ihre „trew und er verheißen hat", einmal „in schanden" stehen zu lassen. Das Mädchen hört „neben der wende" diese Reden, und der Reiter findet daraufhin keinen Einlaß bei ihr. Str. 8 enthält eine entschiedene Abweisung. Es lag für den Nachdichter nahe, diesen Text durch Ausmalung der Gefühle des enttäuschten Reiters zu erweitern. Die drei Wucherungsstrophen (Str. 12 ist Autorstrophe) lauten:

> 9. ,Herzlieb, es gschicht oft ein red beim wein;
> ste auf, feins lieb, und laß mich ein!
> es regent und schneit und riselt so klein,
> so ste ich, herzlieb, also da allein.'

> 10. Auf hub er da sein weiße hand,
> schlůg sich selber an sein wang:
> ,se hin, mein maul, und hab dir das,
> daß du doch nichts verschweigen magst.'

> 11. Gůt reiter schwang sich aufe,
> er schwang sich auf sein gaule,
> er schwang sich auf sein sattelbogen:
> ,mich hat ein schöns prauns meidlein betrogen.'

Str. 9 verwendet das Motiv des Alleinstehens (Ulinger 19/20), Str. 11 in dreifacher, kunstloser Variation das Motiv des Schwingens (Ulinger 22). Der mittlere Teil bringt eine Art Bestrafung. Wenn wir nun diese so banale Situation mit den Vorgängen am Schluß unserer Ballade vergleichen, so wird man vielleicht zu der Annahme geneigt sein, daß die scheinbar so einfachen Worte „hab dir das" in Wirklichkeit auch inhaltsschwerer sein könnten. Wir möchten mit ihnen die Lücke füllen, die für uns nach dem Ausruf „Liege da, liege da" entstanden ist. Daß der Verfasser der Zusatzstrophen auch diese Rede aus „Ulinger" übernahm, wird zudem noch daraus ersichtlich, daß er zugleich das entsprechende Reimwort aus dem anderen Zusammenhang schöpfte. Es lautete dort allerdings nicht „magst", es war der assonierende Reimverband „das – Magd". Auch der Inhalt von V. 24,2 ist damit bestimmt. Zu ihm gehören die Worte „en niet" aus A L 45 Str. 20,4.

Mit Strophe 24 endet die Urform der Ballade. Sie klingt in einem Wort des Jägers aus. Was er in diesem Augenblick denkt und empfindet, wird von dem frohen Bewußtsein getragen, durch seine mutige Tat, bei der er sein eigenes Leben einsetzte, vielen jungen Mädchen das Leben gerettet zu haben.[56]

---

[55] Fl. Bl. Nürnberg durch Kunegund Hergotin; Geschichtsklitterung Kap. 8.
[56] Den Ausgang der ndl. und der ndd. Fassungen (Überlistung und Tötung des Entführers durch das Mädchen) half, wie S. Bugge wohl mit Recht vermutet, eine biblische

Manches wäre gewiß zum Lobe des Dichters unserer Urform zu sagen. Ich möchte nur das eine hervorheben: Der Wald mit seiner Schönheit und seinem Frohsinn, aber auch mit seinen tiefen, geheimnisvollen und gefährlichen Gründen hat in dem Geschehen des Liedes seinen symbolhaften Ausdruck gefunden.

Tradition gestalten, die apokryphe Geschichte von Judith und Holofernes. Es ist auch nicht die einzige biblische Reminiszenz. Für das Gespräch mit der Mutter des Mädchenräubers kann auf das Deboralied (Richter 5, 28-30) hingewiesen werden. – Das Interesse der einfachen Hörer wird noch von dem Bericht über die triumphale Heimkehr der geretteten Jungfrau gefesselt, wiederum eine Übernahme aus „Südeli", aber in einer unechten Fassung.

Schildknecht[1]

Diese „in den Reimen, in der Strophengestalt und nicht zuletzt im Inhaltlichen"
stark zerrüttete Ballade[2] ist nur einmal in deutscher Sprache überliefert.[3] Sie muß
jedoch auch in dem niederländischen Sprachgebiet bekannt gewesen sein, denn wesentliche Bestandteile sind nur der alten ndl. Volksliedtradition zu entnehmen. Anderseits werden die Rätsel dieser ndl. Texte nur dadurch gelöst, daß wir sie ihrem
ursprünglichen Zusammenhange zurückgeben.

Ich stelle die wiederaufgebaute Urform der sekundären Fassung von 1574 gegenüber:

1. Es reyt ein Herr vnd auch sein knecht
woll vber ein heyden, die
waz schlecht, ja schlecht.
Vnd alles, was sie redten da,
was als von einer wunder-
schônen Frawen, ja Frawen.

1. Es ritt ein Herr mit seinem Knecht
des Morgens in dem Taue,
und alles, was sie redeten da,
war von einer schönen Frauen.

2. ,Ach Schildtknecht, lieber
Schildtknecht mein,
was redstu von meiner frawen,
ja Frawen?
Und fûrchtestu nicht mein'
braunen Schildt?
zu stûcken will ich dich
hawen, vor meinen augen.'

2. ,Ach Schildknecht, lieber
Schildknecht mein,
was redest von meiner Frauen,
und fürchtest du nicht mein
gutes Schwert?
Zu Stücken will ich dich hauen.'

3. ,Ewern braunen Schildt den
fûrcht ich klein,
der liebe Gott wirdt mich
woll behûte, ja behûte.'
Da schlug der knecht sein
Herrn zu todt:
das geschah durch Frewleins
gûte, ja gûte.

3. ,Euer gutes Schwert das
fürcht ich klein,
euer Schild wird mich behüten.'
Da schlug der Knecht seinen
Herrn zu Tod,
das geschah um Fräuleins Güte.

4. ,Nun will ich heimgen
landwertz ein
zu einer wunderschônen
Frawen, ja Frawen. –

4. Nun will allein ich heimwärts ziehn
zu einer schönen Frauen.

---

[1] Vgl. Uhland, Nr. 94: „Die Lilien"; J. Meier, Das deutsche Volkslied, Bd. 1, Balladen
Nr. 32; DVM II,1 Nr. 37: „Der Mordknecht".
[2] Vgl. W. Heiske in DVM II,1 S. 39.
[3] Nachdruck des verlorenen Exemplars von 1547: Bergkreyen, Ander teyl Nr. 9, 1574.
Weiteres zur Überlieferung vgl. DVM II,1 S. 39.

Ach Frewlein, gebt mirs
bottenbrodt!
ewer edler Herre vnd der ist todt
so ferr auff breytter Heyde,
ja Heyde.'

,Ach Frau, euer edler Herr ist tot,
so fern auf breiter Auen.'

5. ,Und ist mein Edler Herre todt,
darumb will ich nicht
weine, ja weine.
Den schönsten Bulen, den ich hab,
Der schlefft bey mir daheime,
gar mutteralleine.'

5. ,Und ist mein edler Herre tot,
darum will ich nicht weinen,
der schönste Buhle den ich hab,
der schläft bei mir daheime.'

6. ,Nun Sattel mir mein grawes Roß,
Ich will von hinnen reyten,
ja reitten.'
Und da sie auff die Heyden kam,[4]
die Lilgen theten sich neygen
auff breitter Heyden.

6. Da holt das Roß er aus dem Stall,
von hinnen wollt er reiten,
und da er auf die Heide kam,
zum Herrn tat er sich neigen.

7. Auff band sie jm sein' braunen[5] Helm
vnd sach[6] jm vndter seine
Augen, ja Augen:
,Nun muß es Christ geklaget sein,
wie bist so sehr zerhawen
vnter dein augen!'

7. Auf band er ihm sein'n blanken Helm
und sah ihm unter seine Augen:
„Nun muß es Gott geklaget sein,
Wie bist so sehr zerhauen.'

8. Er nahm das Haupt in seine Hand,
er wischt es von dem Blute:
,O lieber Christ im Himmelreich,
wie weh ist mir zumute!"

9. Er nahm seinen braunen Schild,
begrub ihn in der Erden:
,Du sollst von einem Bösewicht
nicht mehr getragen werden.'

8. ,Nun will ich in ein Kloster ziehen,
will den lieben Gott für
dich bitten, ja bitten,
Das er dich ins Himelreich wöll lan[7]
vnd geschech durch meinetwillen,
schweig stillen!'

10. ,Nun will ich in ein Kloster gehn
und Gott den Herren bitten,
daß er mir das vergeben woll,
das geschah um Fräuleins willen.'

---

4 „kam" statt „kamen" im Mpt. v.d.Hagens.
5 „blanken" nach v.d.Hagens Mpt.

6 Druck: satzt.
7 Druck: han.

9. Wer ist, der vns den Reyen sang?
Matthias Jeger ist ers genand;
beim trunck hatt ers
gesungen,
gesungen.
Er ist seim widersacher
von hertzen feind,
zu jm kan er nicht kommen,
ja kommen.

Zu Str. 1.

Der zweite Vers dieser Strophe sprengt das Versmaß sowie das Reimschema. Die Ortsangabe ist hier bedeutungslos. Wir können den fehlenden Wortlaut jedoch ergänzen. In dem Reiterliede „Winterrosen"[8] lautet Str. 1 (= Fassung B)[9]:

1. Es reit ein herr mit seinem Knecht
des morgens in dem tawe;
was fand er uf der heide stan?
ein wunderschöne Junckfrawe.

Dieser Text ist nur äußerlich durch das Reimwort „junckfrawe" mit dem Liedinhalt verbunden. Der zu dem Mädchen im folgenden sprechende Knabe ist kein Ritter, sondern ein einfacher Reiter, und erst recht ist der Knecht eine in dem Erzählten überflüssige Person, denn er hat keinerlei Aufgabe zu erfüllen. Anderseits wird die Herkunft aus unserer Ballade auch in der zweiten Strophenhälfte greifbar: Das Heidemotiv stammt aus Str. 6 der Urform.[10] Da der Ritt zur Heide an demselben Tage noch einmal gemacht wird, erscheint die Zeitangabe „vor dem Tau" sachlich geboten.

Zu Str. 2.

Mit J. Meier lesen wir in Z. 3 ebenso wie 3,1 „Schwert" anstelle von „Schild". „Brauner Schild" ist Antizipation aus Str. 9 und rückte vielleicht im Zusammenhang mit dem Wegfall dieser echten Strophe nach oben. Unser Epitheton „gut" wurde von der sekundären Fassung der Schildstrophe in „Ritter und Magd"[11] bewahrt:

20,3. ,ligghet daer, ligghet daer, goetbruine schilt!'

---

[8] Vgl. Uhland, Nr. 113 A und B; Erk-Böhme, Nr. 117.
[9] Aus *Andere schöne Bergkreyen* usw. Nürnb. 1547, Nr. 12, *Fein. kl. Alamanach* I, 126. Vgl. hierzu auch Heiske, DVM II,1 S. 39.
[10] In dem Reiterliede hieß es wahrscheinlich: „Ein megdlein an dem laden stand", vgl. unsere Wiederherstellung unten. – Zu „wunderschön" vgl. Uhland, Nr. 100 B Str. 1 u. 12.
[11] Vgl. oben zu Str. 24 der Ulinger-Grundform.

Zu Str. 3.

Der neben dem Ritter herreitende Knecht trägt dessen Schild. Der Herr kann sich also in dem stattfindenden Kampf nicht schützen. Offenbar scheut der Knecht sich nicht, diesen für ihn günstigen Umstand zum Schaden seines Herrn zu nutzen. Es braucht aber deshalb noch nicht angenommen zu werden, daß er von Haus aus ein derart schlechter Charakter war. Der Dichter gibt uns in Z. 4 eine Erklärung: Die Leidenschaft, die er für die schöne Frau des Ritters empfand, machte ihn taub gegen die Stimme seines Gewissens.

Zu Str. 4.

Auch dieser Text ist verderbt, aber nach allem leicht zu bessern. In V. 1 ist „allein" aus dem sekundären Kehrreim der fünften Strophe („mutteralleine") zu übernehmen. Die beiden Strophen 4 und 8 (= Grundform 10) haben die Verba ihrer ersten Zeilen vertauscht: „ziehen" und „gehen". Der rekonstruierte Wortlaut der Zeile 4,1 wird auch indirekt durch die Version A des Liedes „Winterrosen" bezeugt:

> 2 2/3. sie meint sie wär alleine;
> es kumt ein ritter und sein knecht . . .
> 3,4. so ziehet mit mir heime.

Die Fünfzeiligkeit der Strophe ist durch Zerdehnung der ursprünglichen dritten Zeile (jetzt = 3/4) entstanden: „frewlein" statt „frau"[12], „und der". Nach Heiske[13] ist die Botenbrotzeile höchstwahrscheinlich aus der „Frau von Weißenburg herübergekommen: „Im Zuge gewissen Einklangs der Geschehnisse".[14] In Z. 4 lesen wir mit J. Meier „Auen" anstelle von „Heide".

Zu Str. 5.

In der Lesart 5,4 „sitzt" (Uhland-Nicolai) macht sich wohl der Einfluß von „Ulinger" Str. 20.21 geltend. Der Nachdruck 1574 und von der Hagens Mpt. lesen „schlefft". Über die verschiedenen Versuche, das Rätsel der fünften Strophe zu lösen und so den vermeintlichen Bruch zu beseitigen, enthält der Aufsatz Heiskes[15] nähere Angaben. Aber sowohl bei einer Eliminierung der Verse wie bei den tief in Text oder Sinn eingreifenden Umdeutungen bleiben noch Fragen offen, und die Ballade würde ihres dramatischen Nervs beraubt werden. Dagegen können wir

---

[12] „Fräulein" auch in Str. 3 und 10, aber nicht wie hier als Anrede.

[13] Vgl. a.a.O., S. 39.

[14] Vgl. DVM I, 2 Nr. 30, Version 2 Str. 20-23. Auch in dieser Ballade gehört das Motiv nicht zur Grundform (vgl. oben).

[15] Vgl. a.a.O., S. 40 ff.

Vilmar[16] und Böhme[17] darin zustimmen, daß die Frau wegen eines Buhlen den Knecht zu dem Morde angestiftet hat. Wenn sie dann aber Reue zeigt und zur Buße bereit ist, so vermißt man ein psychologisch zwingendes Motiv für diesen Gesinnungsumschwung. Der Bruch bleibt also bestehen. Anders verhält es sich bei dem Knecht nach unserer Grundform. Er erkennt jetzt die furchtbare Täuschung, in der er befangen war, daher erscheint ihm nun auch seine Tat in ihrem wahren Licht. Strophe 6 bis zum Schluß (10) handelt also ebenso wie vorher Str. 1-4 von dem Knecht, und er allein, der aus Liebe zu der Frau seines Herrn, einer dichterischen Vorgängerin der Adelheid von Walldorf, schwerste, nicht wieder gutzumachende Schuld auf sich lud, ist die wahrhaft tragische Figur der Fabel.

Zu Str. 6.

In dieser Strophe stoßen wir auf den eigentlichen Grund der Verwirrung. Eine Vertauschung des Subjekts hat stattgefunden, wie wir es ähnlich schon in den sekundären Formen der Balladen „Frau zur Weißenburg", „Herzessen" beobachtet haben. Und auch die Tendenz, die zu dieser einschneidenden Wandlung führte, ist die gleiche wie dort. Der Charakter der Frau soll gehoben werden, die Schuld trifft den Mann, den Buhlen, den grausamen Gemahl und hier den Knecht. Das rührende Bild der „schönen, vornehmen Büßerin"[18] harmonierte wohl mit der volkstümlichen Vorstellung.

Das Sattelmotiv in Z. 1 unserer Strophe ist stereotyp. In der ndl. Fassung der Ulinger-Ballade („Halewijn"[19]) wird von der Königstochter erzählt:

17. Zy ging al in haers vaders stal
en koos daer't besten ros van al.

18. Zy zette haer schrylings op het ros,
al zingend en klingend reed zy doort bosch.

Wir halten Str. 17 für die zerdehnte Form unseres Verses 6,1, wobei weitere Beobachtungen hinzukommen. Nachdem die Königstochter ihren Entführer mitten im Wald angetroffen und, mit ihm gemeinsam weiterreitend, das „Galgenfeld" erreicht hat, wird er von ihr überlistet und durch Abschlagen des Hauptes getötet. Sie reitet dann zu ihrer Familie zurück, Str. 32 ist eine wörtliche Wiederholung von Str. 18. Der Ritt durch den Wald wird also zweimal gemacht, das zweite Mal in umgekehrter Richtung. Die Parallelität in den äußeren Konturen der Handlung geht aber noch weiter. Der Knecht reitet ja zuerst mit seinem Herrn über die Heide. Doch auch ein Ritt zu Zweien findet, wie schon erwähnt, in „Halewijn" statt, näm-

---

[16] Vgl. *Handbüchlein*, Marburg 1886³, S. 133 f.
[17] Vgl. Erk-Böhme, Lh. I, 375.
[18] Vgl. Böhme, a.a.O., S. 375.
[19] Vgl. DVM II,1, Nr. 41, Version 1 und oben S.   .

lich im zweiten Teil des Weges zu der Galgenstätte, und was hier besonders beweisend erscheint, ist die Angabe in Str. 21:

> en op den weg viel menig woort.[20]

Der Bearbeiter des sekundären Halewijn-Textes entnahm aus der Schildknecht-Ballade auch noch ein anderes Motiv: das Waschen des blutigen Hauptes Str. 31. Wir werden im folgenden auf diese Stelle noch näher eingehen. Es zeugt für das psychologische und dichterische Feingefühl des Verfassers, daß der Knecht auf die Worte der Frau in Str. 5 nichts erwidert. Weder beklagt er sein Schicksal, noch klagt er die Frau an, und noch weniger gibt er ihr böse Worte. Er holt aus dem Stall das soeben erst eingestellte Roß (tragische Ironie!), für ihn gibt es jetzt nur einen Weg. Bei seinem Herrn angekommen, kniet er neben dem Toten nieder. Selbstverständlich haben die Lilien hier nichts zu tun, doch wird sich später der Grund zeigen, der dieses bei Begrabenen typische Motiv herbeigezogen hat.

Zu Str. 7.

Das „unter die Augen Sehen" ist Wandermotiv geworden. Wir haben es oben bereits in den sekundären Texten der Ulinger-Ballade angetroffen.[21] Dort scheint Ulinger, dessen Kopf in dem Schoß des weinenden Mädchens ruht, von unten herauf in ihre Augen zu sehen. Aber es ist hier nur ein künstlich retardierendes Moment, das die Enthüllung der Wahrheit hinauszögern soll, an sich jedoch völlig bedeutungslos bleibt.[22] Im echten Liede hat eine solche Liebesszene keinen Raum.

Auch die Volksballade „Ritter und Magd"[23] hat diesen Zug in ihre Motivik eingeflochten. Der Ritter, der zum Begräbnis der durch seine Schuld gestorbenen Geliebten herbeieilt, begegnet den Trägern, die den Sarg des Mädchens zum Friedhof bringen. Str. 13 lautet:

> Er deckt ir auf den schleier weiß
> und sah ir unter die augen:
> ‚o we, o we! der blasse tod
> hats äuglein dir geschloßen.'

Die Klage des Ritters über die geschlossenen Augen der Toten ist verständlich. Welchen Sinn hat es aber, daß vorher erzählt wird, er habe ihr „unter die Augen" gesehen? Bezeichnend ist jedoch, daß es sich in diesem Liede um einen Schuldigen handelt (Ulinger beabsichtigt, das Mädchen auf grausame Weise zu töten), und das

---

[20] Vgl. „Schildknecht" Str. 1. In „Halewijn" wird nicht gesagt, worüber sie auf dem Wege sprachen.

[21] Vgl. DVM II,1 Nr. 41, Version 3 und 4 Str. 10 (11).

[22] Auch besteht eine Diskrepanz zwischen der Situation und der sprachlichen Form, es müßte „in" statt „unter" heißen.

[23] Vgl. Uhland, Nr. 97 A und unten unseren Aufsatz Nr. 10.

führt uns zu dem Quellort des Motivs. Der Knecht in unserer Ballade hat dem toten Ritter den Helm aufgebunden, wagt aber nicht, in die gebrochenen Augen seines Herrn zu blicken oder vermag diesen Anblick nicht zu ertragen. Er sieht ihm deshalb „unter die Augen", und hier gewahrt er die schweren Wunden, die er ihm im Kampfe beigebracht hat. Jetzt erst löst sich sein Schmerz in einem Ausruf bzw. Aufschrei.

Wir haben in Z. 3 das Wort „Christ" durch „Gott" ersetzt. „Christ" gehört in Str. 8 der Urform (vgl. die Begründung im folgenden).

Zu Str. 8.

Unser Lied weist hier eine Lücke auf. Natürlich könnte der Knecht seinen Entschluß, ins Kloster zu gehen, im Anschluß an das in Str. 7 Erzählte gefaßt haben. Der ursprüngliche Dichter wird jedoch der Dramatik der Szene besser gerecht, und die beiden fehlenden Strophen sind uns nicht verloren gegangen.[24]

Im Antw. Lb. v. J. 1544 ist auch das sonst nicht mehr vorhandene Lied „Te Bruynswick staet een casteel" (= Nr. 151) überliefert.[25] Es liegt darin eine Kompilation von Strophen verschiedener Balladen, so auch von „Schildknecht" vor. Wir teilen hier den vollständigen Wortlaut mit, da wir auch in den späteren Untersuchungen zu „Henslein über die heide reit" („Schloß in Österreich"), „Ritter und Magd", „Nonne" auf diese Tatsache zurückkommen werden.

1. Te Bruynswijck staet een casteel,
   Daer woonen ghebroeders sesse,
   Die een die hadde een meysken lief,
   Dat claghe ic god,
   Hi en condese niet verghesse.

2. Die ridder sprac sinen schiltknecht toe:
   ,Och hansken, lieue gheselle,
   Nv sadelt mir mijn alder beste ros,
   Laet ruysschen ouer den velde
   Dat claghe ic god,
   Laet ruysschen ouer den velde!

3. Doen hy dat groene woudt ouer quam,
   dat ros dat viel ter aerden.
   ,Helpt mi, Maria schoone moeder gods!
   wat sal mijns nv ghewerden,
   dat claghe ic god.
   Wat sal mijns nv ghewerden?'

4. Ende hi hief op een liedeken hi sanck,
   Alle druc woude hi vergeten,
   So luyde dat opter salen clanc,
   Daer zijn liefken was gheseten,
   Dat claghe ic god,
   Daer zijn liefken was gheseten.

5. Si stack haer hooft ter zinnen wt
   Met twee beweende ooghen:
   ,Helpt mi, Maria, schoone moeder gods!
   Men gaet mijn lief onthoefden,
   dat claghe ick god,
   Men goet mijn lief onthoefden.'

6. Si nam dat hooft al in haer hant,
   Si wiesschet vanden bloede:
   ,Helpt mi, Maria, schoone moeder gods!
   Hoe wee is mi te moede,
   dat claghe ick god,
   Hoe wee is mi te moede!'

---

[24] Sie wurden in der Bearbeitung wohl ausgemerzt, weil die eine (8) sich etwas schwer, die andere (9) überhaupt nicht auf die Edelfrau beziehen läßt.

[25] Vgl. Uhland, Nr. 92; Koepp, a.a.O., S. 230 und Erläuterungen S. 105.

7. Si nam dat swaert al metten knoop,
   Si settet op haer herte,
   Si litet so lijselyc innewaert gaen,
   Des hadde die ridder smerte
   Dat claghe ic god
   Des hadde die ridder smerte.

8. Nu sijn daer twee ghelievekens doot
   die een om des anders wille,
   Waer vintmense no in kerstenrijck,

die draghen sulcke minne,
dat claghe ick god,
die draghen sulcke minne?

9. Nv zijn daer twee gheliefkens doot,
   Och waer salmense grauen?
   Al onder eenen eglentier,
   Dat graf sal rooskens draghen,
   dat claghe ic god,
   Dat graf sal rooskens draghen.

Naturgemäß ist dieser Text, so wie wir ihn hier lesen, infolge der Anhäufung von fremdem Überlieferungsgut voller Unklarheiten.[26] Eine deutliche Fuge fällt zwischen der fünften und sechsten Strophe auf. Das Wischen des Blutes vom Kopf des enthaupteten Ritters ist nicht das zunächst zu erwartende Zeichen der Liebe und des Schmerzes von seiten seiner Geliebten. In der Ballade „Totenamt"[27] wird eine ähnliche Situation vorausgesetzt, aber in anderer Weise dargestellt.

So wenig wie unsere Strophe in dem Liede der ndl. Überlieferung einen festen Platz hat, so geschlossen wirkt der Zusammenhang, wenn wir sie in die Schildknecht-Ballade einfügen. Sie ist der 7. Strophe dieses Liedes parallel gebaut und führt deren Motiv weiter: das reuevolle Bemühen des Knechts um den toten Herrn, zu dem seine frühere Liebe wieder erwacht ist. Wie schon oben (S. 83) erwähnt wurde, hat der Redaktor der ndl. Ulingerfassung „Halewijn" außer dem Motiv seiner 17. Strophe auch den Zug vom Waschen des Hauptes aus unserem Liede übernommen und mit dem Brunnenmotiv aus „Ulinger" verschmolzen. Str. 31 lautet dort:

> Zy nam het hooft al by het haer
> en waschtet in een bronne claer.

Auch hier ist das „Waschen vom Blute" gemeint.[28] Wir sehen darin eine weitere Bestätigung unserer Auffassung.

V. 3 lautet in der Kompilation: „helpt mi, Maria, schoone moeder gods!" Dieser Wortlaut stammt aus der dritten Strophe, zu der er inhaltlich gehört, da der dort Sprechende in Lebensgefahr schwebt (vgl. auch unten). Es zeigt sich aber, daß die ursprüngliche Lesart noch zu erschließen ist, wenn auch ihre Bestandteile über die ganze sekundäre Fassung verstreut sind.

Da der Knecht sich 7,3 natürlicherweise zuerst an Gott gewendet hat, gehört die Lesart „Christ" offenbar in unsere Parallelstrophe 8, wo sie durch einen hier un-

---

[26] Vgl. auch Koepp, a.a.O., S. 105.
[27] Vgl. Uhland, Nr. 95 B (ndl.) Str. 11 und unsere folgende Studie.
[28] Daß es sich wie im Text des Antw. Lb. Nr. 151 um einen Enthaupteten handelt, beruht wohl in beiden Fällen auf einem Mißverständnis der Worte (V. 1): „Er nahm das Haupt in seine Hand".

echten Text verdrängt wurde. Wie wir ferner wissen, ist in dem Vers 3,2 ursprünglich von Gott überhaupt nicht die Rede gewesen, und durch die Voranstellung des Zusatzes „der liebe" wird der Text hier wie 8,2 in der sekundären Form auch rhythmisch unregelmäßig. Trotzdem haben wir es mit einer primären Überlieferung zu tun, deren gegebener Platz jedoch die Anrufung Christi in Strophe 8 der Grundform ist. In der sekundären achten Strophe überrascht, daß die Frau jetzt für ihren Gemahl bitten will, Gott möge ihn um ihretwillen in sein Himmelreich einlassen.[29] Die Erklärung für all die aufgezeigten Schwierigkeiten der uns vorliegenden Version ist nun darin zu suchen, daß der Redaktor die echte Strophe gekannt hat und ihre Motive wenigstens teilweise in seiner Nachdichtung zur Geltung bringen wollte. Andererseits wird jetzt auch wahrscheinlich, daß der eigenartige Refrain „dat claghe ic god" in dem „Braunschweig"-Liede, für den man bisher keine Deutung hatte, durch den Vers 7,3 unserer Urform veranlaßt wurde.

Zu Str. 9.

Dieser Text ist uns fast vollständig in der schon oben erwähnten sekundären Strophe 20 des Liedes „En ridder ende een meisken jonc"[30], einer ndl. Variante der Ballade „Ritter und Magd"[31], erhalten geblieben. Es heißt hier:

> Hi nam sijnen bruinen schilt,
> hi worf hem op der aerden:
> ,ligghet daer, ligghet daer goet bruine schilt,
> van mi en suldi niet ghedraghen werden.'

Daß der erste Teil der dritten Zeile aus „Ulinger" Str. 24 stammt, haben wir bereits oben (S. 80) gesehen. Auch das „Werfen" wurzelt in jenem Zusammenhang (Str. 23). Der ursprüngliche Platz von „goet" war, wie wir wissen, in den Strophen 2.3 unserer Ballade. Die wiederhergestellte Lesart von Z. 2, das Begraben des Schildes, wird indirekt durch die sekundäre Tradition der Lilien bestätigt. Es sind die als volkstümliches Motiv bekannten Grabeslilien, und sie beweisen, daß in unserem Liede vom Begrabenwerden die Rede war. Der tote Ritter ist noch nicht begraben. Erst auf Grund unserer Strophe trat das Motiv heran.

In Z. 4 der sekundären Schildstrophe erklärt der Ritter, niemals mehr seinen braunen Schild tragen zu wollen.[32] Aber der Vers ist mit Silben überfüllt. Es wird dadurch wahrscheinlich, daß der ursprüngliche Gedanke sich über die beiden Zeilen 3/4 erstreckte. Dann aber würde ein größerer Teil von V. 3 fehlen. Er ist jedoch nicht verloren gegangen.

---

[29] Vgl. Heiske, a.a.O., S. 40.

[30] Vgl. Antw. Lb. v. J. 1544, Nr. 44; Uhland, Nr. 97 B.

[31] Vgl. Uhland, Nr. 97 B; DVM III,1 Nr. 55.

[32] Warum gerade den Gedichten „Es reit ein herr und auch sein knecht" und „Ritter und Magd" (ndl.) die Wendung „brauner Schild" gemeinsam ist, kann jetzt nicht mehr rätselhaft erscheinen (vgl. Koepp, a.a.O., S. 110).

In dem alten Ulingertext aus Augsburg[33] fragt der Bruder, der zur Rettung seiner Schwester herbeigeeilt ist und den elffachen Mörder bei einem blutumronnenen Brunnen findet:

> 24, 3/4. ‚Was thust du da, du Adelger,
> was thust du da, du Bößwicht vnd Herr?'

Die Jungfrau aber schlägt eine Bitte Ulingers mit den Worten ab:

> 27, 1/2. ‚So bitt mich nicht, du Adelger,
> so bitt mich nicht, du Bößwicht vnd Herr!'

Es ist in unseren alten Balladen nicht üblich, sich an dem unterlegenen Feind durch Scheltworte zu rächen. Dazu stimmt es, daß wir hier den Scheltnamen in einer Partie des Liedes antreffen, die sich auch aus anderen Gründen als sekundär erweist. Setzen wir das Motiv aber in V. 3 unserer Strophe ein, so ist die Zugehörigkeit zu unserer Ballade zweifellos: Der schuldige Knecht meint sich selbst.[34]

Zu Str. 10.

Daß in Z. 1 das Verbum „gehn" anstelle von „zien" einzutragen ist, wurde schon erwähnt. Der Rhythmus von Z. 2 läßt sich leicht bessern. In der zweiten Strophenhälfte macht sich die Zerrüttung infolge der falschen Auffassung des Motivs stark bemerkbar. Klar ist natürlich, daß der Knecht nur um Vergebung seiner schweren Sünde bitten kann. Zudem kommt uns auch hier eine andere Überlieferung zu Hilfe. Die Ballade „Totenamt", von der wir in unserem folgenden Aufsatz handeln werden, schließt mit zwei Anwuchsstrophen (ndd. Str. 12/13; ndl. Str. 13/14), deren erste lautet:

> 13. ‚nun wil ic mi gaen[35] begheven
> in een clein closterkijn
> ende draghen swarte wijlen
> ende worden een nonnekijn.'

Dieser vierzeilige Text ist eine Aufschwellung unserer ersten Zeile, und aus der geschraubten Sprache (gaen begheven) hören wir noch den zugrundeliegenden Begriff „vergeben" heraus, dessen Platz allerdings nicht hier, sondern in Str. 10 der Schildknechtballade ist (Z. 3). Im vierten Vers lesen wir „um Fräuleins willen" statt „um meinetwillen".

---

[33] Vgl. DVM II,1 Nr. 41, Version 4.

[34] In der mit Silben überfüllten Zeile 4 von ndl. „Ritter und Magd" 20 überschneiden sich zwei Gedanken: Es soll niemals mehr eine junge Magd durch Ulinger sterben, und: Der Knecht will niemals mehr den Schild seines Herrn tragen (vgl. oben zu U. Str. 24).

[35] Ndd. ohne „gaen".

In dem wiederhergestellten Gedicht haben wir eine seelische Tragödie vor uns ähnlich wie die von Weislingens Buben Franz im „Goetz". Zugleich ist es aber im besonderen eine Schildknechttragödie. Der Schild, gleichsam das Symbol des ehrenvollen Dienstverhältnisses, in dem der Knecht zu seinem Herrn steht, spielt an zwei Stellen der Ballade eine schicksalhafte Rolle. Am Anfang gebraucht der Knecht ihn im tödlichen Zweikampf gegen seinen Herrn, am Ende des Liedes begräbt er ihn in dem Bewußtsein, der Aufgabe, ihn zu tragen, unwürdig geworden zu sein. So ist der Schild das Leitmotiv, das Anfang und Schluß des Vorgangs auch formal zusammenschließt und den künstlerischen Eindruck der Ballade erhöht.

Blumenpflücken

Während zwischen dem primären Ulingerliede und der Schildknechtballade keine thematischen Beziehungen vorhanden sind, liegt dem jetzt zu behandelnden Lied dieselbe Problematik zugrunde wie dem Ulingerstoff.

Drei Fassungen des Gedichtes „Blumenpflücken"[1] stehen uns für einen Vergleich zur Verfügung:

A Antwerpener Lb. v. J. 1544 Nr. 61 (10 Str.)[2]
B Berliner Sammelband 7801 S. 16 o. O. u. J. (7 Str.)[3]
C Heidb. HS. Cod. Pal. 343 Bl. 102 (5 Str.)[4], erste Strophe in den 68 Liedern, Nürnberg, durch Johann vom Berg vnd Ulrich Newber, Nr. 30.[4]

Wir stellen hier zunächst die beiden Formen A und B einander gegenüber, die gleichfalls wichtige Lesarten enthaltende Überlieferung C schließen wir an.[5]

A	B
1. Het voer een maechdelijn over rijn Tsauonts al in der manen schijn Met haer snee witte handen Die winter tot haerder schanden	1. Es fůr ein maidlein übern se, wolt brechen den feiel und grůnen kle mit ir schneweißen hende, der sommer hat schier ein ende.
2. Met dien quam daer een ridder gereden Hi groette die maget tot dier stete Hi seyde got groet u reyne Waer om staet ghi hier alleyne	2. Ein ritter kam dort her geriten, er grůst sie nach schwäwischen siten, er grůst sie da alleine: ‚ja Junkfraw! wölt ir mit mir gan, ich fůr euch mit mir haime!'
3. Om dat ic hier alleyne stae Dat doet dat ic gheenen boel en hae Die ic met herten meyne Daerom stae ic hier alleyne, ia alleyne.	
4. Och machdelijn woudy met mi gaen Ic soude u leyen daer rooskens staen So verre aen gheender groender heyden Daer schaepen ende lammeren weyden	

---

[1] Der Aufsatz erschien in: Volkskunde, 1948, S. 31-41. Die Überschrift stammt von mir.
[2] Hrsg. von Hoffmann von Fallersleben (Horae Belgicae XI), Hannover 1855/56.
[3] Uhland, Nr. 109: Lämmerweide.
[4] Hrsg. von A. Kopp, DTM V.Nr. 128; Uhland, Nr. 110: Wäscherin.
[5] Die von mir in meiner ungedruckten Dissertation (*Studien zum Antwerpener Lb. v. J. 1544*, Tübingen 1923, S. 67 ff.) dargelegten Ansichten vermag ich heute zum größten Teil nicht mehr aufrechtzuerhalten.

<table>
<tr><th>A</th><th>B</th></tr>
</table>

A

5. Crijschman ghi zijt te hooch geboren
Ic ontsie so seere mijns vaders toren
Ic wilt mijnder moeder vraghen
oft ic metten lantsknecht magh waghen

6. Och moeder seyt si moeder mijn
Nu weckt mi inder maneschijn
laet mi di lammeren weyden
So verre aen gheender groender heyden

7. Och dochter ghi zijt noch vel te cleine
Ghi slaept noch wel een iaer alleyn.
Teheyme so sult ghi blijuen
Ende spinnen die groene siden.

8. Dat ic teheyme blijuen moet
dat doet mijnder herten
groote wederspoet
Die lantsknecht mach mi werden
derghelijc en was noyt opter aerden

9. Die moeder sloot haer dore toe
dat maechdelijn spranck ter veynster ut
Si wilde den lantsknecht hauen
Haer leuen woude si wagen.

10. Die dit liedeken eerstwerf sanck
Een vrom lantsknecht is hi ghenaent
Hi heuet wel ghesongen
Van de alder liefste is hi gedronghen.

B

3. ‚Ach ritter! ir seit hoch geborn,
so förcht ich meines vatters zorn,
ich förcht in also sere,
verlüre villeicht mein ere. –

4. ‚Ach vatter, lieber vatter mein,
so weck mich bei dem moneschein!
ich waiß gůt lemmerwaide,
so ferren auf jenner haide.‘

5. ‚Die lemmerwaid die du wol waist
macht mir mein lemmer und
schaf nicht faist,
du můst herhaim beleiben
můst spinnen die praunen seiden.‘

6. ‚Die seiden die ich spinnen můß,
bringt meinem herzen ein
schwäre půß,
der ritter můß mir werden,
sein gleich lebt nicht auf erden.‘

7. Der diß lied new gesungen hat,
durch lieb kam er in große not,
er ist gar kaum entrunnen,
die maid hat er gewunnen.

C

1. Es solt ein medlen waschen gan
ir hemdlen weiß, ir euglin klar,
sie hört ein reuter singen,
sie winket mir ir schneweißen hand
daß er ir hülf außwinden.

2. ‚Ach junkfraw, wolt irs mit mir gan
und do di schöne röslein stan
draußt uf jener wisen?‘
‚ach reuter waist du der roten vil?
es wirt mich sonst verdrießen.‘

3. ‚Ach junkfraw, wolt irs mit mir gan
und do die taigen pirn stan
dort außen uf jener haide?
ach junkfraw! wolt irs mit mir gan
so gib ich euch der taigen.'

4. ‚Uber die haid so komm ich nit
es sei dann zuvor meinem můterlein lieb,
mein můterlen will ich fragen,
und haißet michs dann mein můterlein
so wil ichs frölich wagen. –

5. Ich bin bei meinem můterlen gewesen,
so hat sie mir den text gelesen:
daheimen sol ich bleiben,
und so ichs über die haide komm,
so gescheh mir als andern weiben.'

Die Urform

1. Es ging ein Maidlein an dem Rain
wollt brechen die kleinen blau Blümelein
mit ihren schneeweißen Händen,
der Winter hatt' schier ein Ende.

2. Ein Ritter kam daher geritt'n,
er grüßte sie nach höfischen Sitt'n,
er bat, sie sollt ihm pflücken
einen Busch, den Hut zu schmücken.

3. ‚Ach Jungfrau, wollt Ihr mit mir gan?
Ich will Euch führen, da Röslein stan,
auf jener grünen Heide,
da Schafe und Lämmer weiden.'

4. ‚Über die Heide komm ich nit,
es wär' meinem Mütterlein nicht lieb,
daheime muß ich bleiben,
sonst geschieht mir wie andern Weiben.'

5. ‚Ach Jungfrau, wollt Ihr mit mir gan?
Ich will Euch geben, was ich kann,
ich will Euch lehren singen,
daß in der Burg erklinget.'

6. ‚Ach Ritter, Ihr seid zu hoch geborn,
so fürcht ich meines Vaters Zorn,
ich fürcht ihn also sehre,
verlöre vielleicht mein Ehre.'

Anmerkungen

Zu Str. 1.

Im Reimverband war ursprünglich das Wort „Rain" zu finden. Es wurde in den Niederlanden als der Flußname „Rhein" gedeutet. Bei veränderten lokalen Verhältnissen entstand daraus die Variante „See", was den sekundären Text mit dem Reimwort „kle" nach sich zog. In Z. 4 liest B sinnwidrig „Sommer" (vgl. „Veilchen"), während A 1,4 eine Übertreibung nach der anderen Richtung ist. Also zur Frühlingszeit, als der Winter gerade zu Ende ging, wandert eine junge Magd an einem Feldrain entlang, um die ersten Veilchen zu pflücken.

Nur hier in B wird ein wahrscheinlicher Grund für den Ausgang des Mädchens angeführt. In A ist – ebenfalls unter Reimzwang (das Flußufer war zum Blumenpflücken nicht geeignet) – ein Motiv aus Str. 6, der „Mondenschein", vorweggenommen. Nach C 1 war das Mädchen mit einer Arbeit beschäftigt, aber das Wäscherinnenmotiv steht in keinem direkten Zusammenhang mit der Frage des zur Hilfe beim Auswinden herbeigerufenen Reiters. Gerade die lebensnahe Situation bildet jedoch einen Reiz der anderen Fassung.

Zu Str. 2.

Die „höfische", nicht „schwäbische" (B) Art der Begrüßung ist bereits ein Mittel, das einfache Mädchen zu betören. Wir kennen die Frage nach dem Grund des Alleinseins (A 2,4) schon aus „Ulinger" Str. 20. Der Mörder wird dort von dem jungen Jäger unter der Linde stehend angetroffen, an der er soeben das von ihm entführte Mädchen erhängt hatte. Dieses dramatische Motiv ist später, so auch in unserem Liederkreis, zur leeren Formel geworden (vgl. auch 2,3: „er grüst sie da alleine"). Sie hat in A eine Plusstrophe hervorgerufen (3), doch die kecke Antwort stimmt nicht zu dem Charakter des Mädchens, wie er sich aus der Grundform ergibt. Wir haben das inhaltlose Frage- und Antwortspiel durch eine in der gegebenen Situation naheliegende Bitte des Ritters ersetzt, für deren Ursprünglichkeit auch Nachklänge in der sekundären Überlieferung anzuführen sind:

In dem Liede „Es stet ein Lind in jenem tal" (= „Nachtigall") sind wir mehrmals auf Bestandteile des Ulingerthemas gestoßen, deren ursprünglich tragischer Gehalt sich unter einer konventionellen Oberfläche verbarg. In beiden Versionen (= Uhland, Nr. 15 A und B) macht die Jungfrau dem Knaben ein Gegengeschenk zum Dank für den Verlobungsring, den er ihr von der Nachtigall überbringen ließ:

> A 15. Was schenkt sie dem knaben wider?
> ein busch mit kranichsfedern.
>
> 16. Die federn waren wol bereit,
> es sol sie tragen ein stolzer leib.
>
> B 15. Wat gaf se em denn henwedder?
> einen hoet mit goldne feder.

Es ist wohl nicht zu kühn, wenn wir in diesen Lesarten zwei verschiedene Widerspiegelungen unseres Motivs aus „Blumenpflücken" finden. Das Thema der geplanten Entführung mußte dem heiteren, bürgerlichen Ausgang weichen.[6]

Außer diesen zwei indirekten Belegen aus dem Liede von der Nachtigall als Liebesbotin bieten uns die alten Formen der Ulingerballade selbst eine wenigstens teilweise Bestätigung. Im fl. Bl. aus Augsburg Str. 10 1/2 lesen wir das Reimpaar:

---

[6] In welchem Verhältnis der oben (S. 72) schon erwähnte Vers „Nachtigall" 11,2 zu den beiden Quellen des Hutmotivs, Ulinger – Blumenpflücken, steht, ist nicht sicher zu entscheiden. Eine Erfindung des Nachdichters war er offenbar nicht.

> Er bath, sie solt jhm lausen,
> sein gelbes hårlein jhm erzawsen.[7]

Daß diese Verse nicht in den Zusammenhang des ursprünglichen Ulingertextes gehören, zeigte sich oben. Sie erklären sich aber leicht als Nachbildung der Bitte des Ritters an die junge Magd, die er in „Blumenpflücken" zu entführen im Sinne hat. Wir werden im folgenden sehen, daß diese Entlehnung aus unserem Liede nicht die einzige ist, die den sekundären Bestand der Ballade auffüllen half.

Zu Str. 3.

Der Text dieser Verse wurde in A 4 vollständig erhalten. In Z. 3 ist „so verre" aus der Ballade vom Schildknecht (4, 4/5) eingedrungen (vgl. oben). Während die Magd beschäftigt war, Blumen zu pflücken und zu dem erbetenen Strauß zusammenzubinden, beginnt der Ritter ein Gespräch. Rosen im Frühling zur Veilchenzeit! Es ist die übertreibende Art des Verführers. Zugleich sind Rosen im Volkslied eine verhüllte Andeutung erotischer Absichten.[8]

Zu Str. 4.

Die Antwort des Mädchens auf die beiden verführerischen Reden C 2/3 erstreckt sich über zwei fünfzeilige Strophen (4/5). Es wird ähnlich wie in dem Liede „Winterrosen" eine zweite Handlung in die erste eingeschaltet.[9] Während aber dort die zu beschaffenden Rosen ein bestimmtes, konkretes Ziel darstellen, das gar nicht anders zu erreichen ist, wird in C die Ablehnung des Angebots nur unnötig verzögert. Aus „Winterrosen" stammt auch das „Fragen" und das „fröhliche Wagen" in Str. 4. Die echte Entgegnung ist bis auf einige äußerlich geringfügige Änderungen ohne weiteres herauszulösen. Es sind die Verse 4, 1/2 und 5, 3.5. Der wesentliche Unterschied zu der sekundären Form besteht darin, daß die Magd jetzt zugleich ihre eigene Überzeugung wiedergibt, wobei ihr jedoch die früheren Mahnungen der Mutter vor Augen stehen. Unsere Strophe gehört als Antwort zu der ersten Verlockung.

Zu Str. 5.

Nach dem Ausweis von C hat der Ritter, wie auch wahrscheinlich, noch ein zweites Mal den Versuch gemacht, die Magd zu überreden. Die zweite Vorgaukelung enthält aber keinen neuen Gedanken (einzige Verschiedenheit: Birnen statt Rosen und das Versprechen, der Jungfrau von den Früchten zu geben). Aus dem echten

---

[7] Vgl. oben S. 58, Fassung A Str. 10.
[8] Vgl. Uhland, *Schriften zur Geschichte von Dichtung und Sage III*, S. 418 ff.
[9] Vgl. Ambraser Lb. v. 1582, Nr. 100. „Andere schöne Bergkreyen" 1547; Uhland, Nr. 113 A und B.

Text der Rosenstrophe, die hier bereits zerrüttet ist, rührt die Kadenz „haide" in
Z. 3 her. Der erste Vers wird in Z. 4 wiederholt. Diese Strophe scheidet in der
Hauptsache für unsere Urform aus.

Nun fällt aber im Rahmen des sekundären Anfangs der Ulingerballade nach den
alten fl. Bll. eine Strophe auf (3), deren erster Vers vermuten läßt, daß sie dort aus
dem Liede „Blumenpflücken" eingesprengt wurde, und der nähere Vergleich verstärkt noch diesen Eindruck. Sie lautet im Einzeldruck aus Nürnberg:

> ,O Junckfraw, wölt jhr mit mir gan,
> ich wil euch lernen, was ich kan;
> ich wil euch lernen singen,
> das gegen der Burg thut klingen.'

In V. 4 setzen wir die Lesart von 1,4 dieser Fassung ein: „das in der burg erklinget". „Gegen der burg" müßte es richtiger in der ersten Strophe heißen, wo das
Lied des Reiters von außen her zu den Burgbewohnern dringt. Das zweimalige
„lernen" (= md. lehren) ist ebenfalls Verderbnis. Hier erscheint das Verbum „geben" in C 3 V. 5 bedeutsam. Fügen wir es für das erste „lernen" in V. 2 der Grundform ein, so erhält man den charakteristischen Gedanken, daß der Ritter verspricht,
dem Mädchen alles in seiner Macht Stehende zu schenken.

Augenscheinlich hat der Verführer sein Vorgehen geändert. Anstelle der bisherigen phantastischen Verheißungen nennt er jetzt realere Dinge: Leben in der Burg,
Geschenke, zum Singen stimmende Fröhlichkeit. Die Schattenseiten verschweigt er,
noch immer auf die Leichtgläubigkeit des Mädchens vertrauend.

Zu Str. 6.

A hat nur die erste Hälfte der Verse bewahrt. Dagegen weist B den Text vollständig auf (Str. 3). In der Volksballade „Abendgang"[10] wird dasselbe Motiv auf den
Wächter bezogen, der sein Leben einzubüßen fürchtet. Der sicher primäre Reimverband „sehre : Ehre" ist dort verloren gegangen. Diese Antwort bildet den ursprünglichen Schluß unseres Liedes. Der Ritter mußte jetzt einsehen, daß jeder neue
Versuch, die Magd zu verführen, ebenso scheitern würde wie die beiden ersten.

Was nun in A und B von dem Mädchen noch berichtet wird, steht in schroffem
Gegensatz zu ihren früheren Bekundungen nach der Urform. Der Widerstand der
Mutter (des Vaters) einerseits, die Entschlossenheit der Tochter anderseits erinnern
an die ähnlichen Süjets in den Sommerliedern Neidhards von Reuenthal. Diese Motive sind nachträglich an den Text herangetreten. Sie haben mit dem ursprünglichen
Liede nichts zu tun. Unser Dichter läßt in seinem schlichten „happening" ein schönes Bild aus dem Familienleben des einfachen Volkes vor uns erstehen, zugleich,
beabsichtigt oder zufällig, ein Gegenstück zu dem tragisch verlaufenden Handlungs-
vorgang der Ulingerballade.

---

[10] Vgl. DVM I,1 (1935), Nr. 19; Uhland, Nr. 90.

VI. Zur Urform der Ballade „Totenamt"[1]

Das Tagelied „Totenamt"[2] ist in einem niederdeutschen[3] und einem hochdeutschen[4] Typus erhalten, von denen jener im wesentlichen mit der alten niederländischen Fassung übereinstimmt, die uns in den beiden Formen des Antwerpener Liederbuches vom Jahre 1544[5] und des Amsterdamse Liedboeck[6] vorliegt. Sie wird von verschiedenen Forschern als der Archetypus des Liedes angesehen.[7] Doch gelten von ihr die Worte Bruiniers, daß sie „die dunkelste aller Mären" ist[8], und die gerade wegen dieser Beschaffenheit des Liedes reizvolle Aufgabe einer Interpretation wollen wir hiermit von neuem aufnehmen. Ich teile zunächt den ndd. und den alten ndl. Text (1544) mit:

1. ‚It daget in dat Osten,
   de Maen schint averall;
   wo weinich weet min Leveken,
   war ick benachten schall,
   wo weinich weet min Leveken, ja Leveken!

2. Weren dat alle mine Fründe,
   dat nu mine Finde sin,
   ick förde se ut dem Lande,
   min Leef und Nünneken,
   ick förde se ut dem Lande, ja Lande.'

---

[1] Der Aufsatz erschien im Jahrbuch des Vereins für niederdeutsche Sprachforschung 54, Jahrg. 1928. Festschrift Wilhelm Seelmann zu seinem achtzigsten Geburtstage, gewidmet von dem Verein für niederdeutsche Sprachforschung. S. 75 ff.

[2] Vgl. Uhland, *Alte hoch- und niederdeutsche Volkslieder*, Nr. 95; Erk-Böhme, Deutscher Liederhort I, Nr. 94.

[3] *Die niederdeutschen Liederbücher von Uhland und de Bouck*. Herausgeg. von der germanistischen Sektion des Vereins für Kunst und Wissenschaft in Hamburg, 1883, Nr. 134; P. Alpers, *Die alten niederdeutschen Volkslieder*, Hamburg 1924¹, Nr. 12; ²1960 Nr. 11.

[4] Erk-Böhme, Nr. 94c. Nach einer Hs. des 15. Jh. zu Karlsruhe: „Es taget in Oesterreiche" 10 Str.

[5] *Antwerpener Liederbuch vom Jahre 1544.* Nach dem einzigen noch vorhandenen Exemplar herausgeg. von Hoffmann von Fallersleben, Hannover 1855/56 = Horae Belgicae XI Nr. 73.

[6] *Liedboeck, 't dubbelt verbetert Amsterdamse ...* T'Amst. Gedruckt by Jan Jacobsz Boun ...n Bl. 70; vgl. Hoffmann v. Fallersleben, *Holländische Volkslieder*², Hor. Belg. II, Hannover 1856, Nr. 16. Nach Alpers (a.a.O., S. 121) um 1540; 15 Strophen, da Str. 3 zu zwei Gesetzen zerdehnt ist. Nur geringe Abweichungen von diesem Typus zeigen die Fassungen bei Scheltema (*Geschied – en Letterkundig Mengelwerk* van Mr. Jacobus Scheltema, Amsterdam 1817, S. 198 ff., um 1672 gedruckt, und bei Vischer, *Bloemlezing ut de Beste Schriften der Nederlandische Dichters*, 1820, S. 48-50.

[7] Vgl. z. B. G. Kalff, *Het lied in de middeleewen*, Leiden 1884, S. 148 ff.; F. van Duyse, *Het oude Nederlandsche lied*, 's Gravenhage, 1903–1908 I, Nr. 69.

[8] Bruinier, *Das deutsche Volkslied. Über Wesen und Werden des deutschen Volksgesanges I*, Leipzig 1911, S. 114.

3. ,All worhen scholde gi mi fören,
   stolt Rüter wolgemeit?
   Ick ligge in Leves Armen
   in so groter Werdicheit,
   ick ligge in Leves Armen, ja Armen.'

4. ,Ligge gi in juwes Leves Armen,
   bilo, gi segget nicht war.
   Gat hen to der Linden gröne,
   vorschlagen licht he dar,
   gat hen to der Linden gröne, ja gröne!'

5. Dat Megdeken nam ere Mantel umme,
   und se gink einen Gank
   all to der Linden gröne,
   dar se den Doden fand
   all to der Linden gröne, ja gröne.

6. ,Wo ligge gi hier vorschlagen,
   vorschmort in juwen Blot!
   Dat heft gedan juw Röment,
   darto juwe hoge Mot,
   dat heft gedan juw Röment, ja Röment!

7. Wo ligge gi hier vorschlagen,
   da mi to trösten plach!
   Wat hebbe gi mi nagelaten?
   so mengen bedröveden Dach;
   wat hebbe gi mi nagelaten, ja gelaten?'

8. Dat Megdeken nam ere Mantel
   und se gink einen Gank
   all na eres Vaders Porten,

de se togeschlaten fand,
all na eres Vaders Porten, ja Porten.

9. ,Gott gröte ju Heren alle,
   minen Vader mit im Talle,
   unde is hier ein Here
   efte ein Eddelman,
   de mi dissen Doden
   begraven helpen kann,
   de mi dissen Doden, ja Doden?'

10. De Heren schwegen stille,
    se makeden neen Gelut,
    dat Megdeken kerde sick umme
    und se gink wenend ut,
    dat Megdeken wende sick umme, ja umme.

11. Mit eren schneewitten Henden
    se de Erde upgrof,
    mit eren schneewitten Armen
    se en to Grave droch,
    mit eren schneewitten Armen, ja Armen.

12. ,Nu will ick mi begeven
    in ein klein Klösterlin
    und dragen schwarte Kleder
    und werden ein Nünnekin
    unde dragen schwarte Kleder, ja Kleder.'

13. Mit erer hellen Stemme
    se em de Misse sank,
    mit eren schneewitten Henden
    se em de Schellen klank,
    mit eren schneewitten Henden, ja Henden.

1544

1. Het daghet inden oosten
   Het lichtet oueral
   Hoe luttel weet mijn liefken.
   Och waer ick henen sal
   Hoe luttel weet mijn liefken

2. Och warent al mijn vrienden
   dat mijn vianden zijn
   Ick voerde v wten lande.

Mijn lief mijn minnekijn
Ick voerde v wten lande

3. Dats waer soudi mi voeren
   Stout ridder wel gemeyt
   ic ligge in myns liefs armkens
   Met grooter waerdicheyt.
   ic ligge in myns liefs armkens

4. Ligdy in ws liefs armen
   Bilo ghi en segt niet waer,
   Gaet henen ter linde groene
   Versleghen so leyt hi daer
   Gaet henen ter linde groene

5. Tmeysken nam haren mantel
   Ende si ghinc eenen ganck
   Al totter linde groene
   daer si den dooden vant
   Al totter linde groene

6. Och ligdy hier verslaghen
   Versmoort al in v bloet
   dat heeft gedaen v roemen
   Ende uwen hooghen moet
   dat heeft gedaen v roemen.

7. Och lichdy hier verslaghen.
   die mi te troosten plach
   Wat hebdy mi ghelaten.
   So menighen droeuen dach
   Wat hebdi mi ghelaten.

8. Tmeysken nam haeren mantel.
   Ende si ghinck eenen ganck.
   Al voor haers vaders poorte
   die si ontsloten vant
   Al voor haers vaders poorte

9. Och is hier eenich heere
   Oft eenich edel man
   die mi mijnen dooden

Begrauen helpen can
die mi mijnen dooden

10. Die heeren sweghen stille.
    Si en maecten gheen geluyt.
    Dat meysken keerde haer omme
    Si ghinc al weenende wt.
    Ende sie ghinc wederomme

11. Si nam hem in haren armen
    Si custe hem voor den mont
    In eender corter wijlen
    Tot also mengher stont
    In eender corter wile

12. Met sinen blancken swaerde
    dat si di aerde op groef
    Met haer sneewitten armen
    Ten graue dat sie hem droech.
    Met haer snee witte armen

13. Nv wil ic mi gaen begeuen
    In een cleyn cloosterkijn
    Ende draghen swarte wijlen.
    Ende worden een nonnekijn.
    Ende draghen swarte wijlen.

14. Met haer claer stemme
    Die misse dat sie sanck
    Met haer snee witten handen
    dat si dat belleken clanck.
    Met haer snee witte handen.

Nach Hoffmann[9] wirbt der von den Eltern begünstigte Ritter um die Hand des Mädchens, dessen wahren Geliebten er soeben erschlagen hat. Abgesehen von der psychologischen Unwahrscheinlichkeit eines solchen Verhaltens, bleibt auch bei dieser Erklärung manches dunkel und widerspruchsvoll. Vor allem ist einzuwenden, daß eine richtige Werbung gar nicht ausgesprochen wird, denn die Worte der zweiten Strophe haben nur hypothetische Form. Als Motiv der Tat bliebe dann nur die Rache übrig. Der Ritter sucht etwa die Geliebte auf, um von ihr Abschied zu nehmen, nicht weil er um ihre Hand werben will. Keine dieser Deutungen wird durch den Text in zwingender Weise geboten, und dasselbe gilt von der Auslegung Vil-

---

[9] Vgl. Hoffmann von Fallersleben, *Holländische Volkslieder*[2], Horae Belgicae II, Breslau 1833, S. 103.

mars,[10] der das Gespräch als eine Unterredung auffaßt, die ein Jahr vor dem Tode des Ritters stattgefunden hat (vgl. oberdeutsch 3,4-4,1: *daz iar ein ende hat*). Aus den Worten spricht nach Vilmars Ansicht die Todesahnung, die dann mit Str. 4 der älteren Rezension: *Ligdi in uus liefs armen?* bei der Schreckensbotschaft des Wächters in Wirklichkeit umschlägt: „Der Zwischenraum eines Jahres wird auch nicht andeutungsweise erwähnt, da er nur der Exposition, nicht der Dichtung angehört, jene aber vom Volkslied stets verschmäht wird".[11]

Gegen diese Auffassung ist zu sagen: Es wäre eine Abschwächung der künsterlischen Wirkung, die durch den nd. und nl. Wortlaut erreicht wird, wenn man die Botschaft der vierten Strophe zunächst nicht auf wirkliches Geshehen, sondern auf eine bloße Ahnung des Ritters zurückführen wollte. Die hochdeutsche Überlieferung ist auch deshalb keine geeignete Grundlage für die Auslegung unseres Gedichts, weil auf diese Fassung die Ballade „Abendgang"[12] sowohl im Wortlaut wie im Inhalt eingewirkt hat.[13] Auch das Motiv von dem zu Ende gehenden Jahr könnte dadurch, und zwar als eine Kombination verschiedener Motive der anderen Ballade, erklärt werden. Dort klagt der Wächter, als die Nacht vorüber ist (Str. 14): *so ward mir in keim jare – kein nacht noch nie so lang*, und den Ausdruck *Ende* finden wir an der Stelle 12,3: *er fürt sie an das ende.*

Es wird also an der Auffassung festzuhalten sein, daß ein Fremder, nämlich der *ridder wel gemeit,* der Jungfrau die Nachricht von dem Tode ihres Geliebten überbringt. Ferner versteht sich die erste Strophe leicht als eine Klage des zu Tode verwundeten Ritters. Er klagt darüber, daß sein Mädchen, das ihn erwartete, nun nicht weiß, warum er ausblieb. Die Worte ergeben aber auch einen guten Sinn, wenn sie etwa als letzter Wunsch des Sterbenden an den Sieger oder an einen vorüberkommenden Unbeteiligten gerichtet wurden. Sie wären dann zugleich eine Bitte, die Geliebte von dem Geschehenen zu benachrichtigen.

Im Gegensatz zu der leicht deutbaren ersten Strophe ergibt Str. 2 in der überlieferten Form keinen haltbaren Sinn. Der Ausspruch: „Und wären alles meine Freunde, die meine Feinde sind, ich führte euch (nd.: sie) aus dem Lande, mein Lieb . . ." ist so wenig heldenhaft und rittermäßig, daß er höchstens als ein Zeichen der Feigheit gedacht sein könnte. Für diese Auffassung ist aber gar kein Grund

---

[10] *Handbüchlein für Freunde des deutschen Volksliedes,* Marburg 1868, S. 111 ff.

[11] Vgl. auch Bruinier, a.a.O., S. 115.

[12] Vgl. Uhland, Nr. 90.

[13] Auch zwischen dem nd. bzw. nl. Text und dem Tageliede „Abendgang" bestehen mehrere Übereinstimmungen im Inhalt und Ausdruck. Die Jungfrau verläßt die väterliche Burg und findet den toten Geliebten unter einer Linde. Eine Botschaft und das Schwert des Ritters spielen in beiden Begebenheiten eine Rolle (vgl. im einzelnen: nl. 3,2 = Abendg. (Uhl. A) 1,4; nl. 5,1-2. 4; 8,3 = Abendg. (Uhl. A, B) 2,1-4; nl. 11,1-2 = Abendg. (Uhl. B) 10, 1-2; ferner das Mantelmotiv nl. 5,1 = Abendg. 6,2. Diese Verwandtschaft im Stoff und Text hat in der hd. Fassung zu weiteren Kontaminationen geführt, die aber nicht den Eindruck der Ursprünglichkeit machen (Str. 5,1-2 = A. 2,5; 5,6; Str. 9 = A. 10, 1-4; Str. 7,3; 8,1 = A. 10,3).

vorhanden. Wir werden daher annehmen dürfen, daß eine Textverderbnis stattgefunden hat und daß die Worte „Freunde – Feinde" ihren Platz vertauscht haben,
der Text also ursprünglich lautete: „Und wären alles meine Feinde, die meine
Freunde sind . . ." In dieser Form sind die Worte eine stolze Versicherung des Ritters, daß er sich den Besitz der Geliebten trotz aller Hindernisse erkämpfen werde.
Da in Str. 6 von dem „hohen Mut" des Ritters die Rede ist, so scheint das Motiv
gut in den Rahmen des Liedes zu passen. Aber kann dieser Ausspruch von dem sterbenden Ritter herrühren? Noch weniger Sinn hätte er in dem Munde des Boten. Es
ist aber eine Eigentümlichkeit der Volksliedüberlieferung, daß ursprünglich nur an-
gedeutete Motive später vielfach ausgeführt werden. Etwas Ähnliches könnte auch
hier der Fall gewesen sein.

Die Worte 6,3-4 sollten, entgegen der Meinung des Autors, durch unsere Strophe
gleichsam erläutert werden, diese sollte ein Beispiel für das „Rühmen" des Ritters
sein, seinen „hohen Mut" darstellen. Str. 3 kann sich ursprünglich an Str. 1 ange-
schlossen haben, und es brauchte nicht ausdrücklich gesagt zu werden, daß jener un-
genannte Ritter die Botschaft ausführt, denn das geht ja aus den Strophen 3 und 4
hervor. Die alte Ballade versetzt uns sprunghaft von einer Situation in die andere.
Das konnte aber, wie in vielen anderen Volksliedern, leicht dazu führen, daß in der
späteren Tradition eine Strophe eingeschaltet wurde, um einen vermeintlichen Übergang herzustellen. Gegen diese Annahme spricht auch nicht die Tatsache, daß Str. 3
mit dem Wort *voeren* das Motiv der zweiten Strophe aufzunehmen scheint. In
Wirklichkeit zeigt sich gerade an diesem Punkte, daß die Strophen nicht ursprünglich zusammengehörten. Denn während in Str. 2 eine Entführung in ein anderes
Land gemeint ist, handelt es sich in Str. 3 um den Gang zu dem Toten unter der
Linde. Str. 2 ist also interpoliert. Der Nachdichter wollte eine künstliche Verbindung zu Str. 3 schaffen. Doch ist es ihm nicht gelungen, die Fuge ganz zu ver-
wischen.[14]

Auf den dramatischen Eingang Str. 1. 3. 4 folgt eine epische Strophe (5). In ihr
wird Z. 3 ein Motiv aus Str. 4 aufgenommen. Das erscheint zunächst unverdächtig,
da es dem Sinne nach durchaus berechtigt ist und sich eine ähnliche Dichtungsweise
auch in anderen Volksliedern findet. Andererseits konnte sich aber ein solcher Text
auch leicht eindrängen, wenn der Vers ursprünglich anders gelautet hätte. Nun
findet sich in unserem Gedicht eine Dublette zu Str. 5. Es ist Str. 8, deren erste
Zeilen (1-2) mit denen von Str. 5 völlig gleichlautend sind. Außerdem sind die
Verse 5,3 und 8,3 parallel gebaut, und die vierten Zeilen beider Strophen korrespondieren miteinander im Reimwort. Das Mädchen begibt sich in Str. 8 an das
Tor der väterlichen Burg und findet nach der niederdeutschen Überlieferung die
Pforte zugeschlagen. Bei dieser Lesart scheint vorausgesetzt zu sein, daß die Ange-

---

[14] Zu der vorausgesetzten typischen Situation vgl. Walter de Gruyter, *Das deutsche
Tagelied*, Diss. Leipzig, 1887; Johannes Bolte, *Zum deutschen Volksliede*, Zeitschr. d. Ver.
für Volkskunde 35, Berlin, 1925.

hörigen der Jungfrau ihr die Rückkehr verwehren. Die verschlossene Tür ist jedoch ein blindes Motiv, da das Mädchen, wie das Folgende zeigt, dennoch Eingang gefunden hat. Während die jüngeren nl. Versionen mit dem nd. Text übereinstimmen, lautet der Vers im Antwerpener Liederbuch: *di si ontsloten vant*. Aber es bedurfte doch gewiß nicht einer solchen selbstverständlichen Mitteilung.

Eigenartig wirkt es ferner, daß das Mädchen wieder „ihren Mantel nimmt". Es war vorher nicht davon die Rede, daß sie ihn abgelegt – vielleicht im Schmerz von sich geworfen – hatte. Und auch wenn das der Fall war, so müßte die Sorgsamkeit unter diesen Umständen pedantisch erscheinen. Nach diesem Text würde der Verfasser ein Motiv wiederholen, das zwar in der früheren Strophe berechtigt war, jetzt aber nicht mehr am Platze ist. In ähnlicher Weise wird in der Ballade von der Frau zur Weißenburg[15] der Knecht vor und nach der Mordtat aufgefordert, das Pferd zu satteln. Vollschwitz bemerkt zu dieser Eigentümlichkeit des Stiles: „Die Wiederholung des Befehls zum Satteln scheint sinnwidrig zu sein, zeigt aber nur, daß im Volksliede die Macht der Formel größer ist als die der Logik."[16] Es fragt sich jedoch, ob man eine solche Gedankenlosigkeit auch bei dem Dichter voraussetzen darf. Besonders wichtig ist eine weitere Feststellung. In den alten nl. Fassungen lautet der Vers 8,3: *al voor haers vaders porten*. Dies *voor* läßt eine zweifache Deutung zu. Das Mädchen kann von außen her „vor" das Burgtor gekommen sein, oder, wie es sogar bei diesem Wortlaut wahrscheinlicher ist, von innen. Sie begibt sich aus der Burg „vor" das Tor, wo die Linde steht und wo sie den Geliebten findet, der also angesichts der Burg, in der sie ihn erwartete, den tödlichen Streichen seines Gegners erlegen ist.[17] Wir dürfen daher annehmen, daß der Vers 8,3 ursprünglich ist und als echter Vers in die fünfte Strophe gehört. Str. 8 ist eine sekundäre Nachbildung, bei der nur der vierte Vers wenig geschickt geändert wurde, während in Str. 5 als Ersatz der dritten Zeile ein Vers aus Str. 4 dienen mußte.

Nach unserer Strophe ist das junge Mädchen in die väterliche Burg zurückgekehrt, um dort Hilfe für die Bestattung des Toten zu erbitten. Dieselbe Situation wird auch in Str. 10 vorausgesetzt, und wir müssen uns fragen, ob unsere Annahme, daß Str. 8 ein sekundärer Einschub ist, dadurch als falsch erwiesen wird. Betrachten wir jedoch den Text genauer, so werden wir in ihm vielmehr eine Bestätigung unserer Hypothese finden. In dem überlieferten Text zwingt die Härte der Verwandten das Mädchen dazu, den Geliebten allein, ohne eine Hilfe, zu begraben. Nach Str. 10 antworten die anscheinend in der Burg versammelten Herren mit Stillschweigen, d. h. es erfolgt gar keine Antwort. Dasselbe wäre der Fall, wenn Str. 10 fehlen würde, doch würde der Grund dann allerdings ein anderer sein, und

---

[15] Vgl. Uhland, Nr. 123.

[16] Vgl. Johannes Vollschwitz, *Die Frau von der Weißenburg, das Lied und die Sage,* Straßburg 1914, S. 58.

[17] Es ist wiederum ein Zug der tragischen Ironie, die für unser Gedicht überhaupt charakteristisch ist und schon mit Str. 1 anklingt. Auch die Antwort des Boten Str. 4 gehört zu dieser besonderen Tragik, ebenso wie der Ausgang des Liedes (vgl. unten).

zwar ein viel einfacherer und natürlicherer, nämlich der, daß überhaupt keine „Herren" da waren, die eine Antwort geben konnten.

Sehen wir daraufhin den Text der neunten Strophe an, so können wir, ohne den Wortlaut zu pressen, sagen, daß in ihr tatsächlich an eine solche Situation gedacht ist. Die Worte: *Och is hier eenich heere* . . . werden gar nicht an eine Gesellschaft von Herren gerichtet, und nicht um die Bereitwilligkeit der Herren handelt es sich, sondern die Jungfrau fragt, ob irgendein Ritter oder ein anderer edler Mann (hier nicht = Edelmann, sondern etwa = edler Dienstmann) da ist, der ihr bei ihrem Vorhaben behilflich sein könnte. Da sie augenscheinlich ganz allein ist, nämlich an der Linde bei dem Toten – der Bote hat sie offenbar nicht begleitet, sie kannte ja den Weg –, kann auch keine Antwort erfolgen, und sie ist deshalb genötigt, allein zu handeln. Aber warum, so könnte man einwenden, stellt sie dann erst jene Frage? Wir haben es hier jedoch mit einer für das Volkslied typischen Stilform zu tun. Der Dichter will uns darauf hinweisen, daß niemand da war, der bei der Bestattung helfen konnte. Er macht uns diese Mitteilung in dramatischer statt in epischer Form, und wir brauchen auch nicht darüber zu grübeln, ob die Frage wirklich oder nur in den Gedanken des Mädchens gestellt wurde. Es war niemand da, der helfen konnte.

Genügt aber diese Tatsache zur Begründung der seltsamen Begebenheit, daß eine Jungfrau ihren Geliebten ohne fremde Unterstützung begräbt? Vom logischen Standpunkt aus gewiß nicht, denn es konnte ja Hilfe herbeigeholt werden, wohl aber von dem poetischen Standpunkt des Dichters aus, dem es auf das wirkungsvolle Motiv ankam, daß die Jungfrau, die sich am Anfang des Liedes im sicheren Besitz des Geliebten wähnte, ihn in ihren Armen zu halten hoffte, ihn jetzt am Schluß der Ballade mit ihren Armen zu Grabe trägt. Dies Motiv tritt aber viel deutlicher und klarer hervor, wenn es nicht mit der angeblichen Härte der Verwandten vermischt wird, die ihrerseits noch selbst der Exponierung bedürfte. Denn wenn sie auch die Liebe des Mädchens zu dem Ritter mißbilligten, so handelte es sich doch jetzt um einen Toten. Und sollte sich unter den „Herren" nicht ein einziger gefunden haben, der ritterlich und milder als die anderen gesinnt war? Die ursprüngliche Darstellung schimmert noch insofern durch, als die Zurückweisung der vermeintlichen Bitte auch in der Bearbeitung durch Schweigen erfolgt. Doch hat der Interpolator das Motiv falsch verstanden und eine zwar rührende, aber psychologisch nicht wahrscheinliche Szene daraus gemacht.[18] Dem gleichen Zweck dient jetzt die im letzten Vers veränderte achte Strophe.

Zu dem übrigen Text möchte ich noch folgendes bemerken: Die beiden alten ndl. Versionen weisen je eine Plusstrophe auf (11). Von diesen ist, wie ich glaube, der Text des Antwerpener Liederbuches für unbedingt echt zu halten.[19] Dagegen ist

---

[18] Die metrisch überzähligen und das Strophenschema sprengenden Verse 9,1-2 im nd. Liede sind zu streichen. In ndl. 9 fehlen sie.

[19] Der dichterisch keineswegs entsprechende Ersatz dieses hier nicht zu entbehrenden Motivs lautet in der ndl. Parallelfassung: „Met haren geelen Hagren. Dat zyn der t Bloet

die auch niederdeutsch überlieferte Str. 7 nur eine schwache Dublette zu 6 (Z. 1 in beiden Strophen gleichlautend, Z. 2 eine leere Phrase, 3-4 ein Wortspiel, das reflektiert wirkt und daher nicht in die Situation des höchsten Affektes paßt). Sie wird wieder das Werk des Redaktors sein. Im Wortlaut der auf ndl. 11 folgenden zwölften Strophe (= nd. 11) ist die ndl. Lesart: *Mit sijnen blanken swaerde . . .* sicher ursprünglich. Nicht mit ihren „schneeweißen Händen" (Übertreibung des Motivs) gräbt die Jungfrau die Erde auf, sondern mit dem breiten, scharfen Schwerte des Ritters, das sie bei dem Toten am Boden liegen fand. Es ist das die anschauliche Schilderung des Dichters, der sich im Geist in die Situation versetzt hat.

Mit dieser Strophe endet die eigentliche Handlung, und dies ist offenbar der künstlerisch wirkungsvollste Ausklang des Tageliedes. Die sentimentalische Strophe 13 (= ndd. 12) ist an den Balladenvorgang angeflickt, was unter anderem aus ihrer zerdehnten Form hervorgeht. Der Verfasser verfügte über keinen neuen Gedanken zur Strophenfüllung (vgl. dagegen oben Str. 9 in „Schildknecht"). Str. 14 (= ndd. 13) erscheint als Wucherung des Klostermotivs, vielleicht mit Anlehnung an ein Motiv aus der „Nonne" (vgl. unten).[20] Als echter Strophenbestand stellen sich demnach die Strophen 1. 3. 4. 5. 6. 9. 11 (ndl.) 12 heraus. Ich gebe den erschlossenen Text hier in der Fassung des Antw. Lb.,[21] Z. 1,4 benutze ich die nd. Lesart.

1. 'Het daghet inden oosten,
het lichtet oueral:
hoe luttel weet mijn liefken
wor ick benachten schal,
hoe luttel weet mijn liefken!'

2. ‚Dats waer soudi mi voeren,
stout ridder wel gemeyt?
ic ligge in mijn liefs armkens
met grooter waerdicheyt,
ic ligge in mijns liefs armkens.'

3. ‚Ligdy in ws liefs armen?
bilo! ghien segt niet waer;
gaet henen ter linde groene,

versleghen so leyt hi daer,
gaet henen ter linde groene.

4. Tmeysken nam haren mantel,
ende si ghinc eenen ganck
al voor haers vaders poorte,
daer si den dooden vant,
al voor haers vaders poorte.

5. ‚Och ligdy hier verslaghen,
versmoort al in v bloet!
dat heeft gedaen v roemen
ende uwen hooghen moet,
dat heeft gedaen v roemen.'

---

afvrief. Met haer snee witte handen Dat sy syn wonden verbont." Es sind Entlehnungen aus anderen Liedern: „Schildknecht" (vgl. oben) und das Tagelied Uhland, Nr. 76.

[20] Meine frühere Vermutung, daß möglicherweise die Delfter Regine Sancta Gertrudis van Oosten die Verfasserin der Erweiterungen war, kann ich nicht mehr aufrecht erhalten. Ich schließe mich vielmehr der von Alpers begründeten Meinung an (a.a.O., S. 222) (191), daß die Klosterfrau eine geistliche Umdichtung des alten Tageliedes mit gleichen Eingangszeilen zu ihrem Lieblingslied erkoren hatte.

[21] Vgl. zu der sprachlichen Form Alpers, *Untersuchungen über das alte niederdeutsche Volkslied.* Diss. Göttingen 1911, S. 46; Die alten ndd. Volkslieder S. 221; [2]191.

6. Si nam hem in haren armen,
   si custe hem voor den mont
   in eender corter wijlen
   tot also mengher stont,
   in eender corter wijlen.

7. ‚Och is hier eenich heere
   oft eenich edel man,
   di mi mijnen dooden

begrauen helpen can?
di mi mijnen dooden.'

8. Met sinen blanken swaerde
   dat si di aerde op groef,
   met haer snee witten armen
   ten graue dat si hem droech,
   met haer snee witten armen.

VII. Südeli – Schwabentöchterlein,
die Ballade von der verlorenen Schwester[1]

Auf einem fliegenden Blatt aus Meiringen fand Uhland zugleich mit der Ballade vom Grafen Friedrich das Südeli-Lied aufgezeichnet.[2] Es handelt sich darin um ein weit, auch außerhalb der deutschen Grenzen verbreitetes Motiv.[3] Wie ich hier zeigen möchte, gehört auch die hoch- und niederdeutsch sowie niederländisch bereits im 16. Jahrhundert überlieferte Ballade vom Schwabentöchterlein[4] zu diesem Liedertypus, so daß wir es offenbar mit einer Dichtung des 15. oder 16. Jahrhunderts zu tun haben.[5]

Wir betrachten zunächst das Südeli-Lied nach der älteren Schweizer Fassung. Es

[1] Der Aufsatz erschien im Jahrbuch d. Ver. für niederdeutsche Sprachforschung, Jahrg. 1932/33, Bd. 58/59.

[2] Vgl. Uhland, *Alte hoch- und niederdeutsche Volkslieder* Nr. 121; Erk-Böhme, *Liederhort I*, 178.

[3] Ein Verzeichnis der vorhandenen Fassungen nebst teilweiser Inhaltsangabe findet sich bei Joh. Bolte. *Zum deutschen Volksliede*, Zeitsch.d.Ver.f. Volkskunde 28, S. 70 ff. Vgl. auch O.v. Greyerz, *Das Volkslied der deutschen Schweiz*, Bern 1927, S. 95 ff.

[4] Mir sind von diesem Liede folgende sechs Versionen des 16. Jahrhunderts bekannt: Eine Lesart mit 15 Strophen hat Uhland nach einem fliegenden Blatt aufgezeichnet (Nr. 257, vgl. Erk-Böhme, Nr. 119). Ihr entspricht die 17-strophige Fassung des fl. Blattes Yd 9531 (o.O.u.J.), Berlin Staatsbibliothek, in der die Strophen 3 und 6 wiederholt werden. Mit 14 Strophen, nämlich ohne die Autorstrophe am Schluß, steht das Lied in der Heidelberger Handschrift cod. Pal. 343 (*Die Lieder der Heidelberger Handschrift Pal 343*, hrsg. von A. Kopp, Berlin 1905, Nr. 52), in der Heidelberger Handschrift 109 Bl. 135 b f. mit 13 Strophen bei mehrfach verschiedenem Wortlaut. Es fehlen die Strophen 5; 6; 10, während zwischen den Strophen 12; 13 eine Plusstrophe vorhanden ist. – Diese Fassung ist mir durch eine Schwarz-Weiß-Aufnahme bekannt geworden; vgl. auch Görres, *Altdeutsche Volks- und Meisterlieder aus den Handschriften der Heidelberger Bibliothek*, Frankfurt a.M. 1817. – Nur 11 Strophen hat die Version des Nd. Liederbuches Nr. 122 (hrsg. von der germanischen Sektion des Vereins für Kunst und Wissenschaft in Hamburg, 1883 = Alpers, *Die alten niederdeutschen Volkslieder*, Hamburg 1924 Nr. 36). Die Strophen 7; 8; 13. 14 sind ausgefallen, Str. 4 steht nach 6. Ebenso wie diese Lesart bricht auch die des Antwerpener Liederbuches vom Jahre 1544 (hrsg. von Hoffmann von Fallersleben 1855) Nr. 29 nach der 12. Strophe ab, Str. 9 fehlt, die 10. ist nur zweizeilig, für die 6. Strophe tritt eine Ersatzstrophe ein. Erwähnt sei noch das Lied des Frankfurter Liederbuches vom Jahre 1582 A Nr. 236 und 237 (vgl. Uhland, Schr.4, 239 f.), das seine Anfangszeilen aus dem Schwabentöchterlein entlehnt hat, im übrigen aber einen ganz anderen Typus darstellt.

[5] Herr Geh. Joh. Bolte, dem ich auch diesmal für den Nachweis eines Teils der eingesehenen Literatur zu Dank verpflichtet bin, machte mich darauf aufmerksam, daß bereits Axel Olrik die Entstehung der Südeli-Ballade in das 16. Jahrhundert zurückverlegte (vgl. Olrik, *Danmarks Gamle Folkeviser*, Kopenhagen 1898, S. 429).

ist hier in einem bereits zerrütteten Zustand überliefert, doch zeigt diese Version im Ausdruck und in den Motiven noch eine engere Verwandtschaft mit dem Volksliedtypus des 15. und 16. Jahrhunderts als die zahlreichen anderen deutschen und außerdeutschen Fassungen, die zum Teil eine größere Geschlossenheit aufweisen. Unser Text lautet:

1. Es hat ein könig ein töchterlein,
   mit namen heißt es Annelein
   es saß an einem reinelein,
   list auf die kleinen steinelein.

2. Es kam ein fremder krämer ins land,
   er warf im dar ein seiden band:
   ‚ietz mußt du mit mir in fremde land.‘

3. Er trugs für ein frau würtene haus,
   er gabs für einen bankert auß:
   ‚frau würtene, liebe frau würtene mein,
   verdinget mir mein kindelein!‘

4. ‚O ja, o ja! das will ich wol,
   ich will im tun doch also wol
   gleichwie ein mutter eim kind tun soll‘

5. Und wenn die jarzeit ummen war
   und es zu seinen jaren kam,
   es wolt ein herr außreiten,
   und er wolt außgan weiben.

6. Er ritt für ein frau würtene haus,
   die schöne maget treit im wein herauf.
   ‚frau würtene, liebe frau würtene mein!
   ist das euers töchterlein,
   oder ist es euers sones weib?‘

7. ‚Es ist doch nicht mein töchterlein,
   es ist doch nicht mein sones weib,
   es ist nummen mein armes südeli,
   es reist meinen gästlenen stübeli.‘

8. ‚Frau würtene, liebe frau würtene mein,
   erlaubet mir ein nacht oder drei!./.
   solang daß euern willen mag sein!‘

9. ‚O ja, o ja! das wil ich wol,
   es soll doch euch erlaubet sein, ./.
   solang daß euern willen mag sein.‘

10. Er nam schön Annelein bei der hand,
    er fürt sie in eine schlafkammer, was lang,
    er fürts für eines herrenbett,
    wenn es die nacht bei im schlafen wött.

11. Der herr zog auß sein guldiges schwert,
    er leit es zwischen beide hert:
    ‚das schwert soll weder hauen noch
    schneiden,
    das Annelein soll ein mägetli bleiben.

12. Ach Annelein ker dich ummer!
    nun klag mir deinen kummer,
    klag mir alles was du weißt,
    was du in deinem herzen treist!

13. Sag, wer ist deinen vater?
    sag, wer ist deine mutter?‘
    ‚der herr könig ist mein vater,
    frau königin ist meine mutter,
    ich hab ein bruder, heißt Manigfalt,
    gott weiß wol, wo er umher fart.‘

14. ‚Und ist dein vater ein könig,
    und ist dein mutter ein königin,
    hast du ein bruder, heißt Manigfalt,
    iezt hab ich mein schwesterlein an meiner
    hand.‘

15. Und wie es morndrigs tage ward,
    frau würtene für die kammer trat:
    ‚stand auf, stand auf, du schlöde hur,
    füll deinen gästlinen häfelein zu!‘

16. ‚O nein! schön Annelein ist kein hur,
    füll deine häfelein selber zu! ./.
    mein schwester Annelein muß nimmermer
    tun.‘

17. Er saß wol auf sein hohes pferd
    und er sein schwesterlein hinder in nam,

er nam schöns Annelein beim
      gürtelschloß,
er schwungs wol hinder in auf sein roß.

19. ‚Es ist doch nicht mein fräuelein, ./.
es ist doch nummen eüffer liebstes kind
wo wir so lang verloren hei ghan'

18. Und wie er durch den hof eintritt,
sein mutter im entgegen schritt:
‚bis mir gott willkommen, du sone mein,
und auch diß zarte fräuelein!'

20. Sie setzen schön Annelein oben an tisch,
sie geben im gesotten und gebratene fisch,
sie stecken im an ein guldigen ring:
‚ietz bist du wider mein königskind.'

Die Zerrüttung zeigt sich zunächst in der unregelmäßigen Form. In der Mehrzahl finden wir Strophen mit vollen Versen, die paarweise reimen (Str. 1; 2; 3; 4; 7; 8; 9; 10; 15; 16; 17; 18; 19; 20). Doch ist dies keineswegs als das Grundschema zu betrachten denn von fünf dieser Strophen sind nur je drei Zeilen überliefert, und die Vierzeiligkeit wird durch Wiederholung des mittleren Verses erreicht (vgl. Str. 2; 4; 8; 9; 19),in Str. 10 Z. 2 sind die Worte „was lang" ein Zusatz, so daß „kammer" das reimende Versende bildet, dem dann in Z. 4 das Wort „schlafen" entspricht, und in ähnlicher Weise schimmert bei einigen weiteren Strophen dieser Gruppe die bekannte Form 1 : 3 vierhebig voll, 2 : 4 dreihebig klingend durch die sekundäre Übermalung.[6] Die Strophen 5, 11, 12 und 13 weisen teils in einzelnen Verspaaren, teils durchgehend klingende Kadenzen auf; 6 und 13 sind außerdem sechszeilig, Str. 14 in der ersten Hälfte, Str. 19 ganz ohne Reimbindung.

Wie schon bemerkt wurde, enthält das fliegende Blatt aus Meiringen auch einen Abdruck der Ballade vom Grafen Friedrich. Dieses Lied wird also in denselben Kreisen bekannt gewesen sein, aus denen die Fassung des Südeli-Liedes stammt. So erklärt es sich leicht, daß in den Text Strophen und Motive aus jenem Gedicht eingedrungen sind. Graf Friedrich beginnt im Vulgattext:

Graf Friedrich wolt außreiten.[7]

In einigen Fassungen wird Graf Friedrich einfach als „Herr" bezeichnet. Diesem Text entspricht Südeli 5, 3, während Z. 4 sich an den Anfang der Version aus dem oberen Schwarzwald anlehnt, wo es heißt:

Graf Friedrich wötti wibe.[8]

Auch das Frage- und Antwortmotiv der Strophen 6-7 geht wohl auf jenes Lied zurück (Graf Friedrich 11; 12). Es wird eine falsche Vermutung ausgesprochen und dort von dem Sohne, hier von der Wirtin berichtigt. Dasselbe findet man in den Strophen 18-19, wo auch die Begrüßung durch die Mutter, die das fremde Mädchen

---

[6] Vgl. unten.

[7] Vgl. Uhland, Nr. 122.

[8] Vgl. Graf Friedrich Str. 10: Graf Friedrich zu sein hof einreit – sein mutter im entgegenschreit: – bis gott willkommen du sone mein . . .

für die Braut des Sohnes hält, zum größten Teil wörtlich aus Graf Friedrich entnommen ist. In entsprechender Weise wurde auch die Bewirtungsszene am Schluß aus Gr. Fr., Str. 14, entlehnt.[9]

Das zweite für uns wichtige Lied lautet:

S c h w a b e n t ö c h t e r l e i n[10]

1. Es het ein Schwab ein töchterlein,
   es wolt nit lenger dienen,
   sie wolt nur rock und mantel haben,
   zwen schůch mit schmalen riemen,
   o du feins mein Elselein!

2. ,Wilt du rock und mantel haben,
   zwen schůch mit schmalen riemen,
   so můst du gen Augspurg ein,
   da selbst rots gold verdienen,
   o du feins mein Elselein!'

3. Do sie nu gen Augspurg kam
   wol in die engen gaßen,
   sie fragt wol nach dem besten wein
   da ritter und knecht bei saßen;
   o du feins mein Elselein!

4. Und do sie in die stuben kam
   da bot man ir zu trinken,
   die augen ließ sie under gan,
   den becher ließ sie sinken;
   o du feins mein Elselein!

5. Do saßen drei gesellen gůt,
   die spilten mit den würfeln
   und wem die meisten augen kämen
   der solt beim Elslein schlafen;
   o du feins mein Elselein!

6. Der allerjüngst der under in war
   der warf die meisten augen:
   ,gehabt euch wol, meine schöne junkfraw!
   heint wil ich bei euch schlafen.'
   o du feins mein Elselein!

7. Und do sie auf der sidel saß
   gar heißlich tet sie weinen:
   ,so hab ich stolzer brůder drei,
   ein reichen vater daheimen.'
   o du feins mein Elselein!

8. ,Und hast du stolzer brůder drei,
   ein reichen vater daheimen,
   so magst du wol ein meidlein sein
   du schläfst nit gern alleine,
   o du feins mein Elselein.

9. Der jüngst, der under den brüdern war
   der war der allerbeste,
   er ließ im satteln sein apfelgraw pfert,
   wolt sůchen sein liebe schwester;
   o du feins mein Elselein!

10. Do er nu gen Augspurg kam
    wol in ein enge gaßen,
    die erste fraw die er ansach
    das war sein liebste schwester;
    o du feins mein Elselein!

---

[9] In der von Greyerz mitgeteilten Brienzwiler Fassung, die, wie er angibt, noch vor wenigen Jahren samt der Singweise aufgezeichnet wurde, beginnt das Lied mit der Eingangsstrophe der Gr. Fr.-Ballade: „Es wollt en Herr usriten – Mit sinen Edelliten – Wollt holen seine ehliche Braut – Die ihm zur Hochzeit ward anvertraut."

[10] Ich gebe den Text Uhland 257: Fl. Bl. nach Druck und Holzschnitt Nürnb. durch Kunegund Hergotin.

11. ‚O schwester. liebste schwester mein!
    wie ist es dir ergangen
    daß dir der rock ist vornen zu kurz
    und hinden vil zu lange?
    o du feins mein Elselein!‘

12. ‚Brůder, liebster Brůder mein!
    du redst mir an meine ere,
    und tät mir das ein ander man
    er můst mirs widerkeren.‘
    o du feins mein Elselein!

13. Er setzt sie hinder in auf das roß,
    da kert sie im den rucken:
    ‚o brůder, liebster brůder mein,

    hilf mir die schand vertrucken!‘
    o du feins mein Elselein!

14. ‚Schwester, liebste schwester mein!
    ich will dirs widerkeren:
    ich weiß ein reichen burgerssun
    der dein begert zum eren,
    o du feins mein Elselein!‘

15. Und der uns dises liedlein sang
    von newem hat gesungen,
    das haben getan drei ritter gůt,
    zu Augspurg ist es erklungen:
    o du feins mein Elselein!

Ein Mädchen weilt in bedrückter Lage in der Fremde und wird von dem Bruder gerettet und heimgebracht. Die vorhandenen Unterschiede erklären sich ungezwungen durch eine stofflich-soziologische Um- und Weiterbildung des Südelitypus. Gemeinsam ist beiden Liedern das Dienen der Heldin. Im Südeli wird sie zur Magd erniedrigt, während Elslein in die Fremde geht, weil ihr das Magdsein nicht behagt. Die Verschiedenheit in der psychologischen Situation ist jedoch so groß, daß sie vermutlich nicht allein zufällig entstanden ist, sondern bewußt von einem Nachdichter bewirkt wurde, der dabei sein eigenes Werk weitgehend durch Südeligut bereicherte.[11]

Wenn es uns gelingt, dessen Vorgehen im einzelnen zu durchschauen und nachzuweisen, so werden wir auch über die ursprüngliche Beschaffenheit seines Vorbildes Näheres erfahren.

Unserem Versuch, aus den beiden Texten, Südeli und Schwabentöchterlein die Ballade von der verlorenen Schwester zu rekonstruieren, schicken wir eine kurze Untersuchung über den Vers Südeli 3, 2 voraus. In dieser Strophe fällt die Unregelmäßigkeit der Reimbindung auf. Alle Verse haben einsilbigen Ausgang und reimen paarweise, woraus zu schließen ist, daß der ursprüngliche Text verändert wurde und verderbt vorliegt.

Nun lautet Strophe 4 in der Ballade „Ritter und Maid";[12]

4. Und da sie vor die stat Augsburg kam,
    wol vor die hohen tore,
    da sah sie ir frau mutter sten,
    die tät ir freundlich winken.[13]

---

[11] J. Meier (*Das Schwabentöchterlein*, Deutsche Volksl. . . ., 1959, Bd. 4, Nr. 73, S. 39-54) zeigte an Hand von Quellen, daß es möglich ist, das Charakterbild des Schwabenmädchens aus bestimmten kulturellen Zeitverhältnissen zu erklären.

[12] Uhland, *Feiner kleiner Almanach* I 39.

[13] Wir handeln von diesem Text auch unten im Zusammenhang mit der Ballade R.u.M.

Auch hier beweist die fehlende Reimbildung, daß die beiden Strophenhälften nicht ursprünglich zusammengehören.

Das ebenfalls aus der Fremde heimkehrende Mädchen sieht seine Mutter stehen, und diese winkt die Tochter freundlich zu sich heran. Das ist keine lebenswahr wirkende Vorstellung. Man würde von der Mutter doch etwas ganz anderes erwarten, ein freudiges Entgegeneilen, ein erschrockenes Zurückfahren, auf keinen Fall ein freundliches Heranwinken. Dies würde vielmehr angebracht sein, wenn die Personen, um die es sich handelt, einander fremd waren, wenn also etwa die „Frau Mutter" ursprünglich eine „Frau Wirtin" war. In der Annahme, daß der Vers R.u.M. 4, 4 aus Südeli stammt, wird man noch dadurch bestärkt, daß der Anfang dieser Version auch sonst mehrfach an jenes Lied erinnert, so in den Versen 6, 1.2 (= Südeli 10, 1.2); 1, 3 (= Südeli 15, 1); 1, 4 (= Elslein 7, 2).[14]

Vergleicht man mit dem aus R.u.M. zurückgewonnenen Text den heute überlieferten Wortlaut Südeli 3, 2, so erscheint dieser für unsere Stelle nicht haltbar. Es ist eine verfrühte und unnötige Beschimpfung. In Z. 4 derselben Strophe nennt der Krämer das Kind „sein Kindelein". Das Verbum „verdingen" gehört in die Kadenz und ist dort Assonanz zu „winken". Dem Sinne nach bedeutet die Mitteilung, daß die Wirtin für das Kind einen Preis bezahlt hat.

Die Strophen Südeli 1 : 2 sind eine Zerdehnung. Str. 2 ist nur dreizeilig, V. 3 eine Umbildung von 1. Die wortreiche und überflüssige Erwiderung der Wirtin in Str. 4 muß gleichfalls als zerdehnender Einschub betrachtet werden. Aus den drei ersten Strophen wissen wir von einer bösen Tat, die geschehen ist. Ihr muß offenbar eine Gegenaktion folgen, und diese geht natürlich von den Verwandten des Betroffenen, hier des Kindes, aus. Wir können dieses wichtige Handlungsmoment allerdings nicht mehr aus Südeli entnehmen, denn Südeli Str. 5 lenkt unsere Vermutungen in eine gänzlich falsche Richtung. Mit dieser Darstellung meint man wohl die Spannung des Publikums noch erhöhen zu können. Doch kommt uns hier der zweite Text (Schwabentöchterlein) mit seiner 9. Strophe zu Hilfe. Für die Ursprünglichkeit dieses Zuges in Südeli spricht nicht nur das Motiv an sich, sondern auch eine Reihe äußerer Tatsachen.

Elslein war eine arme Magd (vgl. Str. 1; 2). Wie verträgt es sich damit, daß sie einen Bruder hat, der sie zu Pferde, und zwar anscheinend auf einem besonders schönen, prächtigen Tiere (apfelgrau) heimholt? Gewiß ist das gar nicht der Bruder der Magd, sondern der Königssohn, der ausgezogen ist, seine Schwester zu suchen.

In der überlieferten Form scheint das Zusammentreffen der Geschwister auf einem Zufall zu beruhen. Aber wie wir sahen, wird der Ausritt des Bruders dort in Anlehnung an die Graf-Friedrich-Ballade beschrieben. Die falsche Annahme der Mutter, Str. 18, ist ebenfalls aus dem Grafen Friedrich entlehnt. Es ist in jedem Fall auch künstlerisch die schönste Motivierung für die Handlungsweise des „jüng-

---

[14] In der nld. Version von R.u.M., wo auch die Rettung durch den Bruder dem Stoff entsprechend anders erzählt wird, trifft man den Ausdruck „schnöde" (13,2 „snoode"), der Südeli 15, 3 („schlöde") entspricht.

sten und allerbesten" Bruders, wenn er die schon als vergeblich betrachteten Nachforschungen nach der verlorenen Schwester von neuem aufnimmt. Die Spannung wird dadurch nicht vermindert, denn es ist ja noch ungewiß, ob es ihm gelingen wird, sie zu finden, und schließlich, ob er sie als ein der Heimbringung würdiges Mädchen antreffen wird.

Der Inhalt der ersten Wirtshausstrophe, Elslein 3, fügt sich wieder schlecht in den Rahmen dieses Liedes. Das Mädchen sucht in Gasthäusern nach einem Liebhaber. Aber durfte sie auch die Gaststätten der vornehmen Ritter betreten? (übliche Trennung nach dem Stande!) Als arme Magd konnte sie doch auch kaum nach dem besten Weine fragen. Diese Einwände fallen fort, wenn von dem Königssohn die Rede ist, und mit den Worten V. 4: „da ritter und knecht bei saßen", wäre gemeint, daß er in den Gaststuben für hoch und niedrig nach seiner Schwester suchte, sich nicht scheute, auch die Gaststätten der Knechte zu durchforschen. Der Dichter, der ein echter Dichter war, läßt uns auch einen Blick darauf tun, wie der treue Bruder sich bemüht, sein selbstgestecktes Ziel zu erreichen.[15]

Nun finden wir im Elslein noch eine zweite Augsburgstrophe vor (10), und zwar auf den Bruder Elsleins bezogen, dessen Suchen hier im Gegensatz zu dem Bruder in dem anderen Liede einen überraschend schnellen Erfolg hat. Der Bearbeiter der sekundären Version hat sich die Schürzung des Knotens sehr leicht gemacht, so wie auch die äußere Form (fehlende Reimbindung) der Sorgfalt entbehrt. Str. 11 ist eine internationale Wanderstrophe.

Verfolgen wir jetzt den Gang der Handlung weiter, so fällt wie schon zu Anfang des Südelitextes, Str. 4, die Weitschweifigkeit auf. Es muß ja dem einfachen Publikum etwas geboten werden, was sein Interesse besonders fesselt, in diesem Fall: das erste Erblicken des schönen Mädchens und damit verbunden der naheliegende doppelte Irrtum, es wäre das Wirtstöchterlein oder die Frau des Sohnes. Beides gibt Gelegenheit, eine weitere Strophe mit der Zurückweisung der falschen Annahme zu füllen und zugleich eine mit Spannung erwartete Auskunft zu erteilen.

Nach diesen Beispielen primitiver Dialogkunst, zu denen auch später Str. 9 derselben Fassung zu rechnen ist, haben wir nun die erste Strophe (8) vor uns, die wir vollständig dieser Überlieferung entnehmen können. Nach Streichung der Worte „oder drei" am Versende der zweiten Zeile („oder" gehört an den Anfang von V. 3) und der unschweren Ergänzung V.4 (vgl. dazu den mit Silben überfüllten Vers 6, 2) ist sie als echter Südeli-Text zu erkennen. Das Verhalten des Bruders erklärt sich aus dem Wunsche, entweder die Magd, in der er wohl auf Grund ihrer besonderen Schönheit oder einer Ähnlichkeit seine Schwester vermutet, auf die Probe zu stellen,[16] oder es handelt sich für ihn nur darum, die Gelegenheit zu einer ungestörten Aussprache zu schaffen. Gemeint ist eine Nacht oder kürzere Zeit.

---

[15] In dem fl. Bl. o.O.u.J. Yd 9531 bittet der ausziehende Bruder Elsleins den Vater: „so gib mir gelt in seckel".

[16] In seinem Aufsatz *Zum deutschen Volksliede* (Zeitschr. d.Ver.für Volkskunde 28, S. 70 ff.) erinnert Joh. Bolte an das Gedicht „Die Liebesprobe", Uhland, Nr. 116.

Da Str. 9 in den Komplex der sekundären Erweiterungsstrophen gehört, ist Str. 10 unmittelbar an 8 anzuschließen. Die Worte „was lang" (Z. 2) und „die nacht" (Z. 4) sind Zusätze, „schlafen wött" in der vierten Zeile ist umzustellen. Der Bruder behandelt die Schwester, die von der verwandtschaftlichen Beziehung zwischen ihnen noch nichts ahnt, in zartester Weise (vgl. die bedingte Formulierung im vierten Vers).

Das Gespräch, das hier zur Entdeckung führt, müßte eigentlich, so wird gesagt, schon vor Str. 11 stehen, denn zwischen 10 und 11 ist jetzt eine Lücke. Als von dem Dichter konzipierte Lösung des dramatischen Konflikts kommt es aber nicht in Frage. Dagegen befriedigt es offensichtlich ein kindlich-naives Verlangen der volkstümlich einfachen Zuhörerschaft: die effektvolle Enthüllung der königlichen Abkunft. Drei Strophen werden auf sie verwandt und die Tatsache selbst durch den Bruder darin noch einmal wiederholt. Die Form der Rede und Gegenrede lassen künstlerische Gestaltung vermissen, der hinzugefügte Name des Bruders ist Wucherung.

Man hat die ausführliche Schilderung des Kindesraubes erst in der Erkennungsszene und durch das Mädchen selbst[17] für ein Kriterium der Echtheit und als Zeichen für das dichterische Können des Autors gewertet.[18]

Aber Greyers findet bezüglich der von ihm mitgeteilten Brienzwiler Fassung, daß die Art, wie hier die lange Erzählung des Mädchens eingeschoben ist, nicht ursprünglich anmute[19], und wir müssen auch fragen: Kann es überhaupt die Absicht des ursprünglichen Dichters gewesen sein, die Königstochter von dieser kindlichen Seite zu zeigen und dabei die Altersstufe, zu der sie doch indessen herangewachsen war, ganz zu übergehen?

Dem Bearbeiter des Elslein-Liedes danken wir es nun wieder, wenn uns auch dieser unentbehrliche Bestandteil unserer Ballade gerettet wurde. Zu der Vorstellung von dem geraubten Königskinde, nicht zu dem Elslein-Motiv stimmt es, wenn das Mädchen Str. 7 erklärt, sie hätte daheim drei stolze Brüder und einen reichen Vater. Natürlich kann Annelein sich wiederum nur auf ihre karge Erinnerung stützen, aber in ihrem Verhalten sowie in dem von ihr Angeführten spiegelt sich nicht nur die Tragödie ihrer Kindheit, sondern auch ihre Persönlichkeit.[20]

Wie zu erwarten, findet Elslein für ihre im Zusammenhang des Südeli erschütternd wirkende Klage bei den „drei Gesellen gut" (5; 6; 8) kein Verständnis, son-

---

[17] Aus Brienzwiler: „Als kleines Kind spielte ich einst mit Steinchen; da kam ein fremder Krämer und verlockte mich mit Bändern, steckte mich in einen Korb und trug mich in ein fremdes Land . . ." (Greyerz, Rösg.4, 6).
[18] Vgl. Deutsche Volksl.a.a.O. S. 15 „. . . ein hübscher Kunstgriff, dem man . . . Ursprünglichkeitswert zuerkennen möchte".
[19] Vgl. Greyerz, a.a.O., S. 97.
[20] Linda Wild, die jedoch auf die echte Widerstandsstrophe nicht Bezug nimmt, spricht von der Vorstellung des „Kleinkindes, dem die Erinnerung an . . . die ihm angeborene feine Gesinnung seines adligen Standes nicht fehlt". (*Zum Problem des Vergleichs von Balladen und Epenmotiven*, Jahrb. für Volksliedf. 16, 1971, S. 47 f.)

dern nur gefühllose Abweisung. Dagegen ist festzustellen, daß sich auch in diesem sekundären Rahmen ein echtes Südelimotiv verbirgt. Der Dichter läßt den Bruder in Str. 11 seine Worte mit einer symbolischen Geste begleiten, über deren Sinn kein Zweifel aufkommen kann. Einer besonderen Erklärung wie jetzt in V. 3 bedurfte es nicht. Das genaue Gegenbild von Südeli 11 ist im Schwabentöchterlein Str. 6 (Würfelspiel = symbolisches Schwertmotiv) und der dritte Vers, den wir heute dort vorfinden, ist sichtlich ein ursprünglicher Bestandteil der echten Strophe Südeli 11. Führen wir ihn dorthin zurück, so entsteht der entgegengesetzte Sinn wie Elslein 6, 3: Der Bruder tröstet und beruhigt die geängstigte Schwester: „Gehabt euch wol, meine schöne jungfraw, ir solt ein mägetlein bleiben."

Helmut Rosenfeld findet es ungereimt, daß die Wirtin, die ihre Magd selbst dem Fremden ausgeliefert hat, sie am Morgen auch noch aufs schwerste beschimpft.[21] Unser Autor hat hier stark verdichtet. Er wollte das Schicksal andeuten, das der Königstochter bevorstand, wenn sie fortan als Entehrte leben mußte. Allein je größer vorher die Erniedrigung war, umso glanzvoller erscheint die folgende Rechtfertigung und Erhöhung.

Mit zwei Südelistrophen, 16, 17, stehen wir noch auf dem Boden des alten Bestandes. 16,2 ist „selber" das richtige zweisilbige Reimwort. Die Silbenüberfüllung der dritten Zeile läßt erkennen, daß zwei Verse zusammengezogen wurden, wobei das Kadenzwort „schwester" der ursprünglichen vierten Zeile in das Versinnere rückte. Und noch ein letztes Mal erweist sich eine Elslein-Lesart für uns von Bedeutung. In der nur dreizeiligen 17. Strophe fehlt in der zweiten Zeile der Endreim. Es ist leicht zu erraten, daß er „rucken" lautet, und die entsprechende Elslein-Parallele gibt uns die Bestätigung dafür, wenn es dort Z. 1/2 heißt (13 1/2): „Er setzt sie hinder in auf das roß, da kert sie im den rucken" (wohl aus Scham, vgl. Südeli 12,1: „Ach Annelein, ker dich ummer"). Die zweite Hälfte von Str. 17 ist wieder zerrüttet, aber in „gürtelschloß" klingt noch das Wort Königsschloß des verdrängten ursprünglichen Schlußteils an. Es liegt ein Verhören vor.

Der Schluß des wiederhergestellten Liedes rundet die Erzählung, die von Anfang an auf ein gutes Ende hin tendierte, in würdiger und sinngemäßer Weise ab. Die als kleines Kind geraubte Königstochter wird ihrer königlichen Familie zurückgegeben. Eine Bestrafung der Wirtin, wie in manchen anderen Traditionen[22], findet nicht statt, auch kommt keine spöttisch-ironische Bemerkung über die Lippen des scheidenden Geschwisterpaares (anders in der skandinavischen Ballade „Isemar").[23] Der Wirtin bleibt die Beschämung.[24]

---

[21] Vgl. H. Rosenfeld, *Die Brautwerbungs – Meererin – und Südeli – Volksballaden und das Kudrun – Epos von 1223.* Jahrbuch für Volksliedforschung 12. Jahrg. 1967, S. 91.

[22] Vgl. R. Menéndes Pidal, *Das Fortleben des Kudrungedichtes,* Jahrb. für Volksliedforschung 5, 1936, S. 118.

[23] Vgl. Pidal, a.a.O., S. 114.

[24] Wenn von dem königlichen Vater nicht mehr die Rede ist, so hängt das wohl mit dem Zwang einer formalen Beschränkung zusammen. Oder sollte das Gedicht zugleich auch nicht wie ein Märchen schließen? Es ist ja im realen Leben nicht alles vollkommen.

Der wiederhergestellte Text:

1. Es hat ein könig ein töchterlein,
   es saß an einem reine,
   es kam ein fremder krämer ins land,
   warf im dar ein band von seide.

2. Er trugs vor einer frau wirtin haus,
   die tät im freundlich winken:
   „Frau wirtin, liebe frau wirtin mein,
   wolt ir mein kind verdingen?"

3. Der jüngst, der under den brüdern war,
   der war der allerbeste,
   er ließ im satteln sein apfelgraw pfert,
   wolt suchen sein liebe schwester.

4. Do er nu gen Augspurg kam,
   wol in die engen gassen,
   er fragt wol nach dem besten wein,
   da ritter und knecht bei saßen.

5. „Frau wirtin, liebe frau wirtin mein,
   erlaubet mir ein nachte,
   oder so lang das euer wille mag sein,
   bei eurer schönen maget."

6. Er nam schön Annelein bei der hand,
   er fürt sie in eine schlafkammer,

er fürts vor eines herrenbett,
wenn es bei im wolt schlafen.

7. Und do sie auf der sidel saß,
   gar heißlich tet sie weinen:
   „So hab ich stolzer brüder drei,
   ein reichen vater daheimen."

8. Der herr zog aufs sein guldiges schwert,
   er leit es zwischen beide:
   „Gehabt euch wol, meine schöne
   jungfraw!
   ir solt ein mägetli bleiben."

9. Und wie es morndrigs tage ward,
   frau wirtin trat vor die kammer:
   „Stand auf, stand auf, du schlöde hur,
   füll deinen gästen die hafen."

10. „O nein, schön Annelein ist kein hur,
    füll deine hafen selber,
    schön Annelein muß es nimmermer tun,
    schön Annelein ist mein schwester."

11. Er saß wol auf sein hohes pferd,
    sein schwesterlein hinder sein'm rucken,
    Er nam sie (mit sich) in sein königsschloß
    zu irer frau königin mutter.

Kein Südelimotiv, aber wohl auch keine Erfindung des Bearbeiters von Schwabentöchterlein ist die zweite Wirtshausstrophe (4) dieser Fassung. Sie kommt auch in dem Liede vom Schwarzen Knaben[25] vor (Str. 2), doch Z. 3 mit der Lesart „Mein augen ließ ich umbher gan". Der Text scheint hier das demütig-schüchterne Auftreten des Helden, eines Bettlers, kennzeichnen zu sollen und wirkt geschlossener als im Elslein. Es scheint sich wieder um eine Entlehnung zu handeln, wogegen nicht sprechen würde, daß „umbher gan" statt „under gan" im dritten Vers noch von vier Fassungen bezeugt wird.

In meiner früher gedruckten Arbeit habe ich zu dem Befund der vierten Elsleinstrophe auch auf das Fuhrmannslied „Es wolt ein furmann ins Elsaß faren" verwiesen.[26]

---

[25] Uhland 196.
[26] Vgl. Uhland, Nr. 284 und meine Untersuchung in der Zeitschrift für Volkskunde 1925, S. 38-40.

VIII. Falkenstein[1]

Das Volkslied „Falkenstein" ist in ndd. und hd. Mundart überliefert. Ich stelle der Untersuchung je einen dieser Texte, A; B,[2] voran:

A

1. Ick sach meinen Herren van Falkensteen
   tot siner Borg opriden,
   en Schild förte he beneben sick her,
   blank Swerd an siner Siden.

2. ‚Got gröte ju Heren van Falkenstein!
   si ji des Land's en Here,
   ei so gebet mir wed'r den Gefangen min,
   um aller Junkfroun Ere!'

3. ‚De Gefangene, den ick gefangen hebb,
   de is mi worden suer,
   de ligt tom Falkensteen in dem Toorn,
   darin sall he verfulen.'

4. ‚Sall[3] he dan tom Falkensteen in dem
                           Toorn,
   sall he darin verfulen?
   ei so will ick wal jegen de Müren treen
   un helpen Leefken truren.'

5. Un as se wal jegen de Müren trat,
   hört se fin Leefken drinne,
   ‚Sal ick ju helfen? dat ick nich kann,
   dat nimt mi Witt un Sinne.'

6. ‚Na Hus, na Hus, mine Junkfroue zart,
   un tröst ju arme Waisen;
   nemt ju op dat Jar enen andern Mann,
   de ju kan helpen truren.'

7. ‚Nem ick op dat Jar enen andern Mann,
   bi eme möst ick slapen,
   so leet ick dan ok jo min Truren nich,
   slög he min arme Waisen.'

8. Ei so wolt ick, dat ick enen Zelter hett
   un alle Junkfroun riden,
   so wolt ick met Heren van Falkensteen
   um min fin Leefken striden.'

9. ‚O ne, o ne, mine Junkfrou zart!
   des möst ick dragen Schande;
   nemt ji juen Leefken wal bi de Hand,
   treck ju mit ut dem Lande.'

10. ‚Ut dinem Lande treck ick so nich,
    du gifst mi dann een Schriven,
    wenn ick nu komme in fremde Land,
    dat ick darin kann bliven.'

---

[1] Der Aufsatz wurde gedruckt im Jahrb. d. Vereins für Ndd. Sprachf., Jahrg. 1929, S. 143 ff.

[2] Vgl. zu A: *Die alten niederdeutschen Volkslieder gesammelt und mit Anmerkungen hrsg.* von Paul Alpers, [1]Hamburg 1924, Nr. 14; [2]München 1960, Nr. 12; Erk-Böhme, Lh. Nr. 62; Uhland Nr. 124 A – zu B: Stiftsbibliothek St. Gallen Cod 604 S. 228 f. (Erste Hälfte des 16. Jahrh.). –
Texte und ausführliche Angaben zum Überlieferungsstand liegen heute vor in DVM I,2 (1935), S. 223 ff.; Alpers, a.a.O. S. 223 f. bzw. 191 f.

[3] So im Druck. Uhland änderte in „Ligt".

11. As se wal in en grot Heede kam,
wal lude ward se singen:
,Nu kann ick den Heren van Falkensteen
mit minen Worden twingen!

12. Do ick it nu nich hen seggen kann,
do wil ick don hen schriven:
dat ick de Heren van Falkensteeen,
mit minen Worden kont twingen.'

B

1. Es lyt ain schlos in Hessenlant,
es ist zů eren riche,
Falkenstain ist es genant,
wo ffint man sin gelichen?

8. ,Zucht haim, zücht haim, trut ffrvůly zart,
und trrôstend wiwer wessen
und nemend bys jar ain ander man
und vergessend wiwers laides!'

2. So rait der jung von Ffalkestan,
uss wolt er ritten,
den schilt den schab er nebent sich
daz schwert als an der sitten.

9. ,Nim ich bys jar ain ander man,
so můss ich by im schlaffen,
er trůkt mich früntlich an sin arm,
truren můst ich lawssen.

3. Do er ẘber die haydy trabt,
do ffürt er ain gevangen;
do begenet im ein frôwly zart
mit rôsellechten wangen.

10. Nim ich bys jar ain ander man,
der schlecht mir mine wessen,
daz tůt mir an dem hertzen zern,
owe miss grossen laidez!

4. Daz frôwly sprach: ,sins ir der jung
von Ffalkenstein
und sind des lantz ain herre,
so gebend mir wider min schones lieb
durch aller froewlich ere!'

11. Wers, daz frwôlich harnasch trůôgend
as die ritter und die knechte,
so wött ich mit dem jungen von
Ffalkenstain
umb min scones lieb ffechten.'

5. ,Drut ffroelly zart, daz dun ich nit,
darumb dwerffend ir nüt truren.
Er můss gen Falkenstain in den turn,
darin můss er erfullen.'

12. ,Trut ffrwôly zart, das duon ich nit,
das wer mir ain grovssy schande.
nemet ir wider ẘer schuônes lieb
und ziehend hin mit ze lande!'

6. ,Můss er gen Ffalkenstain in turn
und můss darin erfullen,
so wil ich vnder die muren stan
und wil im hellffen truren.'

13. ,Got ffrist den jungen von Ffalkenstenn,
got truest dem jungen von Ffalkenstain,
got trůest im daz leben!'

7. Do sy under die muer kam,
sy hort ir schônes lieb dinen:
,daz ich dir nit gehelffen mag,
daz bringt mich von minen sinnen.'

14. Der uns das liedly nus gesang,
ain früely das ist jung,
sy wist den früely hail
unde ouch den jungen // Et zetra.

Die Frage, ob das in ndd. Sprache schon 1543 bezeugte Volkslied hd. oder ndd.
Ursprungs ist, läßt sich durch die vorhandenen sprachlichen Argumente nicht sicher
beantworten. Bei dem Versuch einer geschichtlichen Lokalisierung des Balladenstof-

fes stehen sich zwei Meinungen gegenüber, von denen die eine Clostermeyers These aufnimmt[4], der das Lied auf die Gefangennahme eines Herzogs Heinrich von Braunschweig im Jahre 1404 zurückführt. Im Gegensatz zu dieser Auffassung weist Alpers[5] auf einen Vorgang aus der Geschichte der Stadt Freiburg hin, der nach seiner Meinung eher als Grundlage unseres Liedes in Betracht kommt.

Gegen die ndd. Hypothese sprechen mehrere Gründe. Die älteste Überlieferung unseres Textes (fl. Bl. Nürnberg durch Kunegund Hergotin)[6] führt uns nach Oberdeutschland (Württemberg), und der Herzog von Braunschweig wurde auf die Fürbitte seiner Gemahlin hin durch ein Lösegeld (100 000 Gulden) freigekauft.[7] Klostermeyer selbst bemerkt am Schluß seines Berichts: „Der Umstand, daß die Herzogin von Braunschweig selbst zu Herrn Bernhard von der Lippe kam und die Befreiung ihres Gemahls von ihm erbat, würde ohne das Falkenbergische Lied, das sie mit Herrn Bernhard redend einführt, der Nachwelt nicht erhalten worden sein, da alle gedruckte und geschriebene Nachricht von der Braunschweigisch-Lippeschen Fehde ihn verschwiegen haben." Abgesehen von der Tatsache, daß unsere älteste Fassung des Liedes den Vorgang nach Württemberg verlegt, kann die andere These[8] für sich in Anspruch nehmen, daß bei dem Handel zwischen dem Württembergischen Grafen von Falkenstein und dem Freiburger Bürger die Frau des Gefangenen persönlich ihrem Manne vor das Gefängnis folgte. Auch von einem Kinde des Gefangenen ist in der Chronik Schreibers die Rede, worauf der Text unseres Liedes gleichfalls anzuspielen scheint, freilich gerade nicht in der genannten Fassung. Doch Alpers selbst weist auf eine Schwäche seiner Vermutung hin, daß nämlich auch diese Geschichte nichts von der eigentlichen „Pointe" des Liedes, der durch die Frau ertrotzten Freigabe, erzählt.

Demnach ist das Problem bis jetzt noch nicht in völlig befriedigender Weise gelöst, und es erscheint daher angebracht, der weiteren Erörterung eine textkritische Untersuchung vorangehen zu lassen, die uns über den ältesten Stand der Volksliedüberlieferung unterrichten soll.

In der St. Galler Papierhandschrift führt der Herr von Falkenstein den Gefangenen mit sich (3,2), während er nach der ndd. Fassung bereits im Turme zu liegen scheint (vgl. 3,3). Nun gehen aber die Strophen 1-3 dieser hd. Version auf die 1. und 2. Strophe des ndd. Typus zurück, die durch einige aus anderen Liedern übernommene, z. T. formelhafte Bestandteile erweitert wurden.[9] Es ist auch nicht schwer,

---

[4] Vgl. *Deutsches Museum*, hrsg. v. Clostermeyer, Leipzig 1785, II, S. 379-383.
[5] Vgl. a.a.O., S. 223 f.
[6] Vgl. Uhland, Nr. 124 C.
[7] Vgl. *Germaniens Völkerstimmen*, hrsg. von J. M. Firmenich, 1844–1866, Bd. I, S. 262 f.
[8] Vgl. auch Uhland, *Schriften 4*, 139.
[9] Das „an Ehren reiche Schloß in Hessenland" entspricht dem bekannten Liedanfang: Es ligt ein schloß in Oesterreich ..., das „über die Heide Traben" stammt aus dem Abschiedsliede: „Ach Gott, wie weh tut scheiden", und die Begegnung mit dem „Fräulein zart" auf der Heide hat ihre Parallele in vielen Volksliedern (vgl. z. B. „Winterrosen", Uhland 113 B 1 3/4).

die Stelle zu finden, an der in der kürzeren Fassung jene Tatsache berichtet wurde. Dort heißt es 1, 3-4; *en Schild förte he beneben sick her, blank Swerd an siner Siden.* Die Annahme ist auch mit Rücksicht auf den Sinn des „neben sich her Führens" naheliegend, daß Z. 3 ursprünglich lautete: „Einen Gefangenen führte er neben sich her." Mit Z. 4 wäre dann, was der Dichter gewiß beabsichtigte, in hinreichender Weise angedeutet, daß eine Befreiung gegen den Willen des Ritters ohne Kampf nicht möglich war. Offenbar ist diese Fassung auch dichterisch nicht ohne Reiz. Daß der Gefangene bereits im Turme liegt, ist wohl erst nachträglich aus der folgenden Strophe abgeleitet worden: 3,3. *de ligt tom Falkensteen in dem Toorn.* Die Stelle lautete aber ursprünglich: *de sall* (statt „ligt") *tom F. . . .,* wie es in den Zeilen 4,1.2 vorausgesetzt wird.[10] Auch die späteren Verse 9,3-4 wirken lebensvoller, wenn man annimmt, daß der Gefangene bei dem Gespräch zugegen war. Natürlich durften die beiden Liebenden sich vorher nicht einander nähern. Jetzt aber fordert der Herr von Falkenstein selbst die Jungfrau auf: „Nimm ihn bei der Hand und zieh' mit ihm aus dem Lande."

Die 5. Strophe setzt die vollzogene Einkerkerung voraus, was mit den bisherigen Feststellungen nicht vereinbar wäre. Die Zeilen 1/2 dieser Strophe finden sich auch in der Heidelberger Papierhandschrift 109 Bl. 135.[11] Sie folgen auf eine Strophe (1) [12], mit der sie einen geschlossenen Zusammenhang bilden, und lauten hier: „Ich laint mein laiterlin an die maur, ich hort mein lieb darinnen." Weiterhin ist der Text mit Ausnahme der vielleicht echten Verfasserstrophe (10)[13] in dieser Fassung nicht zu verfolgen, denn sie ist durch Kontamination mit Motiven des Nachtigallenliedes[14] und spruchartigen Versen entstellt. Die Zeile 1,4 ist formelhaft. Ich vermute, daß sie ursprünglich einen anderen Gedanken ausdrückte und etwa lautete: „und morgen soll er hangen", „und soll am Holze (= Galgen) hangen" oder ähnlich, d. h. daß in ihr auf den bevorstehenden Tod des Gefangenen hingewiesen wurde. Daran würde sich dann Str. 2 schließen, die Verse 3/4 in der Form des Falkensteinliedes (5): *Sal ik jue helpen, dat ik nig kan, dat nimt mi Witt un Sinne.*

Die Strophe enthält die Angabe (Z. 2), daß die Liebende den Gefangenen „hörte". Daraus ist zu schließen, daß beide sich miteinander verständigen konnten,

---

[10] Uhlands Lesart Nr. 124 A 4,1 ist aus der falschen Fassung hervorgegangen. Vgl. auch B 5,3: er „muß" gen F.

[11] Aus Augsburg um 1509, vgl. Uhland, Nr. 16.

[12] Str. 1:

> Augspurg ist ain kaiserliche statt,
> darinn da leit mein lieb gefangen
> in ainem turn den ich wol waiß,
> darnach stat mein verlangen.

[13] Str. 10:

> Der uns das liedlein news gesang
> und newes hat gesungen,
> es hats getan ain krieger gut,
> dem ist nit wol gelungen.

[14] Vgl. Uhland, Nr. 17 B Str. 4-6; Erk-Böhme, Liederhort I, Nr. 173 c Str. 6.

und der Inhalt dieses Gespräches wird uns offenbar durch die Strophen 6.7 des Falkensteinliedes überliefert. Der Text ist in der St. Galler Hs (vgl. oben B) Str. 8.10[15] am besten erhalten, wie die Reime (waisen : laides) beweisen. Daß auch diese beiden Strophen in der Ballade nicht echt sind, ergibt sich aus der Unklarheit ihres Sinnes in jenem Zusammenhange. Sind die zu der „Junkfroue" gesprochenen Worte eine Erwiderung des Gefangenen oder sind es Worte des hartherzigen Herrn von Falkenstein? Sollen sie in diesem Falle dessen Mitleid oder die Leichtfertigkeit seiner Gesinnungsweise andeuten oder beides zugleich? Ganz eindeutig sind die Worte nur in der anderen Verbindung, und hier erhalten sie auch die volle Tragik wieder, die gewiß in der Absicht des ursprünglichen Dichters lag. Sie stellen den keinesfalls herzlosen, sondern gutgemeinten Rat des Gefangenen, wohl eines Kriegers[16], dar, der seine Lage als hoffnungslos betrachten muß. Auch das Bild, das die junge Frau von ihrem und ihrer Kinder künftigem Leben entwirft, wirkt realistisch, doch wird es sich nicht um einen bestimmten, historisch festzulegenden Vorgang handeln. Vielmehr wollte der Dichter wohl gerade das typische Schicksal eines Soldaten und einer Soldatenfrau jener Zeit schildern. Es wäre möglich, daß das Gedicht, von dem wir 5 Strophen (mit Verfasserstrophe) wiederhergestellt haben, ursprünglich länger war. Unbedingt notwendig scheint mir diese Annahme nicht zu sein (vgl. z. B. das kurze Zwiegespräch in dem Liede: Ich hort ein sichellin rauschen = Uhland, Nr. 34). Der Anlaß zu einer Kontamination mit der Ballade war durch den verwandten Zug gegeben, daß in dem einen Liede ein Gefangener im Turme liegt, in dem anderen in einen Turm gebracht werden soll.

Mit den Strophen 5-7 des ndd. Falkensteinliedes fällt auch zugleich Str. 4, deren Motive in der ersten Hälfte aus Str. 3, in der zweiten aus Str. 5 stammen. Der somit entstehende Zusammenhang ist geschlossener als in der überlieferten Form, in die die energische Rede in Str. 8 ganz unvermittelt auf die wehmütige Klage der siebenten Strophe folgt. Freilich erscheint das Zwiegespräch, das zur Freigabe führt, jetzt etwas kurz, es könnten wohl auch einige echte Strophen verdrängt worden sein. In den vorhandenen älteren und jüngeren Fassungen finden sich aber keine Spuren solcher Strophen.[17]

Die Strophen 11.12 sind Dubletten. Gegen die Echtheit der 11. Strophe spricht zunächst das konventionelle Motiv, daß die Heldin in eine Heide kommt. Ferner fällt die Strophe formell aus dem Rahmen der Ballade heraus, da nur in diesem Text von der Jungfrau in der dritten Person gesprochen wird, während sie nach Str. 1 selbst die Erzählerin ist.[18] Gewiß würde es zu dem Charakter der Heldin passen, daß sie einen Triumphgesang über ihren Sieg anstimmt, aber ein Dankeswort, wie es die Fassung der St. Galler Handschrift in ihrer fragmentarischen 13. Strophe überliefert, wäre noch besser am Platze. Die beiden ersten Bedenken

---

[15] Die 9. Strophe ist eine Dublette zu 10 mit konventionellen Wendungen.
[16] Vgl. den Anfang: „Augspurg ist ain kaiserliche statt" und die Verfasserstrophe.
[17] Vgl. unten zu Str. 10.
[18] Die 5. Strophe wurde in der Ballade als unecht erwiesen.

fallen bei der Dublette dieses Textes, Str. 12, fort. Als Abschluß des Liedes sind die
Verse aber auch in dieser Form ungeeignet und gewiß auch ursprünglich nicht gedacht worden, denn die Strophe ist nach Inhalt und Form eine Ankündigungs-
strophe, so wie die ähnlichen Strophen am Anfang der Tannhäuserballade[19] und
der Ballade von der Frau zur Weißenburg.[20] In der Kadenz des 2. Verses haben
wir vermutlich mit Uhland *singen* zu lesen, wie es in der sekundären Fassung der
Strophe (11) überliefert ist. Das Wort *schriven* gehört wohl in Z. 1 statt des Wortes *seggen*, dessen Sinn sich ja nur wenig vom „Singen" unterscheidet. Ganz wie in
den erwähnten anderen Ankündigungsstrophen wird auch hier der wesentliche Inhalt des folgenden Liedes angegeben:

Tannhäuser:
    Nun will ich aber heben an
    von dem Danhauser singen,
    und was er wunders hat getan
    mit Venus, der edlen Minne.

Frau zur Weißenburg:
    Was woln wir aber singen,
    was woln wir heben an?
    ein lied von der frauen zur Weißenburg,
    wie sie iren herrn verriet.

Falkenstein:
    Do ick it nu nich hen schriven kann,
    do wil ick don hen singen:
    dat ick de heren van Falkensteen
    mit minen Worden kont twingen.

In unserem Falle würde zugleich die Härte des unvermittelten Eingangs fort-
fallen, indem die Worte: *Ick sach minen Herren van Falkensteen* jetzt vorbereitet
werden. Im Vergleich zu dieser Anfangsstrophe verdient der Anfang der ältesten
erhaltenen Fassung, des fl. Blattes (Uhland 124 C), nicht den Vorzug. Denn die
Einleitung: „Im Wirtenberger land da leit ein schloß, das ist so wol erbauwen" ist,
wie die ähnliche der Fassung aus St. Gallen (vgl. oben), eine Nachbildung des Liedes „Schloß in Österreich"[21], dessen 1. Strophe lautet:

    Es ligt ein schloß in Oesterreich,
    das ist ganz wol erbawet
    von silber und von rotem gold,
    mit marmelstein vermauret.

Da in beiden Balladen von einem Gefangenen die Rede ist, der in einem Turme
liegt, so konnte es leicht zu einer Entlehnung kommen.

---

[19] Vgl. Uhland, Nr. 297.
[20] Vgl. Uhland, Nr. 123.
[21] Vgl. Uhland, Nr. 125.

Es wurde schon bemerkt, daß die fragmentarische 13. Strophe der handschriftlichen Version wahrscheinlich den echten Schluß des Liedes bildete. Ihr Inhalt läßt
sich überdies aus dem erhaltenen Bruchstück erschließen.[22] Das zweimal verwen-
dete Wort „jungen" (Z. 1.3) wird als Attribut zu dem Substantiv „leben" in Z. 4
zu stellen sein. In dieser Zeile ist das Verbum „tröst" sekundär. Es stammt aus Z. 3.
Statt des Ausdrucks „tröst" ist hier das Verbum „frist" aus Z. 1 einzusetzen. Es
ergibt sich demnach der Text:

> Z. 1 . . . von Falkenstein
> Z. 2 . . . (Reim auf „Leben")
> Z. 3 Gott tröst den Herren von Falkenstein,
> Z. 4 frist' ihm sein junges Leben.

Ein Motiv aus Str. 2 (Z. 3) bietet sich ungezwungen zur Auffüllung des noch
fehlenden Textes dar. Wir erhalten jetzt ungefähr den Wortlaut:

> Da mußt der Herr von Falkenstein
> mir seinen Gefangenen geben.
> Gott tröst' den Herrn von Falkenstein,
> frist' ihm sein junges Leben.

Die Forderung in Str. 10 hat wenig Sinn. Es wird nichts darüber berichtet, daß
der Herr von Falkenstein ihr nachgekommen ist. Sie wirkt an dieser Stelle nur
unnötig retardierend. Die Anknüpfung an Str. 9 ist formelhaft. Sollte diese Strophe
vielleicht einen Rest des Zwiegesprächs darstellen, das der Freigabe vorausging?[23]
Es wird von einem Versprechen erzählt, das der Herzog von Braunschweig geben
mußte und nicht gehalten hat. Etwas Bestimmtes darüber läßt sich jedoch aus den
Versen nicht entnehmen, und ich vermute, daß durch die erste Strophe (jetzt
Str. 12), vor allem auch durch das Wort *schriven* eine Assoziation zu dem Liede von
der Frau zur Weißenburg herbeigeführt wurde, in dem Str. 2 lautet:

> Se dede ein Breeflin schriven
> so fern in frömde Land
> to eren Bolen Frederick
> up dat he quem to Hand.[24]

Als sicherer Strophenbestand des Archetypus bleiben demnach 7 Strophen: nd.
12. 1.2.3.8.9 und Str. 13 der St. Galler Handschrift.

Wie verhält sich der Inhalt dieses siebenstrophigen Textes zu den beiden ge-

---

[22] Vgl. den ähnlichen Versuch Uhlands, *Schriften IV*, S. 140.
[23] Vgl. oben.
[24] Vgl. Alpers, Nr. 11 Str. 2; Uhland, Nr. 123 C Str. 1, Z. 4: dat hi soude comen int
lant.

schichtlichen Darstellungen? Es zeigt sich, daß drei weitere Tatsachen außer den von Alpers genannten Abweichungen durch ihn nicht gewährleistet werden: daß der Gefangene eingekerkert wurde und im Turme liegt, wie es in beiden Berichten, daß er ein Kind besitzt, und daß der Vorfall sich in Württemberg (Oberdeutschland) zutrug, wie es in der Freiburger Chronik vorausgesetzt wird. Freilich ist dies kein zwingender Beweis gegen die Annahme, daß ein Ereignis, wie es die beiden Berichte schildern, dem Liede zugrundeliegt. Da wir es mit einer Dichtung zu tun haben, so müssen wir mit der Möglichkeit rechnen, daß der Stoff mit dichterischer Freiheit behandelt wurde. In dieser Hinsicht hat aber, wie mir scheint, unsere Untersuchung ein neues Moment ergeben. Die neugewonnene erste Strophe macht es wenigstens wahrscheinlich, daß ein berufsmäßiger Dichter und Sänger, also ein Spielmann, das Lied verfaßte. Hiergegen spricht wohl nicht die Art der Einkleidung. Er läßt die Heldin selbst erzählen, weil dadurch eine frischere und unmittelbarere Wirkung erzielt wird. Auch daß die Ballade in den Lobpreis eines jungen Herrn von Falkenstein ausklingt, würde zu dem Charakter einer Spielmannsdichtung passen. Man könnte sich das Lied gut in dem Burgsaale eines Herrn von Falkenstein gesungen denken.

Die beiden im Laufe der Untersuchung wiederhergestellten Texte haben folgenden Wortlaut:

Falkenstein

1. ‚Do ik idt nu nig hene schriven kan,
   Do wil ik von hen singen,
   Dat ik de Heren von Falkensteen
   Mit minen Worden kont twingen.‘

2. Ik sag minen Heeren von Falkensteen
   To siner Borg op rieden,
   En Gefangnen förte he beneben sik her,
   Blank Swerd an siner Sieden.

3. ‚God gröte ju Heren van Falkensteen!
   Sy ji des Lands en Here,
   Ei so gebet mir wed'r den Gefangnen min
   Um aller Jungfroun Ere!‘

4. 'De Gefangene, den ik gefangen hebb,
   De is mir worden sure,
   De sal tom Falkensteen in den Thoorn,
   Darin sal he vervulen.‘

5. ‚Ei so wolt ik, dat ik enen Zelter hett
   Un alle Jungfroun rieden,
   So wolt ik met Heren van Falkensteen
   Um min fien Leefken strieden.‘

6. ‚Oh ne, oh ne, mine Jungfrou zart,
   Des möst ik dregen Schande.
   Nemt ji juen Leefken wol by de Hand,
   Trek ju mit ut dem Lande!‘

7. ‚Da mußt der Herr von Falkenstein
   mir seinen Gefangenen geben.
   Gott tröst' den Herrn von Falkenstein,
   frist' ihm sein junges Leben!‘

Augsburg

1. Augspurg ist ain kaiserliche statt,
   darinn da leit mein lieb gefangen
   in ainem turn, den ich wol waiß,
   und morgen soll er hangen.

2. Ich laind mein laiterlin an die maur,
   ich hort mein lieb darinnen.
   ‚dat ik ju nig gehelpen mag,
   dat nimt mi wit un sinne.'

3. ‚Na hus, na hus, mine jungfrou zart,
   un trost' ju arme weisen!
   nemt ju op dat jar enen andern Man
   und vergessend wiwers laides!'

4. ‚Nem ik op dat Jar enen andern Man
   der schlecht mir mine weisen.
   Daz tût mir an dem hertzen zorn,
   owe miss grossen laidez.'

5. Der uns das liedlein news gesang
   und newes hat gesungen,
   es hats getan ain krieger gût,
   dem ist nit wol gelungen.

IX. Das Schlangenturmmotiv im alten Volkslied
(Schloß in Österreich)

Eine Rekonstruktion[1]

Das Fortleben der alten Sagenstoffe von den Nibelungen und neben anderem der jüngeren Sagen von Dietrichs Wilzenkämpfen auf niederdeutschem Boden wurde bereits mehrfach von der germanistischen Forschung festgestellt[2], und die niederdeutsche Stadt Soest besaß einen „Schlangentum", in dem, wie man erzählte, der Burgundenkönig an den Bissen von Giftschlangen zugrunde ging.[3] Eggers weist ferner auf die alte Bezeichnung „Attilas Grab" hin, unter der ein Hünengrab im Naturschutzpark bei Wilsede bekannt ist.[4] Im folgenden möchte ich zeigen, daß das Motiv vom Schlangenhof, in dem Gunther dem Hunnenkönig durch sein Harfenspiel Trotz bietet[5], uns auch in einer alten Volksballade entgegentritt, zwar in einer neuen, zeitgemäßeren Gestalt, aber, wie mir scheint, noch deutlich seine Herkunft aus dem Sagenstoff verratend.[6]

Ich teile zunächst den Wortlaut des Archetypus mit, wie er sich aus der Überlieferung erschließen läßt, und stelle ihm gleichzeitig die niederländische Fassung „Hanselijn over der Heide reed"[7] gegenüber, die, zwar lückenhaft und mannigfach im Text verdorben, die Mehrzahl der alten Züge bewahrt hat.[8]

1. Hanselijn over der Heide reed,	1. Traut Henslein uber die heyden reit,
	er flog wie eine taube,
	Da strauchlet jhm sein apfelgraw roß
	uber eine fenchelstauden.

---

[1] Der Aufsatz erschien im Jahrbuch 81 des Ver. für ndd. Sprachforschung (1958), S. 144 ff.

[2] Vgl. W. Eggers, *Die niederdeutschen Grundlagen der Wilzensage in der Thidrekssaga*, Ndd. Jb. 62 (1936), 70 ff. und die dort angegebene weitere Literatur.

[3] Vgl. G. Neckel, *Soest als Nibelungenstadt*, Ndd. Jb. 53 (1927), 33 ff.

[4] A.a.O., S. 121 Anm. 4. Vgl. auch die von Eggers beigebrachten weiteren Belege im Ndd. Kbl. 65 (1958), 1.

[5] Vgl. Atlakviða 31 (Genzmer-Heusler, *Die Edda II*, Nr. 4, Str. 32, Jena 1928).

[6] Die spätere Wirklichkeit hätte dem Dichter kaum das Vorbild für diese Art der Bestrafung eines Feindes gegeben (vgl. Neckel, a.a.O. 38).

[7] Vgl. *Oudt Amsterdams Liedboeck* 1591, Bl. 44 (Melodieangabe schon in den Souterliedekens 1540); Hoffmann von Fallersleben, Horae Belgicae II, Nr. 11; Erk-Böhme, Lh. I, Nr. 63a; John Meier, *Dtsch. Lit., Balladen* 2 (1936), Nr. 59.

[8] Sprache und Rechtschreibung der Urform wie in der jeweiligen Quelle.

2. ‚Strauchel nit, strauchel nit,
               mein grawes roß,
ich wil dirs wol belohnen,
Du must mich uber die heyden tragen,
mein leben ist sonst verloren.‘

3. Doen hi dat groene woudt over quam,
dat ros dat viel ter aerden:
‚helpt mi, Maria, schoone moeder gods!
wat sal mijns nv ghewerden!‘

Hoe haestigh wert hi gevangen!
Hij wierde al op een Toren geleit,
Geboeyet wel also strange.

4. Do hi ein weinich vörder quam,
Hoe haestigh wert hi gevangen!
Hij wierde al op een Tooren geleit,
Zu nattern und zu schlangen.

5. Ende hi hief op een liedeken hi sanck,
alle druc woude hi vergheten,
so luide, dat opter salen clanc,
daer sijn liefken was ghesteten.

2. Ende dat verhoorde een Meisje jongh,
Een Meisje van seventien Jaren,
Zi gingh al voor haer Moeder staen,
Hei daerna al voor haer Vader.

6. Zi gingh al voor haer Vader staen:

3. ‚Och Vader‘, sei si, ‚Vader van mijn,
Mijn aldergenadigste Heere,
Wout ghi mi dese gevangen Man geven.
de vrome Landsknechjes teer Eeren?

‚Och Vader, liefske Vader,
Wout ghi mi geven dese gevangen Man,
ick bidde vor hem om ghenade.

4. ‚Dese gevangen Man krijcht ghi niet,
Want hi sal moeten sterven!
Hi isser van seven Lantsheerne verwesen,
Also veer in vreemde Erven.

5. Het Meisje liet backen twee
             Wittebroots Weggen,
daerin twee scherpe Vijlen,
Si wierpse al in de Toren was hoogh:
‚Hei, Lantsknechje, wilt jou los vijlen!‘

6. Hi vijlde soo menigen Nacht en Dagh,
Soo menigen stouten Uren,

7. Es stund kaum an eine kleine weil,

Tot datter den Toorn ontsloten was:
Hei, men sacher noyt Lantsknecht treuren!

7. Si trok hem daer twee Laersen an,
   Daertoe twee scherpe Sporen.
   Si setten hem op haer
           Vaders graen Ros:
   ,Lantsknecht, geeft de Moet
              niet verloren!'

8. Doen hi ter halver Wege quam,
   Hi keek soo dickwils omme,   das schloß das kert sich umme:
   Hi dochter wel om den Toren   ,Du solt zu meinem herren kommen
             was hoogh,   und zu seinem frewlen junge.'
   Maer noch maer om't Meisken
             was jhonge.

9. ,Nu heb ick al de Jonkvrouwen lief   8. ,Nu heb ick al de Jonkvrouwen lief
   Al omme de Wille van eene,   Al omme de eenen willen,
   Si heefter behouden het   Si heefter behouden het
           Leven van mijn,   Leven van mijn,
   Ach mocht ik haren Diener zijn!'   so sterke si got vom himmel!'

Begründung meiner Lesarten

Str. 1/2.

Zwischen den Versen 1 und 2 der ndl. Fassung Str. 1 ist eine Lücke. Z. 1 lautet dem Anfang des Liedes „Rosenkranz"[9] gleich. Hier findet man folgende Strophen:

1. Traut Henslein über die heyden reit,   2. Und strauchel nit, mein grawes roß,
   er schos nach einer tauben,   ich wil dirs wol belohnen,
   Da strauchlet jhm sein apfelgraw roß   Du must mich über die heyden tragen
   über eine fenchelstauden.   Zu Elselein meinem bulen.

Sieht man von den augenscheinlich verderbten Zeilen 1,2; 2,4 ab, so wird sofort deutlich, daß eine Verfolgung geschildert ist. Der echte Versausgang v e r l o r e n (2,4) hat aber das in der Volksdichtung verbreitete Motiv vom „verlorenen Rosenkranz" herbeigezogen. Damit bezeugt diese Fassung noch indirekt die Lesart des Archetypus.[10] Die ndl. Überlieferung „Kint van twaelef jaeren" berichtet von

---

[9] Vgl. Uhland, *Alte hoch- und niederdeutsche Volkslieder*, 1. Bd. Nr. 114; Erk-Böhme, Lh., Nr. 430 (Einzeldruck); *Ambraser Liederbuch vom J. 1582* (hrsg. v. J. Bergmann, Bibl. d. Lit. Ver. in Stuttgart XII, 1845), Nr. 103.

[10] Alle weiteren Strophen des Liedes „Rosenkranz" sind typisch für die Art des sekundären Volksgesanges.

einem zwölfjährigen Kinde, das wegen eines Jagdvergehens – es hat im Park des Herrn von Braunschweig Hasen und Kaninchen geschossen – mit dem Tode bestraft wurde.[11] Vielleicht deutet die deutsche Lesart 1,2 etwas Ähnliches an. Aber Tauben sind als besonders schnelle Fliegerinnen bekannt. „Kint", das mit der beim Besteigen der Galgenleiter an die Geschwister gerichteten Mahnung, dem Pferde die Sporen zu geben, an nld. „Hanselijn" 7,2 anklingt, weist den Vers auf: 13,4 *myn leven waer al verlooren.* Zu vergleichen ist auch Hanselijn 7,4: *Lantsknecht, geeft de Moet niet verloren.*

Str. 3.

In meinem Aufsatz „Volksballaden voor hun Verzinging: Ulinger – Schildknecht – Bloemenplucken"[12] wurde bereits darauf hingewiesen, daß die nld. Tradition „Te Bruynswijck staet een casteel"[13] eine Kompilation aus sonst nicht vorhandenen Bestandteilen verschiedener Balladen darstellt, wodurch sich einerseits die Zusammenhanglosigkeit ihres Inhalts erklärt, zugleich aber die Möglichkeit ergibt, mit ihrer Hilfe die Lücken der anderen Texte auszufüllen.[14] Offenbar wird in Str. 3 das Fluchtmotiv des Gefangenenliedes weitergeführt (der Schildknecht in der zweiten Strophe wurde mit dem Namen hansken angeredet). Wenn im „Hanselijn" der Landsknecht nach seiner Befreiung auf dem „grauen Roß" des Burgherrn flieht, so ist das eine Nachwirkung des Zuges, wonach der Reiter auf der Flucht sein eigenes Pferd einbüßte. Charakteristisch ist aber folgender Unterschied. In den sekundären Texten wird angenommen, daß der Reiter oder die Reiterin die Sporen benutzen („Hanselijn": scharfe Sporen). Hänslein dagegen redete dem Tier liebevoll zu (Str. 2), und dieses gibt auf die bloßen Worte hin sein Letztes, bis es zusammenbricht. Der wirkliche Dichter zeigt ein feines Empfinden für das Verhältnis zwischen dem Reiter und seinem Pferde.[15]

Str. 4.

Die Zeile, die den Übergang zu der schnellen Gefangennahme herstellt, findet

---

[11] Vgl. Fl. van Duyse, *Het oude nederlandsche Lied,* Nr. 17 B; Erk-Böhme, Nr. 64; J. Meier, *Deutsche Volksl. mit ihren Mel.* I, Nr. 23. Ein französisches Seitenstück zu dieser Tradition: „Les écoliers pendus", vgl. G. Doncieux, *Le Romancero populaire de la France,* Paris 1904, Nr. 14.

[12] Volkskunde 1948, Heft 3, 31 ff. (oben Nr. 5).

[13] Hor. Belg. XI, Nr. 151; Uhland, Nr. 92 „Braunschweig"; Erk-Böhme, Nr. 95. Zum Text: G. Kalff, *Het lied in de middeleeuwen,* Leiden 1884, 174; J. Koepp, *Untersuchungen über das Antw. Lb.v.J.1544,* Antwerpen 1929, 105; 230.

[14] Der ursprüngliche Platz von Str. 6 ist die Ballade „Schildknecht" (vgl. oben meinen erwähnten Aufsatz. Dort wird zugleich auch eine Erklärung für den Refrain *Dat claghe ic god* gegeben). Über die Strophen 1; 2; 7 gedenke ich in zwei weiteren Studien zu handeln.

[15] In einem sekundären Text des Ulingerliedes sticht der Jäger *in sein vil gutes Roß, daß ihm das Blut zum Leib ausschoß.* Die echte Lesart lautet: *Läßt stieben sein vil gutes Pferd* (vgl. meinen Aufsatz).

sich in dem Liede „Waldvögelein"[16] als formelhafter Eingang der Strophen 2-4: *Und da es ein klein wenig fürbas kam* oder in der ndd. Variante:

> 2,1. *Und do it vor den grönen Wold quam,*
> 3,1 = 4,1. *Und do it ein weinich vörder quam.*

Hierbei fällt auf, daß die Lesart 2,1 dem Wortlaut des Archetypus 3,1 entspricht. Die ursprünglich zum Vergleich für das schnelle Reiten herangezogene Taube ist in der Gestalt des Waldvögleins selber der Flüchtling geworden. Zu der Umwandlung in ein konventionelles Liebeslied hat die Analogie der volkstümlichen Kürenberg-Strophe vom entflohenen Falken[17] beigetragen. In unserem Liede erinnert auch der Vers 4,4: *mit einem Goldsnevelin* an dieses Vorbild.

„Hanselijn" 1,4 ist ein Füllselvers. „Schloß in Österreich"[18], die einzige Fassung unserer Liederfamilie, in der die Gefangenhaltung bei Nattern und Schlangen noch direkt überliefert wird (2,4, allerdings als blindes Motiv), weicht nur scheinbar weitgehend von der Darstellung des Archetypus ab. Der dramatisch geschilderte Ritt, bei dem der Held um sein Leben kämpft, ist in der Gemeinform des „Schlosses" geschwunden.[19] Er wird jedoch ersetzt durch den Gang zur Richtstätte mit seinen einzelnen Etappen (Erteilen des Sakramentes, Verbinden der Augen) und das zögernde Besteigen der Leitersprossen zum Galgen.[20] Näher als Flucht und Verfolgung eines Ritters – im Archetypus ist an die Zeit des Faustrechts und des Fehdewesens zu denken – lag dem Gesichtskreis des einfachen Bürgers das Schauspiel einer öffentlichen Hinrichtung, und nur dieses bot Gelegenheit, Motive einzuflechten, in denen sich die Neigung zum Sentimentalen auswirken konnte (vgl. die Bitten an den Henker).[21]

Str. 5.

Wir entnehmen diesen Text wieder der Kompilation„ Te Bruynswijk staet een casteel", die bereits unsere Quelle für Str. 3 des Archetypus war. Er folgt dort – ein Zeichen der Zerrüttung – unmittelbar auf das Motiv des Sturzes. In der von

---

[16] Vgl. Uhland, Nr. 83 B; Erk-Böhme, Nr. 416; Ambraser Lb.v.J. 1582, Nr. 214; P. Alpers, *Die alten niederdeutschen Volkslieder*, Hamburg 1924, Nr. 58.

[17] Vgl. Minnesangs Frühling 8,33.

[18] Vgl. Uhland, Nr. 125; Erk-Böhme, Nr. 61; van Duyse, Nr. 18; Alpers, a.a.O. Nr. 8; J. Meier, *Dt. Volkslieder mit ihren Mel.*, Nr. 24. Zu der sekundären Eingangsstrophe vgl. meinen Aufsatz *Das Volkslied von der Nachtigall – eine weltanschauliche Dichtung*, Zeitsch.f. dt. Phil. 62 (1937), 129 ff. Hiermit erweist sich zugleich die Lokalisierung in „Österreich" als hinfällig.

[19] Im „Kint" reiten die Geschwister zur Hilfe herbei, in der von Heiske aufgefundenen Überlieferung ist es die Mutter (vgl. W. Heiske, *Ein neuer Fund zum „Schloß in Österreich"*, Jb. f. Volksliedf. 4 (1934), 66 ff.).

[20] Besonders ausführlich im „Kint".

[21] Zu dem Einfluß der sozialen Schicht des Publikums auf die volkstümliche Gestaltung vgl. A. Hübner, *Die deutschen Geißlerlieder*, Berlin - Leipzig (1931), 2 f.

Heiske aufgefundenen Fassung der Schloßballade in der Zentralbibliothek zu Zürich (Gal XVIII 2016.14) bittet die Mutter den gefangenen Sohn um ein letztes Lied *(heb an ein Lied zu singen)*, ein Zug, für den Heiske als einzigen keine Deutung gibt. Demnach wird der Gesang des Gefangenen auch innerhalb des „Schloß in Österreich" – Typus bezeugt, denn daß das Lied hier nicht gesungen wird – der Knabe lehnt die Bitte der Mutter ab –, hängt mit der sekundären Umbildung zusammen.

Das alte Motiv des Schlangenturmes wurde auch in der Ballade vom „Hübschen Schreiber"[22], einem Seitenstück zum „Schloß in Österreich" mit gutem Ausgang, durch das dem bürgerlichen Zeitalter gemäßere des Galgens verdrängt. Während nun im „Schloß" nach dem Vulgattext, gleichsam als Rudiment, noch der Aufenthalt im Schlangenturm erwähnt ist, blieb im „Hübschen Schreiber" das Lied erhalten. Es ist zum Wächtergesang bzw. Tagelied geworden, entsprechend der anderen grundlegenden Veränderung, daß den Anlaß der Feindschaft des Burgherrn nicht mehr ritterliche Fehde, sondern eine Buhlgeschichte bildet. Das Liedmotiv leitet hier die Handlung ein:

> 1. Der Mond der scheint so helle
>   zu liebes fensterlein ein,
>   wo nu zwey liebe bey einander sein,
>   die scheiden sich bald von hier.

Weitere Bezeugung liegt im „Waldvögelein" vor. Hier hat das „laute" Singen zu einer Assoziation mit dem Instrument „Laute" geführt (vgl. Str. 3).

Str. 6.

Die Strophen „Hanselijn" 2; 3 sind eine Zerdehnung. Der Reim „here : eren" stammt aus der Ballade „Falkenstein"[23], deren Motivik auch in der vierten Strophe maßgebend ist (Ablehnung der Fürbitte – Verweisung aus dem Lande.[24] Daß in der zerrütteten Strophe „Schloß" 5 zu der Fürbitte noch das Anbieten von Lösegeld hinzukommt, zeigt wiederum den Übergang des Liedes in den Besitz des Volkes, auf

---

[22] Vgl. Uhland, Nr. 98; Erk-Böhme, Nr. 128; Alpers, Nr. 9; Dt. Volksl. mit ihren Mel. Nr. 42; Antw. Lb. v. J. 1544 (Hoffmann von Fallersleben, Hor. Belg. XI), Nr. 42: Van den Timmerman. (Vgl. Alpers, S. 220: „... der Zimmermann kommt erst als Erbauer des Galgens in das Lied.")

[23] Vgl. Uhland, Nr. 124; Erk-Böhme, Nr. 62; J. Meier, Dt. Volksl. mit ihren Mel., Nr. 21.

[24] Der Züricher Einzeldruck nennt einen bestimmten Landesherrrn, den König von England, und zweimal wird die Mutter des Knaben gefragt: „Was schafft jr inn frembden Landen?" Vgl. auch „van den Timmerman": „Eens groten lantsheren wijf." (5,2; 11,2). Im „Hübschen Schreiber" wohnen „sieben Landesherrn" der Hinrichtung bei. Zugrunde liegen zwei Stellen der Ballade Falkenstein: Str. 2 und 9 nach dem bereits zersungenen Text bzw. 3; 6 im Archetypus (vgl. meine Studie „Falkenstein", Nd. Jb. 55, 1929, 143 ff. und oben Nr. VIII).

dessen ärmere Schichten der möglichst hohe Preis (Züricher Einzeldruck: von drei Schlössern eines, eine von drei Tonnen Gold) besonderen Eindruck macht.

Den Fassungen „Hanselijn" und „Schloß" ist die Ablehnung der Bitte gemeinsam. Wie im „Hanselijn" ist auch im anderen Text die Quelle des unechten Zuges leicht zu erkennen, wenn es hier Str. 6; 7 heißt:

> 6. ‚Drei hundert gülden die helfen da nicht,
> der knabe der muß sterben:
> er tregt von gold ein ketten am hals,
> die bringt in umb sein leben.'

> 7. ‚Tregt er von gold ein ketten am hals,
> die hat er nicht gestolen,
> hat im ein zarte jungfrauwe verert,
> darbei hat sie in erzogen.'

Es ist wieder die alte Tradition der Kürenberg-Strophe, die, wie wir oben sahen, auch im „Waldvögelein" zum Vorschein kommt und auch sonst im Volksgesang mehrfach angetroffen wird.[25] Das Bild von dem Vogel als Symbol des Geliebten wurde in unserem Fall zwar aufgegeben und das Umwinden der Federn mit Gold durch das Beschenken mit einer goldenen Halskette ersetzt, aber parallel zu Kürenberg: *Ich zoch mir einen valken* heißt es in der Verteidigungsrede des Vaters: *darbei hat sie in erzogen.*[26]

Str. 7.

Die legendäre 15. Strophe im „Schloß" ist einer gleichfalls sekundären Strophe der Ballade „Graf Friedrich" (33) verwandt.[27] Wir können dem Text „Schloß" 15 jedoch die Gerippformel *„Es stund kaum an"* entnehmen. Zum ursprünglichen Bestand unserer Liederfamilie gehört eine Zeitangabe: die kleine oder kurze Weile. Im „Schloß" bittet der Knabe den Henker, ihm „eine kleine Weile" Zeit zu geben, und dieser schlägt die Bitte ab (9, 3/4; 10,1). Der „Hübsche Schreiber" wird aufgefordert, dem Herrn „die weile nit lang", d. h. „kurz" zu machen. Im „Hanselijn" haben wir es wohl mit einer Lautassoziation „Weile : Feile" zu tun (vgl. auch 6, 1/2).

Das Motiv 7,2 unserer wiederhergestellten Fassung zieht sich in verschiedener Gestalt auch durch die sekundären Texte. Es erscheint:

---

[25] Vgl. die nld. Fassung des Liedes von der Nachtigall, Antw. Lb. v.J. 1544, Nr. 221 und: „Der heer ist ein speer vogel", Heid. Hs, cod Pal 343, hrsg. von A. Kopp, DTM 1905, Nr. 110; ferner Joh. Bolte, *Ein Augsburger Lb.v.J. 1544*, Alemannia 18 (1890), 222 f.

[26] Im Volke galt das Hängen in erster Linie als Strafe für den Diebstahl (vgl. Dt.Wb. zu „Galgen"). Daraus erklären sich die Antworten „Schloß" 7,2; „Hübscher Schreiber" 5,2.

[27] Vgl. Uhland, Nr. 122; Erk-Böhme, Nr. 107; zur Urform meinen Aufsatz: *Das Volkslied vom Grafen Friedrich*, Z.d.Ver.f. Volksk. 33/34 (1924), 82 ff.; oben Aufsatz I.

1. Als „sich umsehen" im Sinne von „zurückblicken" im „Hanselijn" 8,2.
2. Als „umschauen" beim Besteigen der Galgenleiter im „Kint" (12, 1/2; 14, 1/2) und schon früher in der Version vom „Hübschen Schreiber" mit dem Anfang: *Ich hört ein wasser rauschen – ich meint es war der Rhein*[28], Str. 6.
3. Als Mahnung in „Traut Henslein", das auf der Heide umherirrende Mädchen solle „widerkehren", d. h. „umkehren".

Auf die Spur der richtigen Lesart führt uns die Angabe „Hanselijn" 6,3, der Gefangene hätte so lange „gefeilt", *tot datter den toren ontsloten was*. Hier ist die ältere Vorstellung noch greifbar, daß ein Öffnen des Turmes von außen auf dem gewöhnlichen Wege stattfand. Das Schloß der Kerkertür bzw. der Schlüssel wird umgedreht, und wir erleben diesen Vorgang von dem Gefangenen aus, für den das Geräusch des Aufschließens das erste Anzeichen der Wendung seines Geschickes war. Im Unterschied zum Archetypus beziehen alle sekundären Fassungen das „sich Umkehren" auf eine Person. Den Wortlaut der Botschaft hat uns die Überlieferung vom „Hübschen Schreiber" bewahrt, wo sie in der schlecht motivierten und das Versmaß sprengenden Aufforderung 2, 3/4 enthalten ist:

> Du solt zu meinem herren kommen
> und machen jm die weile nit lang

Aus derselben Fassung (Str. 5,4; 9,1) entnehmen wir in Z. 4 auch die Wendung „frewlein" (statt „meisken").

Str. 8.

„Hanselijn" 9,2 ist das klangvolle „willen" an das Versende zu rücken, den Gedanken der Zeilen 1.2 finden wir entstellt in der „Schreiber"-Ballade 5, 3/4. Zu der Lesart *al omme de eene willen* (Z. 2) vergleichen wir:

„Schloß" 16, 3/4.	Es wurden mehr denn dreyhunder Mann
	vons Knabens wegen erstochen.[29]
„Kastell" 8, 1/2.	Nu sijn daer twee ghelievekens doot,
	die een om des anders wille.

Eine Parallele hat auch V. 3, der in „Vanden Timmerman" als eine vierte Zeile erscheint:

> 12. Hi wranck van sinen handen
> Een gouden vingherlijn
> dat gaf hy haer teener pande,
> Si hadde behouden zijn lijf.[30]

---

[28] Vgl. *Berliner Lb. v. J. 1582* (Berlin, Yd. 5041), Nr. 28; nld.: *Oudt Amsterdams Lb. 1591*, S. 90; Hor. Belg. II, Nr. 20.

[29] Ähnliche Formulierungen in den anderen „Schloß"-Texten.

[30] Der echte Wortlaut wurde in diesem sekundären Zusammenhang mit einem Motiv aus der Ballade „Frau zur Weißenburg" kontaminiert (vgl. oben).

Die Zeile 9,4 in „Hanselijn" ist eine Wendung aus dem Phrasenschatz des Volks-
und Gesellschaftsliedes im 16. Jahrhundert. Das ursprüngliche Reimwort zu „willen", die Kadenz „himmel", finden wir im „Schloß" Str. 15 mit schwacher Assonanz
zu „versinken" und im „Hübschen Schreiber" 13,3 als Ausgang eines dritten Verses,
also ohne Reimbildung. Die Zeile 13,3 in diesem zweiten Text stellt den letzten Vers
unserer Jubel- und Dankstrophe dar.

Die Motivik des Archetypus wurde in mehr oder weniger zersungener Gestalt in
der hoch- und niederdeutschen sowie niederländischen Überlieferung angetroffen.
Da es sich aber um ein Spielmannslied handeln wird, so ist die Vermutung nicht
fernliegend, daß der Verfasser, den wir uns wohl als einen „Fahrenden", ähnlich
wie die alten Spruchdichter, zu denken haben, falls er nicht selbst in Niederdeutschland beheimatet war, die Anregung zu seinem Lied auf diesem erinnerungsreichen
Boden empfing.[31]

---

[31] Unser Ergebnis bildet zugleich eine Bestätigung der These von Archer Taylor, der die
Beziehungen der Schloß-Ballade zu den französischen und schottischen Texten untersuchte,
daß das frühere Vorhandensein einer deutschen Urform „not a matter of doubt" sei (vgl.
Archer Taylor, *Das Schloß in Österreich*, Modern Language Notes, 1927, S. 122 ff.)

X. Das Lied „Een ridder ende een meysken ionck"
und die Volksballaden „Ritter und Magd", „Die Nonne"[1]

Unsere Volksliedforschung ist gewohnt, das Lied Nr. 45 im Antwerpener Liederbuch v. J. 1544[2] als ein altes Seitenstück der deutschen Ballade vom „Ritter und der Magd"[3] zu betrachten. Als solches hat diese von der Gemeinform stark abweichende Fassung früher eine ungünstige Beurteilung erfahren. Doch wurde bereits von J. Meier im Anschluß an H. Schewe[4] die Bedeutung der ndl. Überlieferung hervorgehoben, gleichzeitig jedoch die Möglichkeit einer textlichen Rekonstruktion des alten Liedes bezweifelt.[5] Ich möchte im folgenden zeigen, daß der ndl. Text aus dem 16. Jahrhundert uns wichtige Hilfen für das Verständnis und einen Wiederaufbau von „Ritter und Magd" darbietet und daß seine eigenartige Gestalt sowie die Aufschwellung zu 28 Strophen unter anderem von einer Kontamination herrühren, für die der Bearbeiter ursprüngliches Gut der Ballade von der „Nonne" nutzen konnte. Aus dem Gesagten ergibt sich, daß unsere Aufgabe nur auf dem Wege über eine Wiederherstellung der Urformen beider Texte zu lösen ist.

Ritter und Magd
Im Antw.Lb. lesen wir:

1. Een ridder ende een meysken ionck	2. Och segt mi stout ridder goet
Op een riuierken dat si saten	Ick soude gaerne weten
Hoe stille dat dat water stont	Waer om dat dat water stille stoet
als si van goeder minnen spraken	Als wi van goeder minnen spreken

---

[1] Der Aufsatz erschien in der Zeitschrift für Deutsche Philologie Bd. 79 (1960) Heft 2, S. 155 ff.

[2] Vgl. Hoffmann von Fallersleben, Horae Belgicae XI (1844), Nr. 45: „Een ridder ende een meysken ionck"; Uhland, *Alte hoch- und niederdeutsche Volkslieder*, Nr. 97 B; Erk-Böhme, Lh.I, Nr. 111; J. Koepp, *Untersuchungen über das Antwerpener Liederbuch vom Jahre 1544*, Antw. „De Sikkel" (1929), 108 ff. 234 ff.

[3] Vgl. Uhland, Nr. 97 A; Erk-Böhme, Lh. I, Nr. 110; L. Pinck, *Volkslieder von Goethe im Elsaß gesammelt*, Metz (1932), 92 ff.. J. Meier, *Dt. Volkslieder mit ihren Mel. III, Balladen 3* (1939), Nr. 55. – Bei den deutschen Fassungen handelt es sich um jüngere Formen, deren früheste Fixierung nicht über das letzte Drittel des 18. Jahrhunderts zurückreicht. Eine Rekonstruktion des ursprünglichen Wortlautes auf Grund der jüngeren Überlieferung (besonders Goethe und Düntzer *Aus Herders Nachlaß*, hrsg. von H. Düntzer und F. G. von Herder, Bd. 1, 1856) hat R. Thietz unternommen (*Die Ballade vom Grafen und der Magd*, Diss. Straßburg 1913).

[4] *Die Ballade Es spielt ein Ritter mit einer Magd*. Diss. Berlin 1917.

[5] A.a.O., 38 ff.

3. Dat dat water stille stoet
dat en gheeft mi gheen vreemde
Ick hebbe so menighe ionghe maecht
Ghebrocht in groot allende

4. Hebdy so menighe maecht
Ghebrocht in swaer allende
Wacht v stout ruyter goet
dat v God niet en scheynde

5. Ick weet noch een so hooghen berch
Bouuen alle berghen is hi hooghe
die sal ick noch en dale brenghen
daer om ist dat ick pooghe

6. Suldy mijns vaders hooghen berch
Tot eenen dale brenghen
Ich sage v lieuer stout ridder goet
Bi uwer keelen hanghen

7. Ick hade noch veel lieuer
dat v die sonne bescheene
Al onder thol van uwen voeten
den bast al om v kele

8. Dat meysken was ionc ende daer toe dom
Si en wist niet wat sie seyde
doen sie in haers liefs armen lach
doen was den berch ter neder

9. Och segt mir meysken ionck
Is nv mijn kele gehanghen
Nv is dijns vaders hooghen berch
In eenen dale ghevallen

10. Och doen dat meysken ghewaer wert
dat sie een kindeken bleef draghen
Si ghinck al voor den ridder staen
Sie badt hem om ghenade

11. Ghenade stout ridder fijn
Ghenade van mijnen lijue
Ic was een goet maechdekijn
Nv moet ic met uwen kinde blijuen

12. Wat ghenade soude ic v doen
Ghi en zijt gheen keyserinne
Ick mocht v mijnen schiltknecht ghewen
Cost ic hem daer toe ghebringhen

13. Vwen schiltknecht en wil ic niet
Hi is mir veel te snode
Als is mijnen hooghen berch ter neder
Ick hope ghi sult hem noch wel hoghen

14. Dat meysken hadde eenen broeder stout
Hi was haer goet ende ghetrouwe
Als hi haer dede wel int aenschijn
Hi beweest haer al metter trouwen

15. Och doen die broder gheware wert
Dat sie een kindeken bleef draghen
Hi ghinc al voor den ridder staen
Hi badt hem mede te graue

16. Got groet v seyt hi stout ridder vry
Stout ridder vry van waerden
Och die met uwen kinde was beuaen
Die leyt hier doot opter aerden   ,

17. Och is si doot dat schoone wijf
Die ouerschoone die ick beminne
So en sal ic nv noch nemmermeer
Mijn grauwe ros berijden

18. Haelt mijn spere ende ooc mijn schilde
Mijn swaert al aen mijn side
Ic wil gaen rijden seluer daer
Men vint der valscher boden so vele

19. Och doen hi op der heyden quam
Hi hoorde die clocken clincken
Hi hoorde wel aen der clocken clanck
Dat sie inder aerden moeste sincken

20. Hi nam sinen bruynen schilt
Hi worp hem op der aerden
Ligget daer ligget daer goet bruyne schilt
Van mi en suldi niet ghedragen werden

21. Heft op uwen bruynen schilt
    Hanghet hem onder v side
    Al waer v vader ende moeder doet
    Den rouwe moet ghi lijden

22. Al waer mijn vader ende moeder doot
    Ende mijn broeders alle vijue
    So en waer den rouwe niet also groot
    Als hi is van desen schonen wijwe

23. Doen hi op dat kerchof quam
    Hi hoorde die papen singhen
    Hi hoorde wel aen der papen sanck
    Dat si vighelie songhen

24. Doen hi in der kercken tradt
    Hi sach zijn liefken staen in bare
    Ghedect met een baren cleede
    Recht of sie nv oock doot ware

25. Hi hief of dat baren cleet
    Hi sach haer cleyn vingerken roeren
    Och doen so loech haer roode monde
    Doen si den ridder voelde

26. Staet op staet op mijn soete lief
    Wel ouer schoone ioncfrouwe
    Ic en sal v nv noch nemmermeer
    Doen so groten ontrouwe

27. Wel op weol op mijn soete lief
    Mijn ouerschoone ioncfrouwe
    Al waert mijn vader ende moeder leet
    So sal ick v tot eenen wijve trouwen

28. Al waert mijn vader ende moeder leet
    Ende mijn broeders alle vijue
    So sal ick v houden voor mijn bruyt
    Ende trouwen v tot eenen wijwe

Bezüglich der schon von Uhland festgestellten Kontamination mit „Schwaben-töchterlein"[6] in den deutschen Texten bemerkt J. Meier: „Wollen wir über den vor-liegenden jungen Tatbestand hinauskommen, so müssen wir uns auch selber von der vertrauten Gestalt der ‚Ritter/Magd-Ballade' zu lösen suchen."[7] Zu einem sich-Lösen von der vertrauten Gestalt unserer deutschen Überlieferung gehört nun auch, daß wir auf den tragischen Schluß verzichten, der aber in Wirklichkeit gar nicht von echter Tragik ist, sondern nur sentimentalisch wäre.[8] Umgekehrt ist der freundliche Ausgang der ndl. Form keineswegs einem happy-end gleichzusetzen (drohender Bruch mit der adelsstolzen Familie des Ritters). Dagegen fehlt unserem Liede in dem langen Text des AL der Anfang, denn erst mit Str. 10 geht jener zu dem ernsteren und schwereren Ton von „Ritter und Magd" über.[9]

Ich stelle zunächst den Wortlaut des Archetypus (Sprache und Rechtschreibung entsprechend der jeweiligen Quelle) einem deutschen Vulgattext[10] gegenüber und schließe die Begründung meiner Lesarten an:

---

[6] *Schriften IV*, 100.

[7] A.a.O., S. 38.

[8] Vgl. C. Lugowski, *Volkstum und Dichtung im 15. und 16. Jahrhundert*, Z. f. dt. Bildung XII (1936), 536.

[9] Auch J. Meier (a.a.O., 40) weist auf die Zäsur an dieser Stelle hin.

[10] Fl. Bl. o.O. u.J. (Wende des 18./19. Jahrhunderts), Berlin Yd 7901 III 87 (vgl. J. Meier, a.a.O. Text 3). Diese Version entspricht fast wörtlich der von 1777/78 in Fr. Nicolais *Kleynem feynem Almanach* (Neudruck von G. Ellinger, Berlin 1888).

Deutsche Vulgatform

1. Es spielt ein Graf mit einer Dam[11]
Sie spielten alle beide.
Sie spielten die liebe lange Nacht
Bis an den hellen Morgen.

2. Als nun der helle Morgen anbrach,
Das Mägdlein fing an zu weinen;
Es weint sich die schwarzbraun'n
Äuglein rot,
Ringt ihre schneeweißen Hände.

3. ‚Wein' nicht, wein' nicht,
allerschönstes Kind,
Die Ehre ich dir bezahle:
Ich will dir geben einen Reutersknecht,
Dazu dreihundert Taler.'

4. ‚Euren Reutersknecht den mag ich nicht,
Was frag' ich nach eurem Gelde?
Ich will zu meiner Frau Mutter gehn
In einem frischen Mute.'

5. Als sie nun vor die Stadt Regensburg
kam,
Wohl vor die hohen Tore,
Da sah sie ihre Frau Mutter stehn,
Die tät ihr freundlich winken.

6. ‚Willkommen, willkommen,
o Tochter mein,
Wie ist es dir ergangen?
Dein Röcklein ist dir von
hinten zu lang,
Zu kurz ist dirs von vorne.'

7. Sie nahm das Mädchen bei der Hand
Und führt sie in ihre Kammer,
Si trug ihr auf einen Becher Wein,
Dazu gebackne Fische.

Erschlossener Archetypus

1. Te Bruynswijck staet een casteel,
Daer woonen ghebroeders dreie,
Die een die hadde een meysken lief,
Hi en condese niet erfreien.

2. ‚Ich bin viel besser geboren denn du
Von vater und auch von mutter,
Ich will dir meinen schiltknecht geben,
Er schwingt dem rößlein das futer.'

3. ‚Willst du mir deinen schiltknecht geben,
Schwingt er dem rößlein das futer,
So will ich zu der stat Braunschweig gehn
Und klag es meiner mutter.'

4. Och doen de moeder gheware wert
Dat sie een kindeken bleef draghen,
Si ghinc al voor den ridder staen
Si badt hem mede te graue.

5. ‚Och is sie doot die schoone maecht,
Die ich gestoßen mit Füßen,
So en sal ic nv noch nemmermeer
Een ander wijf verkiesen.'

[11] Feiner Almanach: Magd.

135

8. ‚Ach herzallerliebste Mutter mein,
Ich kann weder essen noch trinken.
Macht mir ein Bettlein weiß und fein,
daß ich darin kann liegen.'

9. Als es nun gegen Mitternacht kam,
Das Mägdlein tät verscheiden.
Da kam dem jungen Grafen ein Traum,
Sein Liebchen tät verscheiden.

10. ‚Ach herzallerliebster Reutknecht mein,
Sattle mir und dir zwei Pferde,
Wir wollen reuten Tag und Nacht,
Bis wir die Post erfahren.'

6. Die ridder sprac sinen schiltknecht toe:
‚Och hansken, lieue gheselle,
Nv sadelt mi mijn alderbeste ros,
Laet ruysschen ouer den velde.'

11. Als sie nun vor die Stadt
Regensburg kam'n,
Wohl vor die hohen Tore,
Da trugen sie sein fein Liebchen heraus
Auf einer Totenbahre.

7. Doen hi in die kammer tradt,
Hi sach zijn liefken staen in bare,
Ghedect met een baren cleet,
Geschlossen die Äuglein klare.

12. ‚Setzt ab, setzt ab, ihr Träger mein,
Daß ich mein Liebchen noch schaue,
Ich schau nicht mehr als noch einmal
In ihre schwarzbraunen Augen.'

13. Er deckt' ihr auf das Leichentuch
Und sah ihr unter die Augen:
‚O weh, o weh, der blasse Tod
Hats Äuglein dir geschlossen.'

8. Hi hief op dat baren cleet,
An ihre Hand er rührte
Da schlug sie ihre braun Äuglein auf,
Als sie den Ritter fühlte.

14. Er zog heraus sein blankes Schwert
Und stach sich in sein Herze:
‚Hab ich dir geben Angst und Pein,
So will ich leiden Schmerzen.'

9. ‚Staet op, staet op, mijn soete lief,
Ick lijde so groote rouwe,
Ic en sal v nv noch nemmermeer
Doen so groten ontrouwe.

15. Man legt den Grafen zu ihr in' Sarg,
Verscharrt sie wohl unter die Linde.
Do wuchsen nach dreiviertel Jahr
Aus ihrem Grabe drei Nelken.

10. Al waert mijn vader ende moeder leet
Und meinen Brüdern allen beiden,
So sal ick v houden voor mijn bruyt
Und trauen zu einem Weibe.'

Str. 1-3.

Es fällt auf, daß zusammen mit dem Ritter die Zahl der Brüder, die in Str. AL 28 erwähnt werden, ebensoviel beträgt wie in dem Liede „Te Bruynswijck staet een casteel"[12]:

[12] Vgl. Antw. Lb.v.J. 1544, Nr. 151; Uhland, Nr. 92; Erk-Böhme, Lh.I, Nr. 95. Zum

1. Te Bruynswijck staet een casteel
   Daer woonen ghebroeders sesse
   Die een die hadde een meysken lief
   Hi en condese niet vergessen
   Dat claghe ic god
   Hi en condese niet verghesse

Setzen wir voraus, daß wir in diesem Text den ursprünglichen Anfang unserer Ballade zu suchen haben, und lesen wir in Z. 2, wie es nahe liegt, „dreie" statt „sesse", so würde das in AL 45 für Str. 28 ein „alle beide" („allen beiden") anstelle von „alle vijwe" mit hd. Assonanz zu „weibe" ergeben. Diese Annahme wird sogleich durch den Anfang der Vulgatform, 1,2 bestätigt. Die Worte „alle beide" sind aus der ursprünglichen letzten Strophe in die erste hinaufgerückt, und der Versausgang „beide", der auch in der „Südeli"-Ballade auftritt („zwischen beide")[13], zog aus dieser das Weinen des Mädchens[14] und wohl auch den Vers 2,1 herbei, eine Variante von „Südeli" 9,1: „Und wie es morndrigs tage ward".

Die Ursache für die Änderung der Brüderzahl in Str. 1 der Kompilation war der Reimzwang durch das Verbum „vergessen" (Z. 4), das aber keinen Anspruch auf Ursprünglichkeit hat, denn es ist nur ein blasses Abstraktum, und wir besitzen für unsere Lesart einen alten Textzeugen in dem hoch- und niederdeutsch schon im 15. und 16. Jahrhundert überlieferten Schlemmerlied: „Es steht ein baum in Österreich".[15]

Inhalt vgl. Kalff, *Het lied in de middeleeuwen*, Leiden (1884), 174; Koepp (a.a.O., 105): „Dunkel und unklar . . ." Das Lied ist eine Kompilation aus Strophen verschiedenen Ursprungs. Zu Str. 6 und dem Kehrreim vgl. meinen Aufsatz *Volksballaden voor hun Verzinging Ulinger - Schildknecht – Bloemenplukken* in *Volkskunde*, Driemaandelijksch Tijdschrift voor de Studie van het Volksleven (1948), 41 ff., zu Str. 3; 4; 8: *Das Schlangenturmmotiv im alten Volkslied – Eine Rekonstruktion*. Nd. Jb.81 (1958), 144 ff. = Nr. 9 dieser Untersuchung, zu Str. 1; 2; 7 das Folgende. Str. 9 – eine Wanderstrophe – erscheint auch in den beiden jüngeren ndl. Versionen unserer Ballade (Dt. Volksl. mit ihren Mel III,3, Nr. 1; 2). Im Hintergrund von Str. 5, wohl einer Erfindung des Redaktors, der ein Bindeglied zwischen den verschiedenartigen Motiven schaffen wollte, steht eine Situation wie in AL 16: „Cort Rozijn" (vgl. Koepp, a.a.O., 148 ff.; 258 f.).

[13] Vgl. Uhland, Nr. 121; Erk.-Böhme, Lh.I, Nr. 178 und zur Urform meinen Aufsatz *Südeli – Schwabentöchterlein, die Ballade von der verlorenen Schwester*, Nd. Jb. 58/59 (1932/33), 94 ff. – Ich bezeichne die Strophen hier und weiterhin auf Grund der Urform.

[14] Vgl. „S.", Str. 7. – Weinen und Ringen der Hände auch in der Urform des Ulingerliedes (vgl. meinen erwähnten Aufsatz und oben), beides hier sowohl wie das Weinen in „Südeli" mit anderer Begründung.

[15] Vgl. Uhland, Nr. 99; Erk-Böhme, Lh.I, Nr. 141; A. Kopp, *Die niederdeutschen Lieder des 16. Jahrhunderts*, Nd. Jb. 26 (1900), 35; P. Alpers, *Die alten niederdeutschen Volkslieder*, Hamburg 1924, Nr. 24; J. Meier, Jb. f. Volksliedf. V (1936), 72 ff.; Dt. Lit. Balladen II (1937), Nr. 45. – Dieser Text steht zu der Urform unserer Ballade etwa in demselben Verhältnis wie „Schwabentöchterlein" zu dem Archetypus von „Südeli": eine abgesunkene Form des echten Vorbildes. Die soziale Kluft wurde vergrößert: Königstochter – Knecht, das Verhältnis umgekehrt: Das Mädchen ist höher geboren als der um sie Wer-

Hier kommt in den drei ersten Strophen viermal das Verbum „freien" bzw. „erfreien" vor, auch als Versausgang einer 2. oder 4. Zeile, doch ohne Reimverband. Wörtlich stimmt mit unserer berichtigten Lesart von Kastell 1,4 der Vers 2,4 überein:

er kondt sie nicht erfreyen.[16]

An diesen Text schließen sich in „Baum in Österreich" folgende Strophen an[17]:

3. ,Las ab, las ab, du junger knab,
   du kannst mich nit erfreyen,
   ich bin viel besser geboren denn du,
   von vater und auch von mutter.'

4. ,Bistu viel besser geboren denn ich
   von vater und auch von mutter,
   so bin ich deins vaters gedingter knecht[18]
   und schwing dem rößlein das futer.'

5. ,Bistu meins vater gedingter knecht
   und schwingst dem rößlein das futer,
   so gibt dir mein vater ein großen lohn,
   damit las dich genügen.'[19]

Ohne Schwierigkeit ist in dieser Umformung der größere Teil des ursprünglichen Dialogs zu erkennen, wie er zwischen dem „Ritter" und der „Magd" stattfand und psychologisch im Hinblick auf das spätere Verhalten des Ritters, seine Gesinnungsänderung, denkbar erscheint. Die Vulgatform gleitet mit den Anfangsversen der 5. Strophe wieder in die Motivik von „Südeli" (Str. 4) hinüber, und wir dürfen vermuten, daß der Anlaß dazu im Archetypus gegeben war, d. h., daß in der Erwiderung des Mädchens – V. 3 kommt dafür in Betracht – die Stadt genannt wurde,

---

bende. Die Abhängigkeit kommt auch dadurch zum Vorschein, daß die Mutter in Str. 10 eine Klage erhebt, wie es am Schluß unserer Urform (= AL 45, Str. 28) vorausgesetzt wird. Das Fehlen einer Reimbindung in den meisten Strophen sowie die Anklänge an andere Balladen (Brennenberg, Südeli, Falkenstein) lassen ebenfalls an der sekundären Entstehung keinen Zweifel.

[16] Ohne Reimbindung findet er sich auch in dem Liede vom „Verkleideten Markgrafen" (vgl. J. Meier, Dt.Lit. Balladen II, Nr. 44), aus dem anderseits die Lesart „eins Markgraven Sön" in Str. 2 des nd. Textes (= 2,1) eingedrungen ist.

[17] Text nach dem Ambraser Lb. v.J. 1582, Nr. 159.

[18] Dieser an „Südeli" 2,4 („wolt ir mein kind verdingen?") erinnernde Ausdruck begegnet uns auch Str. 8, einer Nachbildung der Südelistrophe 9.

[19] Ebenso wie vorher die Begegnung in einem Blumengarten und die Wendung 2,3 „lenger denn siben jar" stammt dieser Vers aus dem Brembergerliede (Erk-Böhme, Lh. I, Nr. 100), vgl. meinen Aufsatz *Het ‚Harteten' in het oude Volkslied* in Volkskunde, Neue Reihe 5 (1946), 2. Heft, 68 ff.

zu der sie sich begeben will.[20] In Z. 4 ist wieder der Versausgang „mutter" zu erwarten (im Reimverband zu „futer" wie Str. 2, in der Vulgatform verhört oder entstellt zu „Mute"), und wir haben daher das Verbum übernommen (auch „sag" wäre möglich), das Uhland bei Meinert vorfand.[21]

Die Parallelen AL 45 Str. 10-13, Vulgatfg. 3/4 sind, ganz im Unterschied zur Urform, vergröbernde und das Bild sowohl des Ritters als auch der Magd verzeichnende Darstellungen, z. T. wohl aus der Absicht entstanden, das später erwähnte „Stoßen mit Füßen" (Urform Str. 5) zu veranschaulichen.[22] Auch hier fehlen in AL 45 nicht die Anklänge an andere Liedertexte.[23]

Str. 4 = AL 45 Str. 15. Den Kern der Strophengruppe AL 45 Str. 14-16 bildet Str. 15. Doch stammt das Motiv des der Schwester zu Hilfe kommenden Bruders aus dem Südeli-Muster, das sich schon 3,2 mit der Wendung „snode" („S." 9,3: „schlöde") geltend machte und 14,1 einen ganzen Vers gestalten half („S." 7,3: „So hab ich stolzer Brüder drei"). In der Vulgatform gehört das freundliche Heranwinken 5,4 ebenso zur Südeli-Ballade (Wirtinstrophe) wie das Bei-der-Hand-Nehmen und in die Kammer Führen. Die Schilderung des Mahles geht auf „Graf Friedrich"[24] zurück.

Wie sich jetzt auch ergibt, ist Str. 6, die „Nachhülfe" aus „Schwabentöchterlein", eine nähere Erläuterung zu V. 1/2 der ursprünglichen Lesart. Und wie das „Gewahrwerden" in der deutschen, so wurde in der ndl. Überlieferung, Str. 16, das „zu Grabe Bitten" genauer ausgeführt, doch in derselben vergröbernden Weise, wie wir sie aus den früheren sekundären Strophen kennen.

Str. 5 = AL 45 Str. 17. Die Ursprünglichkeit der Lesarten, die wir heute in Z. 2 und 4 von AL 45 Str. 17 vorfinden, wird bereits durch ihre schlechte Reimbindung („beminne : berijden") in Frage gestellt. Das gleiche gilt von ihrem Inhalt. Z. 2 holt einen Gedanken der ursprünglichen ersten Strophe (Z. 3) nach, den der Dichter mit größerer Berechtigung der Exposition zuwies (Übertreibung: „ouerschoone" wie 26,2), das „graue Roß" gehört zu Str. 18.

Am Schluß der Ballade von der „Nonne" nach dem AL 87 stehen zwei Sonderstrophen:

> 11. Ghi moecht wel thuyswaert rijden
> Stout ruyter ghi moecht wel gaen
> Ghi moecht een ander verkiesen

---

[20] Da nach 1,1 die Handlung im Lande Braunschweig spielt, so scheint mir der Stadtname „Braunschweig" am Platze zu sein (Entstehung des Liedes im niederdeutschen Raum?).

[21] Vgl. J. G. Meinert, *Alte teutsche Volkslieder in der Mundart des Kuhländchens*, Wien und Hamburg 1817 Nr. 218.

[22] Die jungen Fassungen fügen noch ein Fortjagen mit Hunden hinzu bzw. ein Drohen damit.

[23] So an das Abschiedslied Erk-Böhme, Lh. II, Nr. 716, Str. 4: „Mir was in meinem sinne – sie ist ein kaiserinne."

[24] Vgl. Erk-Böhme, Lh. I, Nr. 107, Str. 14/15.

Mijn minnen is al ghedaen
Ich hebbe een ander leuen aenghegaen

12. Doen ic een cleyn haueloos meysken waɔ
Doen stiet ghi mi metten voet
Om dat ic ionc ende arm was
Ick en hadde doen gheen spoet
Stelt nv te vreden uwen moet.

Dieser Text ist ein Anwuchs, dessen Verse (Wiederholungen, Füllsel) sich um zwei Mittelpunkte gruppieren, die beiden Gedanken 11,3; 12,2.[25] Eine Ansprache aber, in der die geweihte Nonne dem Ritter mit strengen Worten seine Schuld vorhält und seine Strafe verkündet, erscheint der Sache nach und dichterisch unmöglich. Der ursprüngliche Rahmen dieser Motive war vielmehr die Selbstanklage, in die der tief erschütterte Ritter unseres Liedes ausbricht, als er die Todesnachricht empfängt. Das läßt sich aus dem Text heraus beweisen. Setzen wir statt des ndl. Singulars „voet" den hd. Plural ein, so erhalten wir in AL 45 Str. 17 die gute Assonanz „Füßen : erkiesen", und der in Z. 1 wenig motivierte Ausdruck „wijf" erweist sich jetzt als ein versprengter Rest aus dem ursprünglichen vierten Vers. In Z. 1 muß sinngemäß an „Magd" oder „Maid" gedacht werden.

Str. 6. AL 45 Str. 18 scheidet für unser Lied aus, denn es ist unwahrscheinlich, daß der Ritter sich für seinen Weg zum Begräbnis wie zu einem bevorstehenden Kampfe rüstet.[26] Dagegen schließt sich in der Kompilation „Kastell zu Braunschweig" an Str. 1, den alten Eingang der Ballade, eine Sattelstrophe an, die einen charakteristischen Zug mit dem Typus der Vulgatform gemeinsam hat: die freundliche Anrede an den Schild- oder Reitknecht. Wenn der weitere Inhalt abweicht, so wird man nicht darüber im unklaren sein, auf welcher Seite wir die Auffassung des Dichters vor uns haben.

In den sekundären Parallelen wird das Reiten damit begründet, daß der Ritter an der Wahrheit der Botschaft zweifelt oder „den Traum (die Post) erfahren" will. Nach unserer Urform bedarf es einer solchen Begründung nicht. Hier ist der Ritt zu dem Begräbnis ein mutiges Bekenntnis zu der toten Geliebten, und zwar vor aller Welt. Denn es konnte nicht verborgen bleiben, wenn der hochgeborene Ritter unter den Trauernden erschien. Er aber will die Tote auf jede Weise ehren (das „allerbeste" Roß!). Mit der Angabe „über die Felder" könnte der Weg gemeint sein

---

[25] Beide Strophen erscheinen später noch einmal im Oudt Amsterdams Lb. (1591), Bl. 34, vgl. v. Duyse, Nr. 21 b. – Zu den Anklängen an eine jüngere Münsterländische Fassung (Bahlmann, vgl. unten) vgl. Alpers, *Niederdeutsche und niederländische Volksdichtung in ihren Beziehungen zueinander.* Nd. Zt. f. Volkskunde 5 (1927), 23. Die beiden für uns wichtigen Verse sind hier nicht vorhanden.

[26] Aus diesem Grunde unter anderem bringt auch der Gedanke J. Meiers (*Dt. Volkslieder mit ihren Mel.* III,3 S. 40), daß die Strophen 17; 20-22 nach Str. 24 einzuordnen seien, keine befriedigende Lösung.

zwischen der inmitten von Dörfern und Feldern gelegenen Ritterburg und der Stadt.

Str. 7/8 = AL 45 Str. 24/25. Während in der sekundären Überlieferung die Tendenz besteht, den Weg durch eingestreute Episoden und schaurig-romantische Effekte zu einem Höhepunkt des Geschehens zu machen[27], führte der Dichter seine realistisch begonnene Fabel in ebensolcher Weise schlicht zu Ende. Es ist nun wieder zu vermuten, daß der Anstoß zu der Schilderung in Str. 7/8 des Vulgattextes von der Urform ausging, und nicht die Kirche, sondern die bescheidene Kammer des Mädchens im Hause der Mutter war der geeignete Schauplatz für die folgende Szene. Leicht ist jetzt auch der deutsche Text zu verstehen. Die entscheidende Begegnung wurde ja hier mit dem Wege verknüpft und mußte infolgedessen ins Freie verlegt werden. Aber man gab die ältere Form nicht ganz auf, und während wir in dieser das Mädchen in der Kammer aufgebahrt sehen, erleben wir nun, wie sie sich dort zum Sterben niederlegt.

Der schwach reimende Vers 24,4 in AL 45 („ware" statt „waere") ist ein Rest der Traumstrophe (= als ob ... wäre), die für unseren Zusammenhang (Botschaft durch die Mutter) keine Bedeutung hat (vgl. aber unten). Doch können wir ihm entnehmen, daß an seiner Stelle ursprünglich ein recht deutliches, scheinbar untrügliches Zeichen des Todes genannt war.[28] Aufgeschwellt zu zwei Strophen (12/13) spiegelt sich unsere Lesart des Archetypus noch in der Vulgatform wider. Von der Umformung 24,4 wird auch der Text 25,3 betroffen[29], und ich möchte vermuten, daß die beiden Handlungen AL 45 Str. 20/21 als Ersatz für den Wegfall des echten Motivs interpoliert wurden. Hinwerfen und Wiederaufheben des Schildes stehen in demselben Verhältnis zueinander wie das Schließen und Wiederöffnen der Augen: Die eine Bewegung hebt die andere auf.[30]

---

[27] Vgl. Thietz, a.a.O., 121 ff.; J. Meier, *Dt. Volksl. mit ihren Mel.* III,3, 44.

[28] Bei dem in der Kammer und nur zum Schein aufgebahrten Mädchen blieb natürlich der Kopf von dem Leichentuch frei.

[29] Das Lächeln der Scheintoten rührt, wie vorher das Singen der Geistlichen, aus der französischen Romanze „La belle Isambourg" her, deren Thema der vorgetäuschte Tod einer Königstochter ist (vgl. Doncieux, *Le Romancéro populaire de la France*, Paris 1904, Nr. 6; K. Bartsch, *Alte französische Volkslieder übersetzt*, Heidelberg (1882), 50 ff.; Erk-Böhme, Lh.I, 408). Durch die Verse 25,2.3 erhält das Lied in der niederländischen Fassung ein komödienhaftes Gepräge (vgl. Schewe, a.a.O., 4; J. Meier, *Dt. Lit. Balladen* I, 251), mit dem die Urform nichts zu tun hat.

[30] Str. 20 ist eine Zusammenziehung aus „Schildknecht" 9 und „Ulinger" 24. Diese Strophen haben in den wiederhergestellten Formen (vgl. meinen erwähnten Aufsatz über diese Balladen und in der vorliegenden Untersuchung oben) folgenden Wortlaut:

Schildknecht	Ulinger
Er nahm seinen braunen Schild,	‚Liege da, liege da, und hab dir das!
begrub ihn in der Erden:	Um dich stirbt nie mehr eine junge Magd.'
‚Du sollst von einem Bösewicht	
nicht mehr getragen werden.'	

Str. 9/10 = AL 45 Str. 26; 28. Die beiden Zeilen 21,4 und 22,3 in AL 45 legen den Rückschluß nahe, daß sie aus dem Text: „Ich leide so große Reue" hervorgegangen sind. Dieser Gedanke vervollständigt das Schuldbekenntnis in Str. 26 (statt der leeren Phrase V. 2), während die Versicherung der 22. Strophe als entstellende Vorwegnahme des Inhalts von 28 erscheint. Der echte Ausgang in Str. 10 unseres Liedes[31] knüpft wieder an die beiden ersten Strophen (Eltern – Brüder) an. Auch diese zugleich äußere und innere Geschlossenheit spricht für unsere Hypothese.

Zur allgemeinen Beurteilung des Liedes möchte ich noch bemerken: Der dichterische Kern ist selbstverständlich nicht die gelungene List. Zugrunde liegt die psychologische Tatsache, daß die Reue oft erst dann eintritt, wenn der Tod eine Wiedergutmachung nicht mehr zuläßt. Darauf baut die lebenserfahrene Frau. Und wie die Täuschung von Mutter und Tochter mit den einfachsten Mitteln bewerkstelligt wurde, so wird sie auch nicht einen Augenblick länger aufrechterhalten, als unbedingt notwendig ist. Das Gelöbnis legt der Ritter ab, als er bereits weiß, daß ihm der Tod des Mädchens nur vorgespiegelt wurde.

Die Nonne

Auch das Volkslied von der „Nonne" lebt in Deutschland nur mit jüngeren Fassungen fort, während seine ndl. Tradition bis in die Sammlungen des 16. Jahrhunderts zurückreicht.[32]

Ich stelle wieder den Wortlaut des Archetypus einem jüngeren hd. Vulgattext[33] gegenüber und schließe die Begründung meiner Lesarten an:

Deutsche Vulgatform	Erschlossener Archetypus
1. Ich stund auf hohem Berge	I. Ic stont op hoogen bergen,
Und sah ins tiefe Tal,	Ic sach daer soo diepen dal,
Ein Schifflein sah ich fahren,	Ic sach een scheepken drijuen,
Darin drei Grafen war'n.	Darin drei ritter war'n.

---

[31] Str. 27 ist zusammengeflickt aus den Versen 26, 1/2 und 28,1.4

[32] Vgl. Uhland, Nr. 96; Erk-Böhme, Lh.I, Nr.89; Bahlmann, *Münsterländische Märchen, Sagen, Lieder . . .*, Münster (1898), 193; in einem hs. Anhang zu einem Exemplar der „Souterliedeken", Leiden 1540 (Vgl. M.E. Mincoff-Marriage, *Souterliedekens*, 's Gravenhage 1922; v. Duyse, Nr. 21a); Oudt Amsterdams Lb. 1591, Bl.34 (Duyse, Nr. 21b); Antw.Lb. v.J.1544 (vgl. Hor.Belg. XI), Nr. 87; v. Duyse, Nr. 21c; Koepp, a.a.O. 91 ff.; 226 f.); J. Meier, Dt. Literatur Balladen I (1935), Nr. 27 – Ein Verzeichnis aller bekannten Fassungen (831), das mit Unterstützung des Deutschen Volksliedarchivs aufgestellt wurde, findet man bei H. Helbron: *Das Lied vom Grafen und der Nonne*. Diss. Kiel (1936), 21 ff. Auch E. Funk (*Die Rolle der künstlichen Bearbeitung in der Textgeschichte der alten deutschen Volksballaden*, Diss. Tübingen 1938) widmet unserem Liede einen Abschnitt ihrer Untersuchung.

[33] Vgl. J. Meier, Dt.Lit.Balladen, Nr. 27: DVA A 21650.

2. Der jüngste von den dreien,
   der in dem Schifflein saß,
   Gab mir einmal zu trinken
   Den Wein aus einem Glas.

II. Den alder ioncsten ridder,
    Die in dat scheepken was,
    Die scanc mi eens te drincken
    Den wijn wt een glas.
    God loons hem die dat was.

1. Een ridder ende een meysken ionck
   In eenen scheepken saten,
   Hoe stille dat dat scheepken stont,
   Als sie van minnen spraken.

3. Was zog er von seinem Finger?
   Einen Ring von Gold so rot:
   ,Nimm hin, du Hübsche, du Feine,
   Trag ihn nach meinem Tod.'

2. ,Och segt mi, stout ridder goet
   Ich möchte so gerne wissen,
   Waer om dat scheepken stille stoet
   Als wi sprecken van goeder minnen.

4. ,Was soll ich mit dem Ringelein,
   Wenn ichs nicht tragen darf?'
   ,Ei sag, du hasts gefunden
   Draußen im grünen Gras.'

3. ,Dat dat scheepken stille staet,
   Dat een gheeft mi gheen vreemde,
   Ick hebbe so menighe ionghe maecht
   Ghebrocht in groot allende.'

5. ,Ei warum sollt ich lügen?
   Stünd mirs gar übel an;
   Viel lieber wollt ich sagen,
   Der junge Graf wär mein Mann.'

4. ,Hebdy so menighe ionghe maecht
   Ghebrocht in groot allende,
   Viel lieber will ich in das kloster gehn,
   Dat mi God niet en scheynde.'

6. Es stund wohl an ein Vierteljahr

5. Es stund wohl an ein vierteljahr,
   Zum kloster kam sie gegangen.
   Sie klopfte so leise an den ring,
   Sie wollte die weihe empfangen.

Dem Grafen träumts gar schwer,
Als ob seine Herzliebste
Ins Kloster gegangen wär.

6. Und da es kam um mitternacht,
   dem ritter träumt es schwere,
   Als ob seine herzliebste maid
   Ins kloster gegangen wäre.

7. Der Herr sprach zu dem Knechte:
   Sattle unser beider Pferd!
   Wir wollen reiten Berg und Tal,
   Der Weg ist reitenswert!

7. ,Holt meinen speer und meinen schild!
   Mein schwert an meine seite!
   Und sattelt mir mein graues roß:
   Zum kloster will ich reiten.'

8. Und als er vor das Kloster kam,
   Gar leise klopft er an:
   ,Gebt her die jüngste Nonne,
   Die erst gekommen ist!'

8. Und als er vor das kloster kam,
   Er hörte die Glocken klingen,
   Hi hoorde wel aen der clocken clanck,
   Dat sie die messe moest' singhen.

9. ‚Es ist ja keine gekommen,
   Es kommt auch keine mehr.'
   ‚So will ich das Kloster anzünden,
   Das schöne Gotteshaus.'

10. Sie kam herausgeschritten,
    Schneeweiß war sie bekleid't,
    Ihr Haar war abgeschnitten,
    Zur Nonne war sie bereit't.

11. Was gab sie ihm zu trinken
    Aus einem Becherlein?
    Und in zweimal vierundzwanzig Stunden
    Sprang ihm sein Herz entzwei.

9. Hi nam dat swaert al in seine hant,
   Hi settet op sin herte,
   Er ließ es hineingehn bis zum knauf,
   Des hatte der ritter schmerzen.

12. Mit ihren weißen Händen
    Grub sie dem Grafen ein Grab,
    Aus ihren schwarzbraunen Augen
    Sie ihm das Weihwasser gab.

13. Mit ihren zarten Händen
    Zog sie den Glockenstrang,
    Mit ihrem roten Munde
    Sang sie den Grabgesang

Str. I/II. Der Eingang der Ballade, der zu den verschiedenartigsten Deutungen Anlaß gegeben hat,[34] erklärt sich als Bitte des Spielmannes um einen Trunk. Zu diesem auch sonst üblichen Brauch – wir kennen ihn im Volkslied bereits aus der Ballade „Frau zur Weißenburg"[35] – schreibt F. Vogt: „Diese angelegentliche Aufforderung wird von dem Vortragenden ... auf äußerst schlaue Weise in die Erzählung eingeflochten. Gerade wo er an einen besonders spannenden Moment gekommen ist, hält er plötzlich inne und verheißt seinen Zuhörern die glückliche Lösung nur, wenn sie ihm zuvor einen Trunk reichen wollen."[36] Offenbar stimmt unser Text hierzu in allen Einzelheiten.

Der Sänger beginnt scheinbar eine romantische Geschichte von drei Rittern. Das Interesse wächst am Anfang der zweiten Strophe, und der Spielmann hält seine Zuhörer einige Augenblicke in dieser Stimmung fest. Nach dem vielverheißenden ersten Verse fährt er mit behaglicher Breite fort: „die in dat scheepken was". Dann, als die Spannung auf das höchste gestiegen ist, kommt plötzlich die überraschende

---

[34] Nach allem ist es begreiflich, wenn Helbron (a.a.O., 71) zu dem Schluß kommt, daß die beiden überlieferten Eingangsstrophen gar nicht ursprünglich zu dem Liede gehören. Wie wir jedoch sehen werden, geht diese Folgerung etwas zu weit.

[35] Antw. Lb.v.J. 1544, Nr. 23 (vgl. Erk-Böhme, Lh.I, Nr. 102 g).

[36] Vgl. *Leben und Dichten der deutschen Spielleute im Mittelalter*, Halle (1876), 22.

Wendung, die von der ritterlichen Gesellschaft oder dem versammelten Volk gewiß verstanden wurde.[37]

Mit dieser Erklärung vereint sich nun auch der 5. Vers in Str. 2, und der „Spielmannsdank" in dieser Strophe wird die Ursache der Fünfzeiligkeit auch der anderen in AL 87 geworden sein. Der ältere Text der „Souterliedekens" bezeugt zusammen mit dem von 1590[38] die Vierzeiligkeit auch für die ndl. Tradition. Mit der einen Ausnahme von Str. 2 sind alle übrigen fünften Zeilen nur Wiederholungen oder Füllsel.[39]

Von hier fällt zugleich ein Streiflicht auf den Entwicklungsgang der Ballade. Indem man den spielmännischen Eingang für den echten Anfang hielt, wurde eine andere, jetzt als störend oder überflüssig empfundene Einleitung unterdrückt, und die Zerrüttung wurde dadurch vervollständigt, daß man die folgende Handlung dem unechten Eingang anzugleichen suchte. Eine weitere Folge war, daß auch das Versmaß der Ballade unter dem Einfluß der beiden Spielmannsstrophen eine Wandlung durchmachte, was zu rhythmischen Unregelmäßigkeiten in AL 87 sowie zu schwachen Reimverbindungen und mehrfachen Zerdehnungen eines Verses in dem älteren Text (1540) führte.

Bis in die jüngere Überlieferung treffen wir auf den vierhebig vollen Vers:

Und als er vor das Kloster kam

(Al 87: „Mer doen hi voor clooster quam"), und die Folgerung erscheint naheliegend, daß auch für die übrigen Strophen unserer Ballade der Rhythmus 1 : 3 vierhebig voll vorauszusetzen ist. Es war die Absicht des Dichters, daß seine scherzhafte Einleitung sich auch äußerlich von der ernsten Liedfabel abheben sollte. Dem gleichen Zweck dient die Fünfzeiligkeit der 2. Strophe.[40] Andererseits wird sich aber zeigen, daß der Eingang in der Urform nicht ohne jeden Zusammenhang mit dem Stoff der Ballade war.

Str. 1-4 = AL 45 Str. 1-4. Der an das geheimnisvolle Stillstehen des Wassers anknüpfenden Frage des Mädchens steht in den drei alten ndl. Versionen eine ungläubig-spöttische Rede des Ritters gegenüber, und charakteristisch ist, daß beide Formen dieselbe Einleitung aufweisen: AL 45 Str. 2,2. „Ick soude gaerne weten" – AL 87 Str. 5,3 „Hoe geerne soude ick weten" (1540: „soo soude ic hoe gheerne weten"). Das Motiv „hoher Berg – (tiefes) Tal" taucht in den Strophen AL 45

---

[37] Auch das „Einschenken kühlen Weines" (Souterliedekens 2,2, zusammengezogen mit 1,1 schon in der Melodieangabe des 15. Jahrh., vgl. Hor. Belg. II, 20; Kalff, a.a.O., 160) hat eine Parallele in einer Spielmannsstrophe (vgl. „Die Frau zur Weißenburg", Dt. Volkslieder mit ihren Mel. I,1, 1935, Nr. 30 Fassung 2, Str. 30.

[38] Vgl. Hor. Belg. II, 128 f.

[39] Vgl. Kalff, a.a.O., 161; E. Funk, a.a.O., 20 f.

[40] Meinem Text liegt AL 87, 1; 2 zugrunde, Z. 1,2 nach den Souterliedekens. – Zu der Figur des „ruyter" vgl. Koepp, a.a.O., 95 f.

Str. 5-9 (13) als erotisches Wortspiel auf.[41] Andererseits ist der innere Trennungs-
strich zwischen beiden Strophengruppen deutlich. Das Geständnis in Str. 3 wurde
unter dem Eindruck des Wunders[42], gleichsam unter höherem Zwange abgelegt. Die
Strophen der zweiten Gruppe setzen das Gespräch in zynischer Weise mit direkter
Beziehung auf das Mädchen fort.

Der Wechsel des Ausdrucks 1,2.3 (riuierken – water) entspricht nicht dem Stil
der alten Volksballade, wie er sich auch in dem bekannten kettenförmigen Anschluß der Strophen untereinander ausprägt.[43] Wir lesen in beiden Fällen „scheepken" und ebenso in den darauf Bezug nehmenden Versen 2,3. 3,1. Die so entstehende
äußere Situation läßt das poetische Motiv noch klarer und plastischer hervortreten,
und der spielmännische Eingang erfüllt jetzt den künstlerischen Zweck einer Ein-
stimmung auf die Lage zu Anfang der Ballade, etwa durch den Hinweis auf das
„Treiben" des Schiffleins, vielleicht auch durch das hier entworfene Landschaftsbild,
für das innerhalb der eigentlichen Dichtung kein Raum war. Weiter geklärt wird
ferner der Befund unserer Überlieferung. Scheinbar waren zwei verschiedene Schiff-
lein-Szenen vorhanden, von denen man zumeist der ersten den Vorzug gab.[44]

Der Warnruf 4,3, der im AL formelhaft ist (vgl. Nr. 1; 3; 7; 74), scheint hier
wohl logisch am Platze zu sein, gibt aber keineswegs den dichterischen Gedanken
wieder. Das Wunder hatte nicht nur für den Ritter, sondern auch für die Magd eine
völlig neue Lage geschaffen, die von ihr eine Entscheidung in bezug auf sich selbst
forderte. Nun wird in den Dialogstrophen 5-9 die Gegenrede des Mädchens zweimal mit der Wendung „lieuer" (6,3), „veel lieuer" (7,1) verbunden, und daß diese
zum festen Bestande des Liedes gehört, erhärten auch die jüngeren deutschen Fassungen, in denen sie sich – ebenfalls nicht mehr in ihrem ursprünglichen Zusammenhang – behauptet hat (vgl. 5,3 in der Vulgatform). Die sekundäre Phrase „wacht v",
die den älteren Wortlaut verdrängte, hat ferner eine Vertauschung des Prono-
mens in Z. 4 nach sich gezogen.[45]

Es entspricht durchaus dem mittelalterlich-dualistischen Denken, wenn das Mädchen nach unserer wiederhergestellten Lesart aus der Welt in das Kloster fliehen
will, um nicht der Verführung durch den Ritter zu erliegen und sich dadurch die
Strafe Gottes zuzuziehen. Dieser zugleich für ihren Charakter bezeichnende Ent-

---

[41] Im Gegensatz zu AL 87 ein weiterer Beleg für die ältere Lesart mit oberdeutschem
Landschaftsbild.

[42] Uhland erinnert zu dem Text AL 45 an einen alten germanischen Rechtsbrauch, bei
dem man sich auf den fortdauernden Lauf des Wassers berief (vgl. Schriften III, 219).

[43] J. Meier (Dt. VI. mit ihren Mel. III,339) bezeichnet das Wort „riuierken" als „mo-
disch" und zweifellos Jüngeres darstellend.

[44] In der achtstrophigen Fassung „Een Meysken op een Riuierken sadt (Amst.Lb.v.J.
1589 Bl. 47b – vgl. J. Bolte, Tijdschrift voor Nederl. Taal – en Letterkunde X, 1891, 179),
deren Einsicht mir noch vor dem Kriege von der Direktion der Stadtbibliothek in Danzig
gütigst ermöglicht wurde, steht die gemeinsame Schiffsfahrt eines Liebespaares im Mittel-
punkt.

[45] In dem Vers 4,1 haben wir „junge" ergänzt, zu „swaer" (4,2) vgl. unten.

schluß bildet das „erregende Moment", von dem die Handlung der Ballade – unsere vier Strophen stellen die Vorgeschichte dar – ihre Spannung herleitet.[46]
Str. 5/6. Das Kommen der geweihten und eingekleideten Nonne am Schluß der sekundären Überlieferungen wirkt theatralisch und bedeutet zudem eine Durchbrechung der Klausurgesetze, die gerade für Nonnen besonders streng waren.[47] Dagegen haben wir Grund anzunehmen, daß in der Urform der Gang des Mädchens zum Kloster geschildert wurde.

Das Anklopfen an die Pforte war die typische Handlung der Einlaßbegehrenden, die um Aufnahme in die Gemeinschaft des Klosters nachsuchten, ihm kam sogar religiöse Bedeutung zu. Ein „beharrliches" Einlaßfordern war nach der Regel Benedikts die erste Stufe der Demutsübung für den künftigen Mönch oder die Nonne.[48] Von hier aus wird es wohl gewiß, daß wir das Anklopfen auf das Mädchen zu beziehen haben, daß es aber „so leise" geschieht (schon 1540: „Hi clopte daer so lyselic – so lyselic op den rinc") – was man von dem kühnen Ritter kaum erwarten würde –, läßt auf den inneren Kampf schließen, den die Magd vor dem schwerwiegenden Schritt zu bestehen hat. Das Motiv unserer Strophe findet sich, auf zwei Zeilen zusammengeschrumpft, in AL 87 als Konditionalsatz vor der Spottrede des Ritters:

> 5. ‚Och ioncfrou nonne als ghy te clooster gaet
> Ende als ghi wijnge ontfaet.'

Zu vergleichen ist auch 1540: „die lestmael oerden ontfinck" und AL 87: „dat hier lest wijnge ontfinc".

Das Vierteljahr im Text der deutschen Traumstrophe wird auf die verkürzte Novizenzeit gedeutet. Doch müßte man hier fragen, warum gerade diese und nicht eine längere oder noch kürzere Zeit von dem vorgeschriebenen Probejahr (in strengen Orden waren es drei Jahre) abgelegt wurde. Vielmehr erweist sich diese Strophe als eine Zusammenziehung aus ihrem ursprünglichen, um die erste Zeile verkürzten Versbestand[49] mit der ersten Zeile der ihr vorangehenden Strophe, in der von dem Gang zum Kloster berichtet wurde. Beide beginnen mit einer Zeitbestimmung, und auch der Inhalt ist verwandt. Die Magd hatte bisher nur bedingt von ihrer Absicht

---

[46] Die Gestalt des geldgierigen, habsüchtigen Ritters (ndl.), der die Magd wegen ihrer Armut verschmäht und später von ihr abgewiesen wird, zeigt, daß unser Lied im 16. Jahrh. bereits volkläufig geworden ist. – Helbron (a.a.O., 1 ff.) sucht seine Annahme, das Mädchen sei einem von väterlicher Seite geübten Zwange gefolgt, mit der Zeitgeschichte des 14. Jahrhunderts (Geißlerfahrten, „Nonnenklagen") zu rechtfertigen. Doch ein solches passives Verhalten wäre künstlerisch ungeeignet und darf auch nicht als Regel gelten.

[47] Vgl. die Artikel „Kloster" in Zeller, *Theologisches Handwörterbuch,* Calw und Stuttgart 1905, und: „Klausur" in Wetzer und Welte, *Kirchenlexikon oder Enzyklopädie der kath. Theologie . . .* Bd. 3 (1893), 442.

[48] Vgl. Mehlhorn, *Aus den Quellen der Kirchengeschichte II,* Berlin 1899, 162 f.

[49] Mit dem echten, das Motiv auch stimmungsmäßig untermalenden Anfang ist die Strophe in die sekundären Formen von „Ritter und Magd" übergegangen (vgl. Uhland 97 A Str. 8).

gesprochen. Die verflossenen drei Monate sind demnach die Zeit vergeblichen War-
tens auf eine innere Umkehr des Ritters.[50]

Str. 7/8 = AL 45 Str. 18; 19; 23. In der Sattelstrophe 18, von der schon oben
(„Ritter und Magd") die Rede war, sind die gut assonierenden Versausgänge
„side" : „rijden" das Primäre, da sie jedoch in 17/18 getrennt vorkommen, fehlt in
diesen beiden Strophen ein ausreichender Reimverband.[51] In AL sagt das Mädchen:
‚In een cloosterken wil ic rijden" (4,3), was sichtlich eine Entstellung aus dem Vers
7,4 der Urform ist. Der Ritter hat im Sinn, das Mädchen, sei es mit Gewalt, aus dem
Kloster zu befreien. Selbstverständliche Voraussetzung ist es natürlich, daß die
Weihe noch nicht vollzogen war. Der „schwere Traum" hatte nur den Gang ins
Kloster zum Gegenstand, und der Ritter durfte, als er den Rüstbefehl gab, noch
hoffen, das Mädchen als Novize anzutreffen.[52]

In den beiden ihrem Wortlaut nach parallelen Strophen 19; 23 fällt wieder die
Reimlosigkeit auf. Sie erklärt sich auch hier durch die Zerreißung des ursprünglichen Reimverbands der Urform: „klingen : singen". Der Redaktor verteilte die
Motive der echten Glockenstrophe auf zwei Nachbildungen ihres Textes, so daß die
eine das Läuten der Glocken, die andere das Singen der Messe zum Inhalt hat.

Das seit Gregor dem Großen († 604) der Geistlichkeit vorbehaltene „Singen der
Messe" war ein Kennzeichen des Lebens im geistlichen Stande, und V. 4 ist somit
nur eine andere Ausdrucksweise für die Tatsache, daß das Mädchen die Weihe empfangen hatte, so wie es auch AL 87 heißt: 9,5. „Sie looft hem ouerluyt."[53] Das
Glockenklingen bei der Ankunft vor dem Kloster – das dritte „Zeichen" (vgl. unten)
– zeigt dem Ritter an, daß die Entscheidung, an deren Endgültigkeit er nicht zweifeln kann, soeben gefallen ist. Ein deutliches „Zu spät" tönt ihm aus dem Geläut
entgegen.[54]

---

[50] Die deutsche Traumstrophe wird von den ndl. Fassungen nicht überliefert. Aber zwei
Stellen in AL 45 erinnern an sie: der mit Silben überfüllte Vers 24,4, der im formalen Bau
ihrer zweiten Hälfte entspricht, und der Ausdruck „swaer", der 4,2 für das ursprüngliche
Wort „groot" steht.

[51] Die Sattelstrophen in AL 87 und in den deutschen Fassungen sind formelhaft. In
meinem Aufsatz *Das Spielmannslied von der Frau zu Weißenburg* (Neophilologus XXV,
186 f.) zeigte sich jedoch, daß der Vers: „Es ist mir reitenswert" dort seinen Ursprung hat.

[52] Die Drohung, das Kloster anzuzünden, ist aus den Stürmen der Reformationszeit
erwachsen. Der Ritter in der echten Ballade denkt bei seinem Vorhaben nur an ritterliche
Waffen.

[53] Das Motiv unserer Strophe hat sich auch in die Ballade „Totenamt" verirrt, wo es in
zersungener Gestalt den sekundären Schluß bildet (vgl. zur Urform meinen Aufsatz im
Nd.Jb. 54 (1928), 75 ff. und unseren Aufsatz oben).

[54] Somit ist das Mädchen schon am folgenden Tage nach ihrer Ankunft im Kloster zur
Nonne geweiht worden. Ein solcher gänzlicher Verzicht auf die Vorbereitungszeit war vor
dem Tridentinum noch zulässig (vgl. Scherer, *Handbuch des Kirchenrechts*, 2. Bd., 2. Abt.
(1878), 806), und wie mir Herr Professor Klauser in Bonn durch eine freundliche Mitteilung bestätigte, trat dieser Fall namentlich sein, wenn Gründe es notwendig erscheinen
ließen. Ein solcher Grund war hier die gewaltsame Befreiung der jungen Novize, wie sie der
Ritter ja auch wirklich beabsichtigt hatte.

Str. 9.   Die Grundlage unseres wiederhergestellten Textes ist
Str. 7   der Kompilation „Kastell zu Braunschweig":

> Si nam dat swaert al metten knoop
> Si settet op haer herte
> Si litet so lijselijc innenwaert gaen
> Des hadde die ridder smerte.

Wie schon in der vorhergehenden Strophe (6), so wurde in dieser das Subjekt verändert. Es ist jetzt von einer Frau die Rede.[55] Dem mußte der Text angepaßt werden, und so geriet „knoop" von der dritten in die erste Zeile. In der ursprünglichen Lesart sollte zum Ausdruck gebracht werden, daß der Stoß mit äußerster Heftigkeit geführt wurde, wie nur ein Mann es fertigbringen konnte, und das in V. 3 eingetragene „so lijselijc" verrät die Herkunft aus Str. 5 unserer Ballade und macht es zugleich wahrscheinlich, daß in dieser auch die ursprüngliche Stelle der Selbstmordstrophe war.[56] Hinzu kommt eine indirekte Bezeugung durch die ndl. Fassung „Wy klommen op hooge berghen"[57] 11, 4/5.

> En hy doorstak zich koen
> om geen hertzeer te voen.

Von wesentlicher Bedeutung ist nun vor allem die Beziehung dieser Strophe zu der Grundidee des Liedes. Es ist daher erforderlich, auf diesen Punkt, an dem die innere Geschlossenheit der Fabel sichtbar wird, etwas näher einzugehen.

Aus der wunderhaften Begebenheit während der Schiffsfahrt mußte der Ritter schließen, daß eine höhere Macht am Werke war, die um seine Schuld wußte und ihm noch eine letzte Frist zur Umkehr setzen wollte. Er hatte die Möglichkeit, an diesem einen Mädchen gutzumachen, was er an den anderen verschuldet hatte.

Obwohl er auch den Plan der Magd kannte, ließ er die Frist verstreichen, wohl weil er an der Ernsthaftigkeit des Vorsatzes zweifelte. Der schwere Traum, der ihn aus dem Irrtum riß, erhält demnach die Bedeutung eines zweiten Eingreifens der höheren Macht, es ist der zweite der „Oberen Vorgänge"[58], die in unserem Liede neben und über dem irdischen Geschehen einhergehen. Trotz seines sofortigen und eiligen Aufbruches kommt aber der Ritter nicht rechtzeitig, um das Mädchen vor dem „Begrabensein" hinter Klostermauern zu retten, in das sie vor ihm geflüchtet war. Hierfür gibt es nur eine Erklärung: Der Ritter sollte zu spät kommen, der

---

[55] Vgl. oben, Anm. 11.

[56] AL Nr. 62, wo die Wendung „lijselijc" ebenfalls vorkommt, ist auch von unserem Liede abhängig. – Vgl. die zum Sentimentalen umgebogene Lesart am Schluß von „Ritter und Magd" (deutsche Fassung).

[57] Vgl. v. Duyse, Nr. 21 d.

[58] Vgl. bei Börries v. Münchhausen, *Meisterballaden* (Berlin und Leipzig 1925), die Abschnitte über Droste Hülshoff, Die Vergeltung, und Schiller, Die Kraniche des Ibykus.

schwere Traum hatte nicht mehr den Zweck, Unglück zu verhüten. Er war vielmehr das erste Zeichen seiner Verurteilung.

Der dritte „Obere Vorgang" ist mit dem „Unteren", dem „sinnlichen Zeichen" verknüpft, eine Andeutung der Nähe des strafenden Blitzstrahles.[59] Aus dem Läuten der Glocken, dem an sich nichts Mystisches anhaften würde, vernimmt der Schuldige den Spruch der Gottheit; es verkündet ihm, daß er „gerichtet ist". Wenn jetzt der kühne Ritter, der zum Kampfe gewappnet auszog, die Waffe gegen sich selbst wendet, so vollzieht er damit das Urteil der himmlischen Macht und wird sein eigener Richter.

Hier erhebt sich die Frage, wie der Selbstmord, die „Todsünde" nach mittelalterlichen Begriffen, im Rahmen unserer Dichtung zu beurteilen ist.[60]

Der dargelegte, durch die „Oberen Vorgänge" bezeichnete innere Aufbau fordert, wenn wir ihn richtig gedeutet haben, den Schluß, daß der Ritter zur vollen Erkenntnis seiner schweren und wiederholten Verfehlung gelangt war und diese in seiner Weise sühnen, vielleicht auch weiterer Versündigung, zu der seine schwache Natur neigte, ein Ziel setzen will. Im letzten Vers der Selbstmordstrophe wird noch einmal die schmerzhaft-harte Art betont, in der er sein Leben beendet. Natürlich blieb es jedem überlassen, ob er an die Möglichkeit einer göttlichen Begnadigung des Sünders glauben wollte oder nicht.[61] Für den modernen Hörer klingt aber wohl das „Gerettet vom Bösen" aus dem Faust an, und das „Hinanziehende" war auch hier das „Ewig-Weibliche", das der Dichter in der reinen und heroischen Mädchengestalt verkörperte.

Wir wissen nicht, in welchem Grade der Zersingung der Redaktor die von ihm kontaminierten Balladen bereits vorgefunden hat. Sein Werk war vor allem die Vereinigung der beiden recht verschiedenen Handlungen, wobei er sich seine Aufgabe in logischer, psychologischer und poetischer Hinsicht äußerst leicht gemacht hat (vgl. Str. 8). Trotzdem erhält man den bestimmten Eindruck, daß seine Quellen den Urformen relativ nahe standen, und hierfür ist noch eine weitere Beobachtung anzuführen. Da er bei seiner Arbeit nicht zwei Anfänge und zwei Schlüsse gebrauchen konnte, übernahm er von der einen Dichtung („Nonne") den Anfang, von der

---

[59] Vgl. die Parallele zum „Ring des Polykrates" und dazu Münchhausen, a.a.O., 127.

[60] Herr Professor Ludwig Wolff in Marburg machte mich freundlichst auf diese Schwierigkeit aufmerksam.

[61] Anders als die lasterhaften Anlagen, die vitia capilalia, haben die zum Tode führenden Tatsünden niemals einer festgefügten Norm unterlegen (vgl. Marie Gothein, *Die Todsünden*, Archiv für Religionswissenschaft X, 1907, S. 454; O. Zöckler, *Biblische und kirchenhistorische Studien*, 3. Heft: *Das Lehrstück von den sieben Hauptsünden*, München 1843, S. 92). Bei Dante, Inferno XIII, waren die Selbstmörder vor ihrer Tat alle weit entfernt von der sittlichen Regung der contritio, die im Falle des Ritters den charakteristischen Beweggrund darstellt. „Als Prinzip muß unbedingt festgehalten werden: Was einer direkten Selbstvernichtung gleichkommt, ist unter allen Umständen sündhaft und Selbstmord. Die Beurteilung jedoch, ob dies in einzelnen bestimmten Fällen zutrifft, ist nicht immer ohne Schwierigkeit" (vgl. Wetzer und Welte, a.a.O., Bd. XI, 77/78).

anderen („Ritter und Magd") den Schluß. Die beiden hier unterdrückten Bestandteile des Textes haben wir nun in der Kompilation „Te Bruynswijck staet een casteel" als Str. 1 und 7 festgestellt, und auch die eine der beiden Sattelstrophen hat dort einen Platz gefunden (2). Voraussetzung wäre allerdings, daß die Bearbeiter von AL 45 und 151 miteinander identisch sind.[62]

---

[62] Eine gewisse Parallele hierzu ist auch die Einkapselung der aus AL 45 Str. 17 verdrängten Verse 2.4 in die beiden Sonderstrophen am Schluß von AL 87 (vgl. oben). Ferner möchte ich darauf hinweisen, daß ich in meiner Dissertation *Studien zum Antwerpener Liederbuch vom Jahre 1544, mit einem Anhang über das Volkslied vom Grafen Friedrich*, Tübingen 1923, bereits an anderen Texten zu ähnlichen Ergebnissen gekommen bin. Ich habe dort die Vermutung ausgesprochen, daß der Sammler zugleich der Redaktor war.

XI. Zum niederdeutschen Volkslied „Reif und Schnee"[1]

Das hier zu untersuchende Lied lautet in seiner hochdeutschen, dem niederdeutschen Text fast wörtlich entsprechenden Fassung[2]:

1. Nun fall, du reif, du kalter schne,
   fall mir auf meinen fuß!
   das megdlein ist nit über hundert meil,
   und das mir werden muß.

2. Ich kam für liebes kemmerlein,
   ich meint, ich wär allein,
   da kam die herzallerliebste mein
   wol zu der tür hinein.

3. Gott grüße dich, mein feines lieb!
   wie stet unser beider sach?
   ich sichs an dein braun euglein wol,
   du tregst groß ungemach.

4. Die sonne ist verblichen,
   ist nimmer so klar als vor;
   es ist noch nit ein halbes jar,
   da ich dich erst lieb gewan.

5. Was soll mir denn mein feines lieb,
   wenn sie nit tanzen kan?
   für ich sie zu dem tanze,
   so spott mein iederman.

6. Wer mir will helfen trauren,
   der recke zwen finger auf!
   ich sehe vil finger und wenig trauren,
   alde! ich far dahin.

In seiner Anmerkung zu dem Liede *Nu fall du Rip du kolde Schnee* weist Alpers[3] darauf hin, daß die hier sowie in der hd. Fassung verderbten Strophen 4 und 6 in der Lesart der Heidelberger Hs. 343[4] richtig reimen. Wir werden daraus zunächst für Str. 4 schließen dürfen, daß dieser Text dem Original am nächsten steht. Ich möchte außerdem auf folgendes aufmerksam machen: Die Vulgatlesart 4,1 ist aus dem verbreiteten Tageliede *Die sonn die ist verblichen*[5] eingedrungen. Auch der Sinn spricht für die Version der Handschrift (Z. 1/2): *dein mündlein ist verblichen, ist nimmer so rot als vor.* Die Angleichung an das Tagelied war wohl auch die Ursache, daß die Kadenz des ursprünglich vierhebig vollen Verses verloren ging. Es liegt nahe, an das Wörtchen „ganz" zu denken.

---

[1] Der Aufsatz erschien im Jahrbuch des Vereins für niederdeutsche Sprachforschung 53 (1927), S. 153 ff.

[2] *Ambraser Lb.v.J.1582*, hrsg. von J. Bergmann, Stuttgart 1845, Nr. 62; vgl. Uhland, Nr. 47 A; Erk-Böhme, Lb. Nr. 447.

[3] Paul Alpers, *Die alten niederdeutschen Volkslieder gesammelt und mit Anmerkungen herausgegeben*, 1924, Nr. 54, Anm. S. 239; 2. Aufl. Münster 1960, Nr. 45.

[4] Hrsg. von Arthur Kopp, Berlin 1905, DTM V Bl. 109; Uhland 47 C.

[5] Georg Forsters *Frische teutsche Liedlein* (hrsg. von E. Marriage, Halle 1903) III, 1552; Heidelb. Hs. 343 Nr. 112.

Der weitere Inhalt dieser Strophe: *do ich dich zum ersten mal lieb gewan – ist lenger dan ein jar* besagt im Zusammenhang mit der nächsten, daß es sich bei dem Liebenden um keine flüchtige Neigung handelte, wie ja auch aus dem Vers 1,4 hervorgeht. Die Lesart der übrigen Texte[6] ist Antizipation eines Schlußgedankens, der von den vorhandenen Fassungen nicht mehr überliefert wird, sich aber rekonstruieren läßt, wenn man die besondere Art der Volksliedüberlieferung berücksichtigt.

In seiner ersten Strophe weist das ndd. Lied eine nicht unwesentliche Variante auf. Dieser Text liest 1,3: *Dat Megdlin is aver hundert Mile.* Hier verdient jedoch die hochdeutsche Vulgatlesart: *das megdlin is nit über hundert meil* den Vorzug Aber nicht Uhlands Deutung, daß der zurückkehrende Liebende Reif und Schnee seiner Stimmung gemäß findet[7], ist jetzt den Versen zu unterlegen. Denn es ergibt sich ein feinerer Sinn, wenn man in den Worten, was auch die Stellung der Strophe wahrscheinlich macht, noch keine Anspielung auf das Unglück des Sängers sieht. Der Dichter erzählt, daß er eines Tages, trotz des ungünstigen Wetters, die weit, aber „nicht über hundert Meilen" entfernt wohnende Geliebte aufgesucht habe. Str. 1 enthält demnach seine Gedanken vor dem Aufbruch. Nun schließt das Lied in den heutigen Fassungen mit einer typischen Strophe (letzter Vers: *alde! ich far dahin,* oder Heidelb. Hs.: *drump so hör ich singens auf*).[8] Dies sowie der fehlende oder mangelhafte Reim „auf : dahin" bzw. „auf : auf" macht die Strophe textkritisch verdächtig.

Das von Uhland als Nr. 43 überlieferte Lied („Verschneiter Weg")[9] hat folgenden Wortlaut:

1. Es ist ein schne gefallen
wan es ist noch nit zeit,
ich wolt zu meinem bulen gan,
der weg ist mir verschneit.

2. Es giengen drei gesellen
spazieren umb das haus,
das meitlein was behende,
es lugt zum laden auß.

3. Der ein der was ein reuter,
der ander ein edelman,

der dritt ein stolzer schreiber,
der selbe wolt es han.

4. Er tet dem meitlein kromen
von seiden ein harschnur,
er gabs dem selben meitlein:
,bind du dein har mit zu!'

5. ,Ich will mein har nit binden,
ich will es hangen lan,
ich will wol disen sommer lang
frölich zum danze gan.'

An der Spitze dieses Liedes steht eine Strophe, die mit dem Inhalt der weiteren Strophen nur ganz allgemein, wie Böhme bemerkt, symbolisch zusammenhängt. Da-

---

[6] Vgl. den Quellennachweis bei Kopp, *Die niederdeutschen Lieder des 16. Jahrhunderts,* Jahrb. des Ver. f. ndd. Sprachforschung 26 (1900), S. 13.

[7] Vgl. *Schriften III,* S. 544 f.

[8] Zu V. 1-3 verweist Uhland auf J. Grimm, *Deutsche Rechtsaltertümer* 141. 862 f., vgl. *Schriften IV,* S. 40 ff., siehe auch dort die große Zahl von Belegstellen für dies Motiv.

[9] Nach Uhland in einem fl,Bl. um 1570; Geschichtsklitterung Kap. 8. – Str. 1: „Graß-liedlein" Nr.6; vgl. Erk-Böhme Nr. 442.

von, daß ein Liebender zu seinem Mädchen geht, ist in diesem Gedicht überhaupt nicht die Rede. Vielmehr ist die Situation ähnlich wie in dem Reiterliede: *Ich reit einsmals zu Braunschweig aus.*[10] In beiden Liedern trifft ein Mädchen seine Wahl zwischen Bewerbern verschiedenen Standes. Das Gespräch findet vor dem Fenster statt. Das Versmaß der dritten Zeile von Str. 1 weist nun auf ein Strophenschema hin, bei dem die Zeilen 1 und 3 den vierhebig vollen Rhythmus haben. Z. 1 unseres Textes würde sich auch leicht durch Hinzufügung des Wortes „heuer" (einsilbig: „heur") diesem Metrum angleichen lassen. In dem Liede „Verschneiter Weg" trifft man nur noch einmal in Str. 5 (Z. 3) einen vierhebig vollen Vers. Dagegen stimmt das Schema der Schneestrophe mit dem des Gedichts *Nun fall, du reif, du kalter schne* überein[11], und zu diesem Liede würde auch das Motiv passen, daß der Sänger zu seinem Buhlen gegangen ist.

So wird man zu dem Schluß gedrängt, daß die Strophe von dem verschneiten Wege zu dem Gedicht „Reif und Schnee" gehört und von hier entlehnt wurde. Eine solche Annahme ist auch deshalb nicht unbegründet, weil sich beide Lieder durch das charakteristische Tanzmotiv („Verschn.W." Str. 5, „Reif und Schnee" Str. 5) berühren. Der Ausdruck „kromen" („Verschneiter Weg" 4, 1/2) erinnert ferner an das breiter ausgeführte Krämermotiv in dem Liede „Rosenkranz".[12] Dieses Gedicht behandelt aber wiederum denselben Stoff wie das Lied „Reif und Schnee".

Stellen wir die Strophe „*Es ist ein schne gefallen*" an ihren ursprünglichen Platz nach der 5. Strophe des Liedes *Nun fall, du Reif, du kalter Schnee*, so erhalten wir einen künstlerischen Abschluß des Sujets, und es ergibt sich zugleich, daß die Bemerkung, der Schnee – jetzt bildlich gemeint – sei zu früh gefallen, dazu geführt hat, daß schon in Str. 4 im sekundären Text etwas Ähnliches ausgesprochen wird. Doch ist der Gedanke hier weniger logisch als an der anderen Stelle.[13]

Dafür, daß die echte Schlußstrophe von dem Liede abgesprengt wurde, ließen sich wohl mehrere Gründe denken. Vermutlich war es die Folge davon, daß später das formelhafte Gesetz mit dem Liede verbunden wurde. Jetzt erschienen beide Strophen als Dubletten, und das singende Volk entschied sich unwillkürlich für die typischen Verse.

Zu fragen wäre noch, ob die zweite Schneestrophe erst im Rahmen unseres Liedes konzipiert wurde. Sie taucht (ebenfalls als Str. 1) bereits in einem Text des 15. Jahrhunderts auf[14] und lautet dort:

---

[10] Vgl. Uhland, Nr. 154.

[11] Für die Unregelmäßigkeit der Vulgatfassung 5,3 hat der ndd. Text eine bessere, vermutlich die richtige Lesart: *wo ick se denn tom danze voer*. Zu 4,1 vgl. oben.

[12] Vgl. Uhland, Nr. 114: „Rosenkranz".

[13] Die f. Bl. Yd 9862/63 weisen eine Lesart mit reiner Reimbildung auf: „Dein äuglein sein dir verblichen – dein mündlein nimmer rotfarb – ja ist noch kein halbes jar – das ich dich schöns lieb erwarb" (vgl. Erk-Böhme, 447 b). Aber dieser Text macht keinen ursprünglichen Eindruck, und die Fassung ist auch sonst sichtlich entstellt.

[14] Münchener deutsche Handschr. 810, Bl. 146 a (6 Strophen) um 1467; Uhland, Nr. 44; Böhme, Altd. Lb., Nr. 165.

Es ist ein schne gefallen,
und ist es doch nit zeit,
man wirft mich mit den pallen,
der weg ist mir verschneit.

Hier fehlt die für das Thema unseres Liedes grundlegende 3. Zeile, sie ist wohl
mit Rücksicht auf Rhythmus und Reim getilgt worden, und der Ersatzvers macht
den Eindruck eines Notbehelfs. Der Sänger klagt auch in der folgenden Strophe
über die Nöte des Winters, wobei es aber befremdet, daß er in einem „alten Haus
ohne Giebel", mit „zerbrochenen Riegeln" und im „kalten Stüblein" wohnen muß.
Nach Strophe 3 hofft er, daß seine Leiden das Herz des Mädchens rühren werden.
Zu dem Motiv der Vorzeitigkeit des Schneefalls besteht aber nur eine sehr lockere
Beziehung. Auf Grund dieser Anzeichen ist man wohl berechtigt, dem Autor des
älteren Liedes die Entlehnung und teilweise Umbildung seiner Eingangsstrophe zu-
zuschreiben. Dies bedeutet zugleich, daß „Reif und Schnee" ein Lied des 15. Jahrhunderts ist.

Reif und Schnee

1. Nun fall, du reif, du kalter schne,
   fall mir auf meinen fuß!
   das megdlein ist nit über hundert meil,
   und das mir werden muß.

2. Ich kam für liebes kemmerlein,
   ich meint, ich wär allein,
   da kam die herzallerliebste mein
   wol zu der tür hinein.

3. Gott grüße dich, mein feines lieb!
   wie stet unser beider sach?
   ich sichs an dein braun euglein wol,
   du tregst groß ungemach.

4. Dein mündlein ist verblichen (ganz),
   ist nimmer so rot als vor,
   da ich dich zum ersten mal lieb gewan,
   ist lenger dan ein jar.

5. Was soll mir denn mein feines lieb,
   wenn sie nit tanzen kan?
   wenn ich sie dann zum tanze für,
   so spottet mein jederman.

6. Es ist ein schne gefallen (heur),
   wan es ist noch nit zeit,
   ich wolt zů meinem bůlen gan,
   der weg ist mir verschneit.

XII. Zum Volkslied „Fuhrmann und Wirtin"[1]

Das Lied „Es wollt ein Fuhrmann ins Elsaß fahren" (Erk-Böhme, Nr. 148 b, Uhland, Nr. 284) ist in seiner vollständigen Form durch zwei fliegende Blätter überliefert (vgl. Erk-Böhme, Lh. I, Nr. 482). Eine verkürzte Fassung dieses Textes mit sieben Strophen (1.3.5.6.8.16 und noch eine weitere Verfasserstrophe) findet sich im Frankfurter Liederbuch vom Jahre 1582 A[2], Nr. 239. Im Stoff, in der Anlage und teilweise im Wortlaut zeigt sich ein Lied des Heidelberger Cod. Pal. 343[3], Nr. 118 mit ihm verwandt. Noch recht ähnlich sind die jüngeren Fassungen im Wunderhorn 2, 192 und Lerond, Lothringische Sammelmappe 1,43 (1890). Zahlreiche frühere und spätere Lieder behandeln dasselbe Thema, wobei die Personen jedoch wechseln (vgl. Erk-Böhme Lh. I, 486). Soweit ich aus eigener Kenntnis jener Fassungen urteilen kann, ragt unser Typus künstlerisch hervor; denn der Dichter hat sich anscheinend bemüht, in seine Darstellung charakteristische Züge aus dem Fuhrmannsleben aufzunehmen. Die Version der fl. Bll. gibt aber zu der Vermutung Anlaß, daß sie nicht mehr die ursprüngliche Gestalt des Liedes darbietet. Sie hat folgenden Wortlaut:

1. Es wolt ein furman ins Elsaß faren,
   er wolt ein fuder wein aufladen,
   darzu den aller-hederle
   zum fitz und federle!
   dazu den allerbesten.

2. Alsbald er über die brucken nauß fur,
   da patschet sein geisel, da knallet sein schnur,
   seine rößlein teten-hederle
   zum fitz und federle!
   seine rößlein teten traben.

3. Er fur für einer fraw wirtin haus,
   die wirtin sah zum fenster rauß,
   mit irn braunäuglein – hederle
   zum fitz und federle!
   mit irn braunäuglein klare.

4. Und da er in die stuben nein trat
   die wirtin bei den gästen saß,
   sie brann gleich wie ein – hederle
   zum fitz und federle!
   sie brann gleich wie ein rosen.

5. 'Fraw wirtin! habt ir nit so vil gewalt
   daß ir ein furman über nacht behalt,
   vier roß und einen – hederle
   zum fitz und federle!
   vier roß und einen wagen?'

6. ,Und wann ich nit so vil gewalt solt haben
   was würd mir dann mein wirtschaft tragen?
   mein man der heist der Hederle
   zum fitz und federle,
   mein man ist selten daheime.'

---

[1] Der Aufsatz erschien in der Zeitschrift des Vereins für Volkskunde in Berlin, Jahrg. 1925 Heft 1, S. 38 ff.

[2] *Das Ambraser Liederbuch vom Jahre 1582*, hrsg. von Joseph Bergmann 1845.

[3] *Die Lieder der Heidelberger Handschrift Pal. 343*, hrsg. von Arthur Kopp 1905.

7. ,Frau wirtin! was ist das für ein ding
daß ich ewern man nit daheime find
bei seinem fräwlein – hederle
zum fitz und federle!
bei seinem fräwlein junge?'

8. ,Und wann mein man nit daheimen ist,
so ist er ins pfaffen stadel und trischt,
trischt nichts dann lauter – hederle
zum fitz und federle!
trischt nichts dann klaren weizen.'

9. Alsbald der wirt nun heime kam
so het sein fräwlein ein andern man,
der schimpf tet sie – zum hederle
zum fitz und federle!
der schimpf tet sie gerewen.

10. Die fraw wirtin war voller list,
sie stecket den knaben in die kist
und schub den schlüßel zwischen die brüst,
zum fitz und federle!
sie sprach: sie het in verloren.

11. ,Und hastu denn verlorn den schlüßel,
so trag mir rein mein hawen und büchsen,
laß mich den kasten – hederle
zum fitz und federle!
laß mich die kist aufhawen!'

12. Alsbald die kist aufgehawen war
da lag darinn ein junger knab,
er brann als wie ein – hederle
zum fitz und federle!
er brann als wie ein rosen.

13. ,O lieber wirt, laß mich doch leben!
ich will dir vier hundert taler geben
auß meines vatters – hederle
zum fitz und federle!
auß meines vatters däschen.'

14. Der wirt gedacht in seinem mut:
,vier hundert taler sind mir gut,
hab ich ein weil zu – hederle
zum fitz und federle!
hab ich ein weil zu zeren.'

15. Den man solt man prügeln allzeit
der sein weib umbs geld weg leiht,
auch wol mit neßlen – hederle
zum fitz und federle!
auch wol mit neßlen hawen.

16. Und der uns dieses liedlein sang
ein freier knab ist er bekant,
er hats gar wol – zum hederle
zum fitz und federle!
er hats gar wol gesungen.

Strophe 9 schließt mit den Worten: „Der schimpf tet sie gerewen." Daraus geht hervor, daß der Dichter an einen tragischen Ausgang gedacht hat. Mit einem solchen Abschluß ist aber der schwankartige Inhalt der Strophen 10-15 nicht vereinbar. Ihre Echtheit wird somit zu bezweifeln sein. Zum Teil fällt auch die äußere Textgestalt aus dem Rahmen des Liedes heraus. Das Grundschema des Gedichts wird durch die Strophen 2; 3; 4; 5; 7; 8; 9 (14; 15) bezeichnet: die beiden ersten Zeilen vierhebig voll, Z. 3, durch einen Kehrreim und Wiederholung erweitert, dreihebig klingend. Der Refrain der 10. Strophe erscheint in unvollständiger Form, Z. 3 enthält einen eigenen Gedanken; die Strophe ist daher vierzeilig mit dreifachem Reim: list, kist, brüst. In den Strophen 11 und 13 begegnet man klingenden Kadenzen 1 : 2.

Ein weiteres Kriterium gegen die Originalität dieses Abschnitts ist die Unselbständigkeit des Verfassers. So stellt zunächst Str. 12 in ihrer zweiten Hälfte eine wörtliche Entlehnung aus Str. 4 dar. Der Unterschied besteht nur darin, daß hier nicht die Wirtin Subjekt ist. Es fällt auf, daß im zweiten Teil des Liedes statt von dem Fuhrmann von einem „Knaben" gesprochen wird, sogar an den Sohn eines reichen Vaters ist gedacht. Über den Grund dieser Verschiedenheit wird man durch die Strophen 12. 13 belehrt. Der Verfasser lehnt sich an die Ballade vom gefangenen Knaben an.[4] Dem Vers 12,2 ‚da lag darinn ein junger knab' entspricht dort genau die Zeile 2,1:

> Darinne ligt ein junger knab . . .

Ferner stammt das Motiv aus jener Ballade, daß der Knabe durch Lösegeld, das der Vater hergibt, befreit werden soll. Im „Schloß in Österreich" bittet der Vater 5, 3/4:

> Drei hundert gülden will ich euch geben
> wol für des knaben sein leben.

Im Fuhrmannsliede lautet Str. 13, 1/2: ‚O lieber wirt, laß mich doch leben! Ich will dir vier hundert taler geben.' Die klingenden Versausgänge wurden auch in diesem Fall durch Entlehnung bewirkt. Unter den Gedichten der Weimarischen Liederhandschrift vom Jahre 1537[5] ist ein Lied verzeichnet (Nr. 33), das von einem Mönch erzählt, der in einem Kloster eine einzige Nonne antrifft:

> Het voer een moninc naer sijnre cluis
> hy vant der nonnen niet meer dan ene te huis.
> Vaer hen!

Es ist im allgemeinen dasselbe Motiv wie im Fuhrmannsliede. Geld wird hier nicht angeboten, aber der Mönch verspricht der Nonne sein „cappenkijn". In der dritten Strophe heißt es darauf:

> Die non die docht in haren moet
> die monincscap die waer wel goet.

Im Liede vom Fuhrmann lesen wir 14, 1/2: ‚Der wirt gedacht in seinem mut: vier hundert taler sind mir goet.' Das Gedicht von dem Mönch und der Nonne macht nun in seinem weiteren Verlauf einen durchaus selbständigen Eindruck. Somit ist anzunehmen, daß der Bearbeiter des Gedichts vom Fuhrmann die Verse entlehnt hat. Er kombinierte das Motiv mit dem Lösegeldgedanken. Wie es von dem Schema des anderen Liedes gefordert wird, zeigen die Verse den vierhebig vollen Rhythmus. Daher sind auch in dieser Strophe des Fuhrmannsliedes die Versausgänge regelmäßig. Str. 15 hängt inhaltlich mit dem zweiten Abschnitt zusammen.

Durch die Hinzufügung der sekundären Strophen 10-15 wurde der echte Schluß verwischt. Es scheinen jedoch noch weitere Veränderungen mit dem ursprünglichen

---

[4] Vgl. E.-B., Nr. 60; Uhland, Nr. 125: „Das Schloß in Österreich."
[5] Vgl. H. Hoffmann von Fallersleben, Weimarisches Jahrbuch 1, 101 (1854) und E. Marriage, Tijdschrift voor ndl. Letterkunde 38, 81 (1919).

Texte vorgegangen zu sein. Auch die erste Hälfte von Str. 6 weist zweisilbige Kadenzen auf. Allerdings haben die Verse in den beiden Parallelüberlieferungen eine rhythmisch einwandfreie Form: Hdb. Hs. 343, Nr. 118,3 ‚Ja, so gewaltig bin ich wol ... das ich den gast heut beherbern wil.' – Frkf. Lb. 1582 A, Nr. 239,4: ‚So viel gewalt hab ich noch wol, daß ich ein fuhrmann behalten sol.' Aber in der Handschrift ist nur konsonantische Assonanz vorhanden, und bei der gedruckten Fassung fällt die schlechte sprachliche Form auf. Die Strophe unterscheidet sich auch insofern von dem vorgeschriebenen Schema, als ihre vierte Zeile, ähnlich wie in Str. 10, nicht mit dem dritten Vers identisch ist. Leicht wäre auch der Grund ersichtlich, der zu einer Interpolation führen konnte. Ohne diese Strophe würde nämlich die Frage, die der Fuhrmann an die Wirtin richtet (5), unbeantwortet bleiben. Daß die Erwiderung bejahend ausfällt, brauchte jedoch nicht mitgeteilt zu werden, es geht aus dem hervor, was weiter berichtet wird. Ich möchte die Stelle für ein Beispiel des sprunghaften Volksliedstiles halten.

Von größerer Bedeutung sind aber die Kriterien, die sich hier aus einer genauen Betrachtung des Zusammenhanges ergeben. Der Text des ersten Abschnitts weist Widersprüche und Unklarheiten auf. Die Wirtin sieht zum Fenster hinaus (Str. 3); nachher sitzt sie bei den Gästen (4,2). Man kann freilich annehmen, daß sie nur durch den Peitschenknall für einige Augenblicke an das Fenster gelockt wurde. Doch ist es wahrscheinlicher, daß der Dichter gemeint hat, sie habe zum Fenster hinausgesehen, weil gerade keine Gäste da waren. Natürlich hängt das Motiv auch mit dem Reimzwang zusammen (haus, heraus). Doch schließt das nicht aus, daß der Verfasser zugleich einen logischen Gedanken damit verband. Eine solche Situation, das Alleinsein der Wirtin mit dem einzigen Gast, wird ja auch bei dem weiteren Verlauf vorausgesetzt.

Unverständlich bleibt in der überlieferten Version, warum die Wangen der Wirtin brennen, während sie bei den andern Gästen sitzt. Daß der bloße Anblick des eintretenden Fuhrmanns diese Wirkung hervorgebracht hat, ist keine ganz einleuchtende Erklärung. Der Zug, daß der Fuhrmann, der vor der kleinen Schenke hält, sich erst erkundigt, ob er mit seinem Gespann dort für die Nacht Unterkunft findet, scheint dem wirklichen Leben entnommen zu sein. Befremden muß es aber, daß er diese Frage erst stellt, als er in die Stube eintritt.

Wie nun die 6. Strophe sich in ihrem ersten Teil an die fünfte anschließt, so leitet ihr letzter Vers zu Str. 7 über. Man gewinnt jedoch aus der Formulierung der Frage 7,1 (‚Fraw wirtin! was ist das für ein ding, daß ich ewern man nit daheime find.') den Eindruck, daß vorher von der Abwesenheit des Mannes noch nicht die Rede war. Wenn die Erwiderung der Wirtin (Str. 6) wegfiele, dann könnte Str. 5 nicht an ihrem bisherigen Platz bleiben, da sie jetzt der zweiten Frage des Fuhrmannes (7) unmittelbar vorangehen würde. Man müßte sie vielmehr vor die vierte Strophe stellen, wodurch ein viel natürlicherer Zusammenhang entstünde als in der überlieferten Reihenfolge: Der Fuhrmann hält vor einem Wirtshaus, dessen Wirtin, da keine Gäste anwesend sind, zum Fenster herausschaut. Vom Wagen aus richtet er die

Frage an sie, ob er mit Pferd und Wagen bei ihr Unterkunft finden könne. Nachdem sein Gespann untergebracht ist, betritt er die Gaststube, und die Wirtin setzt sich zu ihm an den Tisch (‚bei dem gaste', so wird 4,2 statt ‚bei den gästen' zu lesen sein). Wenn jetzt erzählt wird, daß ihre Wangen brennen, so ist damit die Art des Gesprächs sowie der Gemützustand angedeutet, in den die Wirtin während der Unterhaltung versetzt wird. Hieran würde sich sinngemäß die in der gleichen Richtung liegende Frage des Fuhrmanns (Str. 7) schließen. Der Nachdichter, der zu Str. 5 eine Antwort verfaßte, nahm zugleich das Motiv der 7. und 8. Strophe vorweg. Dadurch war er zu einer Umstellung der Strophen genötigt. Weil nun aber scheinbar die Frage wegen der Unterkunft gestellt wird, als der Fuhrmann in die Stube eintritt, mußte der Text ‚bei dem Gaste' geändert werden. So entstand die heutige Lesart ‚bei den Gästen'.

Von dem regelmäßigen Rhythmus weichen auch die klingenden Kadenzen 1, 1/2 ab. Die Verse erscheinen als eine Dublette der künstlerisch höher stehenden zweiten Strophe. Auch sonst ließen sich stilistische Bedenken beibringen. Der typische Eingang ‚Es wolt...'[6], der Kehrreim ist nicht ganz so geschickt eingeschoben wie in den echten Strophen. All diese Gründe rechtfertigen wohl die Annahme, daß unser Lied ursprünglich begann: ‚Ein Fuhrmann über die Brücke (in das Elsaß) naus fuhr' (vgl. Uhland, Nr. 283 B: ‚Het voer een visscher visschen').

Als sicher echter Bestand des Liedes ließen sich somit 7 Strophen (in der Reihenfolge 2; 3; 5; 4; 7; 8; 9) herausheben, und es zeigt sich, daß sie eine kurze, aber geschlossene Handlung ergeben. Auf eine Mitteilung über die Art der Bestrafung des schuldigen Paares wird man gern verzichten (anders in dem erwähnten Gedicht von dem Mönch und der Nonne). Vermutlich bildete aber eine typische Verfasserstrophe (vielleicht Str. 16?) den stilgerechten Abschluß.

Der erschlossene Archetypus

1. Ein furmann über die brucken nauß fur,
   da patschet sein geisel, da knallet sein schnur,
   seine rößlein teten – hederle
   zum fitz und federle!
   seine rößlein teten traben.

2. Er fur für einer fraw wirtin haus,
   die wirtin sah zum fenster rauß
   mit irn braunäuglein – hederle
   zum fitz und federle!
   mit irn braunäuglein klare.

3. ‚Fraw wirtin! habt ir nit so vil gewalt,
   daß ir ein furman über nacht behalt,
   vier roß und einen – hederle
   zum fitz und federle!
   vier roß und einen wagen?'

4. Und da er in die stuben nein trat,
   die wirtin bei dem gaste saß,
   sie brann gleich wie ein – hederle
   zum fitz und federle!
   sie brann gleich wie ein rosen.

---

[6] Vgl. Daur, *Das alte deutsche Volkslied nach seinen festen Ausdrucksformen betrachtet*, 1909, S. 94.

5. Fraw wirtin! was ist das für ein ding,
   daß ich ewern man nit daheime find
   bei seinem fräwlein – hederle
   zum fitz und federle!
   bei seinem fräwlein junge?'

6. ,Und wann mein man nit daheimen ist,
   so ist er ins pfaffen stadel und trischt[7],
   trischt nichts dann lauter – hederle
   zum fitz und federle!
   trischt nichts dann klaren weizen.'

7. Alsbald der wirt nun heime kam,
   so het sein fräwlein ein andern man,
   der schimpf tet sie-zum hederle
   zum fitz und federle!
   der schimpf[8] tet sie gerewen.

8. Und der uns dieses liedlein sang
   ein freier knab ist er bekant,
   er hats gar wol – zum hederle
   zum fitz und federle!
   er hats gar wol gesungen.

---

[7] Der durch Arbeit abgeleistete Pfarrzehnte.
[8] Hier wohl in der alten Bedeutung: „Scherz", also ironisch gemeint.

XIII. Das Volkslied von der Nachtigall –
eine weltanschauliche Dichtung[1]

Das auch unter der Überschrift „Nachtigall als Warnerin" bekannte Volkslied liegt in mehreren alten Fassungen, hd., ndd. und ndl. vor.[2] Ich teile die für unsere Betrachtung wichtigen Texte mit:

Ndd.[3]	Ndl.[4]
1. Dar licht ein Stadt in Osterrik, De is so wol gezieret all mit so manigem Blömlin blaw, mit Marmelsteen gemüret.	1. Daer staet een clooster in oostenrijc Het is so wel ghecieret Met siluer ende roode gout Met grauwen steen doormoeret.
2. Darümme so licht ein gröner Wald, ein gröner Wold darümme, Darinne so singet Frouw Nachtegall junk, umb unser beider willen.	2. Daer in so woont een ioncfrou fijn Die mi so wel beuallet Rijck god mocht ic haer dienaer sijn Ick soudese met mi voeren.
3. ‚Frouw Nachtegall, kleen Waldvögelin, lat du din helle Singent.' ‚Ick bin des Woldes ein Vögelin kleen, unde mi kann nemand dwingen.'	3. Ick voerdese in mijns vaders hof Daer staet een grone linde Daer op so singhet die nachtegael si singet se wel van minnen.
4. ‚Bistu des Woldes ein Vögelin kleen und kann di nemand dwingen, so dwinge di de Ripe unde kolde Schnee dat Löveken van der Linden.'	4. Och nachtegale cleyn voghelken Wildi v tonghe bedwinghen Ick salder al v vederlin Met goudraet doen bewinden.
5. ‚Und wenn de Linde er Loof vorlüst, so behölt se men de Este, daran so gedenkt gi Megdelin junk und holdet ju tom besten.	5. Wat vraege ick nae v roode gout Oft nae v looser minnen Ick ben een cleyn wilt voghelken stout Gheen man en can mi bedwinghen.

---

[1] Der Aufsatz erschien in der Zeitsch. f. dtsch. Phil. 62 (1937), S. 129 ff.

[2] Vgl. Erk-Böhme, Lh.I, Nr. 173. Uhland, Nr. 17 A; B.

[3] Vgl. P. Alpers, *Die alten niederdeutschen Volkslieder,* Hamburg 1924, Nr. 57 (2. Aufl. Münster 1960, Nr. 48).

[4] Vgl. *Antwerpener Lb. vom Jahre 1544* (hrsg. von Hoffmann von Fallersleben, Hannover 1855, Horae Belgicae XI), Nr. 221.

6. Und is de Appel rosenrot,
   de Worm de is darinne,
   und is de Gesell all süverlick,
   he is van falschem Sinne.

7. Daran gedenket, gi megdlin junk,
   unde latet ju nicht bedregen,
   und laven ju denn de Gesellen veel,
   se don nicht denn dat se legen.

8. Twischen Hamborch und Brunschwick
   dar sind de breden Straten,
   unde de sin Leef nicht beholden mach,
   de mot it faren laten!'

9. Achter mindes Vaders Hoff
   dar flücht eine witte duve;
   ick bin so mannigem Falken entflagen
   gefangen heft mi eine Ule.

10. De Ule, de mi gefangen heft,
    Der wil ick wol entflegen.
    to Regensborch aver de Müren hen,
    to minem steden Leve.

6. Sidi een cleyn wilt voghelken stout
   Can v gheen man bedwinghen
   So dwinget v die hagel die coude snee
   die loouers vander linden.

7. Dwinget mi de haghel, die coude snee
   die loouers vander linde
   Als dan schijnt die sonne schoon
   So sal ic weder vruecht beghinnen.

8. Doen hi zijn sporen had aen gedaen
   Hi reet ten oostenwaert inne
   Hi sach so mennighen lansknecht staen
   In haer blanck harnas blincken.

9. Hi is een weynich voort gereden
   Al ouer die groene strate.
   So wie zijn boel niet hebben en mach
   Die moetse varen laten.

10. Den ruyter sprack met moede vry
    Doe hi zijn boel moest laten
    Ic wil blijuen den lansknecht by
    Rijck god comt mi te baten.

11. Die ons dit lideken eerstwerf sanck
    Hie heuet wel ghesonghen
    Met pijpen ende trommelen geclanc
    In spijt des nijders tonghen.

Die entsprechenden Strophen eines Nürnberger fl. Blattes (Val. Neuber, o. J.)
– die auch hier enthaltenen Wanderstrophen können außer Betracht bleiben –, haben folgenden Wortlaut[5]:

---

[5] Vgl. Erk-Böhme, Nr. 173 c. Den jüngeren Fassungen, die bei Erk-Böhme mitgeteilt werden, sind nur noch einzelne Züge mit den Formen des 16. Jahrhunderts gemeinsam. Das dänische und schwedische Märchenlied (Grundtvig-Olrik, *Danmarks gamle Folkeviser*, Kopenhagen 1833 bis 1919, Nr. 57; Geyer Afzelius, *Svenska Folkvisor*, Stockholm 1814–1816 Nr. 41) erweist sich als Erweiterung (vgl. die nähere Begründung bei Alpers, *Untersuchungen über das alte ndd. Volkslied*, Diss. Göttingen 1911, S. 50). In der um 1516 entstandenen Heidelb. Hs. 109 findet sich die Fassung Erk-Böhme, Lh. II, Nr. 416; Uhland Nr. 16. Hier wurde unser Lied mit Motiven eines Kriegerliedes verschmolzen, über dessen ursprüngliche Gestalt ich im Rahmen meines Aufsatzes *Falkenstein* (vgl. Jahrb. d.Ver.f.Niederd. Sprachf. 55, 1929, S. 143 ff.) gehandelt habe. Neue textkritische Momente ergeben sich aus dieser Lesart nicht.

1. Wohl hinter meines Vaters Hof
   Da fleugt ein weiße Tauben,
   Sie ist so manchem Falken entflogen,
   Ein Eul hat mirs gefangen.

2. Die Eul, die mirs gefangen hat,
   Die läßt mirs wiederum fliegen
   Gen Regenspurg über die Mauren
   Zu meiner Allerliebsten.

3. Und do sie ein gen Regenspurg kam,
   Fand sie niemand darinnen,
   Dann nur ein zartes Jungfräulein,
   Die sung von heller Stimme:

4. So sing, so sing, Frau Nachtigall!
   Wenn andre Vögel schweigen;
   So will ich dir dein Gefieder aufpreisen
   Mit Gold und brauner Seiden.

5. Ei mein Gefieder aufpreist du nit,
   Ich kann mich selber wohl schwingen,
   Ich bin ein kleines Waldvögelein,
   Kein Mann soll mich bezwingen.

6. Bist du ein kleines Waldvöglein,
   So schwing dich von der Erden,
   Daß dich der kühle Tau nit netz,
   Kein Schnee, kein Reif daneben.

7. Und netzt mich denn der kühle Tau,
   So tröcknet mich die Sonne,
   Hab ich ein braunes Maidlein im Herzen
   hold,
   Zu ihr kann ich nit kommen.

9. Und wenn die Linden das Laub verleurt,
   So trauren all die Äste,
   So bitt ich dich, zartes Jungfräuelein,
   Halt du dein Kränzlein feste.

Das Problem des Eingangs – zwei völlig verschiedene Lesarten – hat bei unserem Text nicht nur formale Bedeutung, und die Entscheidung verlangt zugleich eine Stellungnahme zu der Frage, ob die Österreich-Strophe, die bekanntlich auch den Anfang der Ballade vom „Gefangenen Knaben"[6] nach der Vulgatfassung bildet, dort als ursprünglich zu betrachten ist.

Während sie sonst überwiegend dem Liede von der Nachtigall zugewiesen wurde, ist jetzt John Meier für ihre Zugehörigkeit zu der Ballade eingetreten[7]: „Alte Zugehörigkeit dieser Schloßstrophe[8] zu der Ballade werden wir wohl anzunehmen haben. Neben den weit über die vollständige Textüberlieferung zurückreichenden Belegen... zeigen Spiegelungen im bereits um 1516 aufgeschriebenen „Rat der Nachtigall"... und in den niederdeutschen, niederländischen wie skandinavischen Fassungen der „Nachtigall als Warnerin" wie die Übernahme der Strophe nebst Melodie in dem älteren und mit anderem echten Anfang belegten „Herrn von Falkenstein" ihre ursprüngliche Stelle als Eingangsstrophe deutlich auf, für die auch ihr starres Festbleiben in der jahrhundertelangen Überlieferung unserer Ballade spricht."

---

[6] Vgl. Erk-Böhme, Lh.I, Nr. 61. Uhland, Nr. 125.

[7] Vgl. John Meier, *Deutsche Volkslieder mit ihren Melodien*, herausgegeben vom Deutschen Volksliedarchiv, Berlin und Leipzig 1935, I,1, S. 268 f.

[8] In der Ballade heißt es (vgl. John Meier, a.a.O., Nr. 24 b):
Es ligt ein schloß in Österreich,
ganz wol ist es gebaut
von silber und auch von rotem gold,
mit mürmelstein gemauert, jo mauert.

Nun zeigt aber ihre älteste vollständige Liedüberlieferung die Strophe nicht in Verbindung mit der Ballade, sondern mit dem Text von der Nachtigall, und W. Heiske, der in seinem Aufsatz „Ein neuer Fund zum Schloß in Österreich"[9] diese Frage ebenfalls untersuchte, hat sich die alte Auffassung Uhlands[10] zu eigen gemacht, daß die Strophe in jenem Zusammenhang ihren Ursprung hat. Seine Begründung, der ich beipflichten möchte, lautet: „. . . So bleibt neben dem Schloß noch das Lied von der ‚Nachtigall als Warnerin‘, das bereits aus der ersten Hälfte des Jahrhunderts überliefert ist und zu dem bei den erst spät einsetzenden Belegen der Schloß-Ballade die Zitate der einzelnen Strophe aus dem 15. und 16. Jahrhundert viel eher gerechnet werden dürften."[11]

Entscheidend kann die Zugehörigkeit jedoch nur auf dem Wege philologischer Textkritik durch den Nachweis dargetan werden, daß der Wortlaut inhaltlich aus dem einen oder anderen Zusammenhang heraus zu verstehen ist. Dieser Nachweis läßt sich sowohl nach der negativen als nach der positiven Seite hin führen. Die negative, nämlich die Erkenntnis, daß die Strophe mit der Urform der Ballade auf keine Weise zusammenhängt, hat eine Wiederherstellung des Archetypus dieses Textes zur Voraussetzung.[12] Sie soll uns in diesem Aufsatz noch nicht beschäftigen, doch sei schon jetzt bemerkt, daß sich dann, wie ich glaube, auch der Weg aufzeigen läßt, auf dem die Strophe aus dem Liede in die Ballade leicht eindringen konnte.

Wenden wir uns nun dem Inhalt der weiteren Strophen des Nachtigallenliedes zu, so stehen wir sofort wieder vor einem neuen Problem, der Frage, ob das Verbot zu singen oder die Aufforderung „So sing, so sing, Frau Nachtigall!", das Ursprüngliche war. Alpers schreibt in seiner Anmerkung[13]: „Nur im ndd. und ndl. Lied wird unbegreiflicherweise der Nachtigall verboten zu singen." Ich habe schon in meiner ungedruckten Dissertation[14] einige Gründe für die Echtheit des Verbots angeführt. Gerade weil diese Lesart die schwierigere ist, hat sie nach bekanntem textkritischen Grundsatz von vornherein mehr Wahrscheinlichkeit für sich als die leichtere und näherliegende. Nicht daß die Nachtigall zum Singen gemahnt, sondern daß ihr Schweigen auferlegt wurde, konnte befremden. Zudem ist die Variante des Einzeldrucks eine Entlehnung aus dem Liede vom Guckguck, der sich „zu tot gefallen hat".[15] Als seine Nachfolgerin wird die Nachtigall ernannt und ihr das Zeugnis ausgestellt:

II 3/4.   sie singt, sie springt, ist allzeit fro
              wenn ander waldvögelein schweigen.

---

[9] Vgl. Jahrb. f. Volksliedforschung IV, 1934, S. 66 ff.
[10] *Schriften IV*, S. 146.
[11] a.a.O., S. 70.
[12] John Meiers Feststellung, daß dem „Schloß in Österreich" ein internationaler Novellenstoff zugrunde liegt (a.a.O., S. 258), kann nur für die uns überlieferten, bereits sekundären Fassungen Geltung haben.
[13] Vgl. Alpers, *Die alten niederdeutschen Volkslieder*, S. 240.
[14] *Studien zum Antwerpener Liederbuch vom Jahre 1544*, Tübingen 1923.
[15] Vgl. Erk-Böhme II, Nr. 481; Uhland, Nr. 13.

Den Ausschlag gibt jedoch ein anderes Argument, das ich in meiner Dissertation noch nicht herangezogen habe. Es erscheint nämlich gar nicht mehr unbegreiflich, daß der Nachtigall das Singen untersagt wird, sobald wir wissen, wer der oder die Verbietende ist. Zunächst muß jedoch auf die Textgestalt weiter eingegangen werden.

Strophe 2 ist aus der ndd. und ndl. Überlieferung wiederherzustellen[16]:

> Darümme so licht ein gröner Wold,
> Daer staet een grone linde,
> Daer op so singhet die nachtegael,
> si singhet so wel van minnen.

Die folgende Strophe entnehme ich dem ndd. Texte[17]:

> ,Frouw Nachtegall, kleen Waldvögelin,
> lat du din helle Singent!'
> ,Ich bin des Woldes ein Vögelin kleen,
> unde mi kann nemand dwingen.'

Sowohl der Gesang selbst als das, was besungen wird, erregen Anstoß.[18] Auf dieses Doppelte bezieht sich die Antwort. Das Singen beruht auf einer natürlichen Anlage des Waldvogels, und niemand kann das Tier – ohne Anwendung äußerer Gewalt – zwingen, gegen seine Natur zu handeln. Ebenso kann die Liebe, die auch etwas Natürliches ist, nicht durch ein Machtgebot zum Schweigen gebracht werden. Eng schließt sich hieran die Erwiderung[19]:

---

[16] ndd.II, nld.III. Die Zeile ndd. II,2 ist eine kunstlose Variation von V.1, dessen richtige Fortsetzung der ältere Text (ndl. III,2) erhalten hat. Ganz unvermittelt wird mit ndd. II,4 das Liebespaar eingeführt. Die Annahme, daß diese Veränderung auf den späteren Volksgesang zurückgeht, ist wohl berechtigt. Der Reim „linde : minnen" spricht für unsere Lesart. – Aus dem Liede „Ach jungfraw, sol ich mit euch gan" (vgl. Erk-Böhme II Nr. 427) ist das im heller Stimme singende Fräulein (Einzeldruck) eingedrungen. Das Beiwort „hell" nimmt zugleich das Motiv der folgenden (echten) Strophe vorweg: lat du din helle Singent."

[17] ndd.III. Rede und Gegenrede sind zu einer einzigen vierzeiligen Strophe zusammengeschlossen. Weiterhin wird jedoch für beide Teile des Dialogs je eine Strophe verwendet. Aus diesem Grunde wurde in den anderen Fassungen Str. 3 zerdehnt, z. T. mit Benutzung des Motivs einer Kürenbergstrophe („Ich zoch mir einen valken"): Das Umwinden der Federn mit Golddraht. Auch der Reim „Singen : zwingen" wirkt überzeugend (vgl. Alpers, Untersuchungen S. 49).

[18] Anders, doch weniger zutreffend in meiner Dissertation.

[19] ndd.IV; nld.VI. In der hd. Lesart wird der Schwerpunkt vom Gesang der Nachtigall auf ihre Flugfähigkeit verschoben. Hier hat die Vorstellung des „Waldvögeleins" die der singenden Nachtigall verdrängt. Zwar erscheint das neue Naturbild, die Erde im kühlen Maientau, recht reizvoll, aber der Zusammenhang ist nicht mehr geschlossen, und die schwachen Reimbindungen „Erden : daneben" (VI), Heidelb. Hs. „Erden : erfrere" beweisen ebenfalls sekundäre Entstehung. – Die hd. Form bildet ein Beispiel dafür, daß Zusätze des Volksgesangs wohl an sich wertvoll sein können. Da ihnen aber die organische Verbundenheit fehlt, entsteht nicht der Eindruck echten poetischen Lebens.

> ‚Bistu des Woldes ein Vögelin kleen
> und kann di nemand dwingen,
> so dwinge di de haghel, der kolde Schnee[20],
> Dat Löveken van der Linden.¹

Die ursprüngliche Antwort finden wir im ndl. Text[21]:

> ‚Dwinghet mi de haghel de coude snee,
> die loovers vander linden,
> als dan schijnt die sonne schoon,
> so sal ic weder vroech[22] beghinnen.‘

Mit dem Inhalt dieser vier echten Strophen vergleichen wir jetzt die Überlieferungen des Anfangs. Die Ansicht von Alpers, daß der in fast allen Lesarten enthaltene Vers „Wohl hinter meines Vaters Hof" (statt II,1: „Darümme so licht ein gröner Wold") die ursprüngliche Einleitung bildet[23], hat nur eben dieses literarkritische Moment für sich. Dem steht jedoch entgegen, daß die Wendung sich zweimal als zugehörig zu einer in sich geschlossenen Strophengruppe erweist, die innerlich nichts mit unserem Liede zu tun hat.[24] Ferner erklärt sich ein solcher äußerst bequemer Einsatz besser als Kürzung der ursprünglichen, von dem Sänger ihrer Bedeutung nach nicht mehr verstandenen und deshalb für überflüssig angesehenen Österreich-Strophe.

Die Überlieferung dieser Strophe weist die drei Lesarten auf: Schloß, Kloster, Stadt.[25] Von diesen ist die ndl. Form mit „Kloster" die schwierigste. Es läge näher, das Kloster in ein märchenhaftes Schloß zu wandeln, als das Umgekehrte. Daß eine ganze Stadt aus Silber, Gold und Marmor errichtet oder damit verziert wurde, ist eine weitere Steigerung ins Märchenhafte, ebenso wie die Lesart bei Forster:[26] „Von zimmet und von negelein."[27] Der Ausdruck „Österreich" erscheint nach dieser Lesart als eine der Phantasie Spielraum lassende Bezeichnung des großen Habs-

---

[20] „Reif und Schnee" ist eine formelhafte Verbindung (vgl. Uhland, 47).

[21] ndl.VII. In dem ndd. und dem hd. Text wird an dieser Stelle das Mädchen gemahnt, „sich zum Besten zu halten" bzw. „sein Kränzlein zu bewahren". Dieser Zug stammt aber aus dem Liede von der Hasel (vgl. Erk-Böhme I, Nr. 174; Uhland Nr. 25), das bereits im 16. Jahrhundert verbreitet war, wie aus einem Melodiefragment vom Jahre 1544 (vgl. Lh.I, S. 536) hervorgeht. Außerdem konnte ein solches Motiv, das im Volkslied häufig wiederkehrt (vgl. Lh.II, Nr. 416; 436; 447) und den einfachen Sängern wohl besonders am Herzen lag (vgl. unten), jederzeit an unser Lied herantreten.

[22] „vruecht" (Freude) im ndl. Text ist wohl verhört.

[23] Vgl. *Untersuchungen* S. 49; *Die alten ndd. Volkslieder* S. 240.

[24] Vgl. ndd. Str. 9; 10, hd. 1; 2.

[25] Vgl. John Meier, a.a.O., S. 258 ff.

[26] Vgl. Georg Forster, *Frische Teutsche Liedlein in fünf Teilen,* hrsg. von M.E. Marriage, Halle a.S. (1903) II,77. 241.

[27] Auch John Meier sieht in dem Weitertreiben zum Märchenhaften die spätere Entwicklung (vgl. a.a.O., S. 269).

burgischen Reiches im 15. Jahrhundert, einschließlich Deutschlands. In späterer (oder früherer) Zeit hätte der Dichter etwa gesagt: In deutschen Landen.[28]

Völlig klar ist nun der Zusammenhang. Silber, Gold, Marmor sind symbolisch, bildlich zu verstehen. Der Dichter schildert ein herrliches Kloster. Es ist mit Gold und Silber verziert, und zu seinen Mauern wurde das denkbar kostbarste Gestein, nämlich Marmor verwendet. Jenseits der Mauer ist eine ganz andere Welt: Ein grüner Wald, eine Linde, eine Nachtigal und ein Lied von der Liebe. Der von dem Dichter beabsichtigte Gegensatz der beiden ersten Strophen besagt also: Im Kloster ist alles wunderbar und herrlich, aber künstlich, der Natur widerstrebend, außerhalb der Mauern ist reinste Natur.

Jetzt kann es nicht mehr zweifelhaft sein, daß wir uns einen Klosterinsassen, einen Mönch oder eine Nonne, als den Gegner der Nachtigall zu denken haben. Deren Lied schallt natürlich über die Klostermauern hinweg zu den Bewohnern. Es erscheint nicht nur verständlich, daß den Mönch das helle Singen des Waldvögeleins stört, sondern es muß sogar gesagt werden: Nur ein Mönch oder eine Nonne konnten überhaupt auf den Gedanken kommen, daß die Nachtigall sich würde zwingen lassen, ihre Natur zu verleugnen.

Auch der zweite Teil des Dialogs stimmt zu dieser Vorausetzung. Den mittelalterlichen Mönch treibt das Böse in der Welt zur Flucht in das Kloster.[29] Daher glaubt der Mönch unseres Liedes, daß der Vogel dem Bösen in der Natur, im Sommer dem Hagel, im Winter dem Schnee und der Kälte, weichen würde. Aber die Nachtigall widerlegt ihn und geht aus dem Wortstreit als Siegerin hervor. Dieser ist kurz, doch in seiner Art erschöpfend und im Hinblick auf den unterlegenen Mönch, der keinen neuen Einwand mehr vorzubringen vermag, nicht ohne eine tragische Note. Es kann auch nicht ungewöhnlich erscheinen, daß ein lyrisches Gedicht nur fünf Strophen umfaßt. In der ndd. Version beginnen mit Strophe 6 die Wanderstrophen.[30]

Offenbar atmet unser Lied bereits reformatorischen Geist[31], wie er später im 16. Jahrhundert durch Luther zum Siege geführt wurde. Zwei Weltanschauungen

---

[28] Diese ursprüngliche Meinung wurde bei der Beziehung auf Einzellandschaften – Hessenland in der Falkensteinballade, Niederösterreich (Schloß Rosenberg) in der Ballade vom gefangenen Knaben – unterdrückt. Die Verschmelzung der Strophe mit einer alten Fassung des Liedes „Falkenstein" wird besonders verständlich, wenn man dort als ursprünglichen Eingang die 12. Strophe der Vulgatfassung voraussetzt (vgl. oben in unserem Abschnitt VIII den wiederhergestellten Text). Der Reim ist derselbe wie in „Nachtigall" Str. 3 und auch das Motiv „zwingen mit Worten" nicht ganz unähnlich.

[29] Vgl. z. B. den Artikel „Nonnen" in Wetzer und Welte, *Kirchenlexikon oder Enzyklopädie der kathol. Theologie* usw., 1893.

[30] Der Herkunft der einzelnen Erweiterungen, die hier nicht alle behandelt zu werden brauchten, da sie deutlich sekundär sind, bin ich in meiner schon erwähnten Dissertation nachgegangen. Die dort gegebene Auslegung des Liedes erweist sich als nicht ausreichend, die Erklärung der Österreich-Strophe ging noch nicht von dem richtigen Gesichtspunkt aus.

[31] Die Anfangsstrophe wird mit der Lesart „Schloß" schon in einem um 1480 erschienenen Glogauer Liederbuch angetroffen. Die Änderung, deren Grund wir oben aufgezeigt

prallen aufeinander, die kirchlich-asketische und die an den Lauf einer gottgewollten Natur sich freudig gebunden fühlende. Der Dichter hat diesem Motiv eine vollkommen poetische Einkleidung und einen stimmungsvollen Ausdruck gegeben. Auch die formale Prägung, das Streitgespräch, ordnet sich schon, wohl unwillkürlich, dem Zeitgeist der folgenden Jahrzehnte ein.[32]

Zum Schluß möchte ich noch darauf aufmerksam machen, daß einige Stellen in Hans Sachsens Allegorie von der „Wittembergischen Nachtigal"[33] an unser Lied anklingen[34], so das helle Singen des Vögleins (39: so die nachtigal so hell singet; 38: die Nachtigal singet in zu hell); der Grimm des Löwen über den Gesang und seine Unfähigkeit, die Nachtigall zum Schweigen zu bringen (44 f.: er lauert und ist ungeschlacht über der nachtigal gesang; 51 f.: aber ir kan er nit ergriefen, im hag kan sie sich wol verschliefen[35]), der gleiche Versuch der Feinde ihren Mitsängern gegenüber (94 f.: und roen in bei feuers glut: sie sollen von dem tage schweigen) und deren Hinweis auf das Scheinen der Sonne (96 f.: so tunt sie in die sunnen zeigen, der schein niemant verbergen kan).

Ins Hochdeutsche übertragen, lautet der wiederhergestellte Text[36]:

1. Da steht ein Kloster in Österreich,
   das ist so wohl gezieret,
   mit Silber und mit rotem Gold.
   mit Marmelstein gemüret.

2. Darum so liegt ein grüner Wald,
   da steht eine grüne Linde,
   darauf so singet die Nachtigall,
   sie singet so wohl von Minnen.

3. ‚Frau Nachtigall, klein Waldvögelein,
   laß du dein helles Singen!‘
   ‚Ich bin des Waldes ein Vöglein klein,
   und mich kann niemand zwingen.‘

4. ‚Bist du des Waldes ein Vöglein klein,
   und kann dich niemand zwingen,
   so zwingt dich der Hagel, der kalte
         Schnee,
   das Laub von der Linden.‘

5. ‚Zwingt mich der Hagel, der kalte
         Schnee,
   das Laub von der Linden,
   als dann (so) scheint die Sonne schön,
   soll ich wieder neu beginnen.‘

---

haben, kann sehr bald eingetreten sein, nachdem der Volksgesang von dem Liede Besitz ergriffen hatte.

[32] Vgl. die Dialoge des Humanismus und der Reformation, aber auch das Streitgespräch im Volkslied.

[33] Vgl. *Bibliothek des Literarischen Vereins in Stuttgart* 110, Tübingen 1872, Hans Sachs, hrsg. von A.v.Keller, 6. Bd. S. 368 ff.

[34] Das Vergleichsdritte, die Ankündigung des neuen Tages, konte der Dichter bekanntlich aus dem volkstümlichen Tagelied schöpfen (vgl. z. B. Uhland, Nr. 80, Str. 1.3). Wir wissen ferner von ihm, daß er sich eng an bestimmte Vorlagen anzulehnen pflegte.

[35] Vgl. hierzu die andere Umbildung in der sekundären Fassung der Heidelb. Hs. 109 (4, 3/4): „ich bin ain klains waldvogelein – ich trawe dir wol zentrinnen."

[36] Alpers hält es für „unwahrscheinlich, daß das weitverbreitete Lied von Niederdeutschland ausgegangen sei". Unsere Untersuchung hat in dieser Hinsicht nichts Neues ergeben, doch möchte ich in dem Reim „gezieret : gemüret" das Ursprüngliche sehen.

XIV. Die Urform des Volksliedes „Feinslieb von Flandern"

Ein Beitrag zur Jörg Graff-Forschung[1]

Das im 16. Jahrhundert handschriftlich sowie in Liederbüchern und Einzeldrukken überlieferte Lied „Mein Feinslieb ist von Flandern"[2] zählt zu den Texten, als deren Verfasser der Dichter Georg Grünwald gilt oder – im Fall unseres Liedes – vermutet wird.[3] Man kann sich hier auf die Strophen 4-5 der siebenstrophigen Gemeinform (Str. 7 ist eine formelhafte Autorstrophe) berufen, in denen das Motiv des grünen Waldes dreimal auftaucht. Dieser Schluß erscheint deshalb berechtigt, weil der Dichter auch andere Lieder dadurch als sein Eigentum kennzeichnete, daß er seinen Namen in auffälliger Weise – allerdings sonst erst am Ende – einzuflechten pflegte. Das Akrostichon seines Nachnamens, dessen er sich auch öfter als Erkennungszeichen bediente, hat in unserem Gedicht keine Spuren hinterlassen.

Die Frage nach der Dichterpersönlichkeit ist eng verknüpft mit der nach dem Archetypus, und diese wiederum erhebt sich auf Grund der Tatsache, daß uns von dem vielgesungenen Liede einige sich stark unterscheidende Fassungen vorliegen. Unsere Arbeit muß daher bei dem zweiten Problem einsetzen. Hier nun stimme ich mit Kopp darin überein, daß der fünfstrophige Typus im Niederdeutschen Lb. Nr. 6[4] nur eine verdorbene Spielart von Nr. 54 dieser Sammlung, d. h. des Vulgattextes, ist, aber nicht alle Lesarten der Kürzung finden darin ihre Erklärung, und mit einer anderen Überlieferung, dem Liede Nr. 56 der Heidelberger Hs. Pal 343[5], haben wir uns näher zu beschäftigen. Es hat folgenden Wortlaut:

---

[1] Der Aufsatz erschien im Jahrbuch für Volksliedforschung, Jahrgang X (1965) S. 29 ff.

[2] Vgl. Uhland, Nr. 49; Erk-Böhme II, Nr. 474; A. Kopp, ZfdPh 39 (1907), 220; 47 (1916), 216; Jb.d.Ver.f.ndd. Sprachf. 26 (1900), 11.24; Arch.f.d.St.d.n.Spr. 111 (1903), 262.

[3] Vgl. A. Kopp, *Jörg Grünwald, ein dichtender Handwerksgenosse des Hans Sachs* : Arch.f.d.St.d.n.Spr. 107 (1901), 1 ff.; *Grünwald-Lieder*, ZfdPh 47, 210 ff.; J. Bolte, *Wickrams Werke 3* (1903), 376 f.; A. Götze, *Jörg Grünwald*, Z.f dt.Unterr.26 (1912), 369 ff. – Es sind bekanntlich drei Persönlichkeiten des gleichen Namens, über deren Anrecht, als Dichter der Grünwald-Lieder zu gelten, diskutiert wurde. Auf diese Frage näher einzugehen, erübrigt sich in unserem Zusammenhange.

[4] *Die niederdeutschen Liederbücher von Uhland und de Bouck*, Hamburg 1893–1910. Eine dreistrophige Version bei Hilarius Lustig von Freuden-Thal (*Tugendhafter Jungfrauen und Jungengesellen Zeit-Vertreiber*, Lied Nr. 190) verbindet mit den Strophen 1. 4 eine dritte, die sich aus stehenden Wendungen zusammensetzt.

[5] Vgl. *Die Lieder der Heidelberger Handschrift Pal 343*, hrsg. von A. Kopp (Deutsche Texte des Mittelalters V, 1905). Vorher schon gedruckt bei J. Görres, *Altdeutsche Volks- und Meisterlieder*, Frankf. a. M. 1817, 15 (J. Bolte machte mich freundlichst auf diesen Umstand aufmerksam).

1. Ein junger laggei soll frölich sein
und soll nit traurig sein –
ich sach in nechten spatte
pei einem feur stan;
was hatt er an seiner handt?
ein rodt golt fingerlein,
der liebste herre mein.

2. In weiß will ich mich kleiden
und leb ich nur ein jar,
meinem hern zu leide,
von dem ich urlaub hab,
ich on alle schulde:
ich wils gedulden,
ich erwirb filleicht noch hulde.

3. Mein herr der reitt spacieren
offt in den gruenen waldt,
da heret er hoffieren
im khloster manigfalt:
grien ist der waldt,
die spiel sein manigfalt[6],
die leit sein wolgestalt,
meins her lieb fraget gar baldt.

Augenscheinlich ist diese nur einmal vorkommende und von der Gemeinform in wesentlichen Zügen abweichende Tradition – Kopp sieht in ihr eine abgeleitete und entstellte Fassung bzw. einen höchst seltsam verzerrten Schößling unseres Liedes[7] – nicht frei von Verderbnissen. Es wird sich aber zeigen, daß gerade dieser eigenartige Text uns den Weg zur Urform und darüber hinaus zur Aufhellung der Verfasserfrage weist.

Ich stelle zunächst den erschlossenen Wortlaut des Archetypus (= B) der Vulgatfassung „Feinslieb von Flandern" (= A)[8] gegenüber. Die Begründung meiner Lesarten in den drei aus der Handschrift übernommenen Strophen[9] gebe ich in den Anmerkungen:

A	B
1. Mein feins lieb ist von Flandern	1. Mein herr der ist von Flandern
und hat einen wankeln mut.	und hat einen wankeln mut.
Sie gibt einen umb den andern,	Er gibt einen umb den anderen,

---

[6] Dieser Vers ist Wucherung, wie auch Kopp annimmt.

[7] Vgl. ZfdPh. 47, S. 216.

[8] Text nach dem Ambraser Liederbuch v.J. 1582, hrsg. von J. Bergmann, Stuttgart 1845, Nr. 77.

[9] Aus inneren Gründen verdient ihre Reihenfolge in A den Vorzug (vgl. unten).

A

Das thut die leng nit gut.
Doch bin ich stets jr aller wolgemut,
ich wüntsch jr alles gut.

2. Mein feins lieb wolt mich leren,
wie ich mich halten solt,
In züchten und in ehren,
fürwar ich bin jr hold,
Hold bin ich jhr,
zu jhr steht mein begier
wolt gott, ich wer bey jhr.

3. Was sah ich nechten spate
an einem fenster stahn,
An einem kammerladen,
was hat sie schneeweis an?
Was hat sie an jren hemden?[12]
von gold ein ringelein,
die hertzallerliebste mein.

4. Und wer mein bul ein brünlein kalt,
und sprüng aus einem stein,
Und were ich denn der grüne walde,[14]
mein trawen das wer klein.
Grün ist der waldt,
das brünlein das ist kalt,
mein lieb ist wol gestalt.

5. Was sahe ich in dem grünen waldt,
was sahe ich hin und her,
Ein blümlein das war wolgestalt,
und das mein hertz begert.

B

das thut die leng nit gut.
Doch bin ich stets im aller wolgemut,
ich wünsch im alles gut.

2. Ein junger laggei sol lachen[10]
und soll nit traurig gan.[11]
ich sach in nechten spatte
pei einem feur stan;
an seiner hende er?[13]
ein rodt golt fingerlein,
der liebste herre mein.

3. Mein herr der reitt spacieren
offt in den gruenen waldt,
da heret er hoffieren
im orden manigfalt.[15]

---

[10] „Lachen" ist eine naheliegende Konjektur.
[11] Görres vermutet: Und soll das Trauren lan.
[12] Sonst „henden".
[13] Unsere Lesart (mit dreisilbigem Auftakt) ist rhythmisch regelmäßig und darf als Grundform gelten, weil sich die sekundären Varianten ohne Schwierigkeit von ihr ableiten lassen. Der Text der Hs. ist eine einfache sprachliche Glättung, der Dativ „hende" (sing.) wurde in A zum Plural „henden".
[14] Sonst: wer – waldt.
[15] Der ursprüngliche Ausdruck „orden" konnte leicht eine Gedankenverbindung mit dem „Kloster" bewirken, besonders wenn eine antikatholische Tendenz des Reformationszeitalters hinzukam. Eine andere Erklärung wäre vielleicht, daß das Volkslied von der Nachtigall, in dem „grüner Wald" und „Kloster" eng verbundene Vorstellungen sind (vgl. meine Studie ZfdPh. 62, 1937, S. 129 ff.), den Text beeinflußte. Durch die Erwähnung des

A	B
Grün ist der klee,	grün ist der klee,[16]
alde, alde, feines lieb,	ein blümlein wolgestalt[17],
ich sehe dich nimmermehr.	meines hern lieb fraget gar baldt.[18]

6. In schwartz wil ich mich kleiden,
und lebt ich nur ein jar,
Umb meines bulen willen,
von der ich urlaub hab.
Urlaub hab ich
on alle schulden,
ich mus gedulden.

4. In weiß wil ich mich kleiden,
und leb ich nur ein jar,
meinem hern zu leide,
von dem ich urlaub hab.
on schulde ich:[19]
ich wils tragen mit geduld[20],
ich erwirb filleicht noch huld.

7. Verfasserstrophe.[21]

---

einen Begriffes (Wald) wurde der andere (Kloster) herbeigezogen. – „Manigfalt" ist Spottname für den „Orden", nach dessen Art der Herr lebt (vgl. auch Erk-Böhme I, Nr. 178 Str. 13/14: „Ich hab ein bruder, heißt Manigfalt").

[16] Nach dem Reimschema A 1. 5. 6 (vgl. B 1.2) muß V. 5 eine Waise sein. Den ursprünglichen Versausgang hat A bewahrt.

[17] V. 6, die ironisch gemeinte Apposition zu „klee", wurde A 4, 7; 5,3 in den Zusammenhang des Liebesliedes, nunmehr beidemal als konventionelle Phrase, eingegliedert. Das fl. Bl. Ye 71 hat 4,7 die Variante: „Mein feyns Lieb wol gestalt". Da in der Hs. vorher (3,5) vom Wald gesprochen wurde, konnte „blümlein" nicht mehr Subjekt sein. Die „Leiten" sind grüne Abhänge, vgl. J. A. Schmeller, *Bayerisches Wörterbuch* Bd. 1, 2. Aufl. München 1872, Sp. 1534.

[18] In V. 7 erscheint es Kopp zweifelhaft, ob zu „her" (= h mit Abkürzungszeichen für „er") ein z oder ein n zu ergänzen ist. Nun kommt „herr" in allen Strophen von B vor, demnach durfte der Schreiber voraussetzen, daß man auch hinter seiner abgekürzten Schreibweise nichts anderes vermuten würde.

[19] Unsere Lesart mit einsilbiger Kadenz ist aus der Hs. zu erschließen, die den Vers mit „ich" beginnen läßt. Ebenso wie in 2,5 fehlt das Verb, ist aber an beiden Stellen für das Verständnis entbehrlich. Das Wort „alle" vor „schulde" wäre metrisch störend. Obwohl all unsere Fassungen es überliefern, ist aber seine Ursprünglichkeit unwahrscheinlich. Die geläufige Wortverbindung siegte über den schlichteren Text des Archetypus.

[20] Unregelmäßige Versausgänge 6 : 7 (weibliche statt männliche Reime) finden sich in allen Formen dieser Strophe. Die nd. Überlieferung „Ach Godt wes schal ick my froeuven" (Nd. Lb., Nr. 6), die auch in anderer Beziehung dem Archetypus nahesteht (vgl. die folgende Anmerkung), deutet jedoch zweimal auf einen älteren Befund hin. Sie liest 1,7: „ick drages mit gedulde" und 5,7: „ick hebbs gedulde".

[21] Als ein Mischtext aus A und B stellt sich die gekürzte Fassung Nr. 6 im Nd. Lb. dar (derselbe Wortlaut hochdeutsch im fl. Bl. Ye 533, das in Straßburg durch Thiebold Berger gedruckt wurde). An B klingen an: 1, 1/2 „Ach Godt wes schal ich my frouwen, myn Hert in trurent steyth" und 5,3 „mynem fyns leef tho leide". Eine Kombination der beiden Auffassungen A und B liegt 5,1 vor: „Schwart lundisch wil ick my kleiden". „Schwarz" ist Farbe der Trauer, „luendisch" (= wertvolles Tuch aus London) entspricht dem „tho leide". Wir haben demnach in dieser hoch- und niederdeutsch überlieferten Version einen weiteren Beleg für das Lied der Heidb. Handschrift (vgl. oben zu der ursprünglichen Lesart B 4,6).

Nach Berichtigung der verderbten Lesarten unseres vierstrophigen Lakaienliedes ergibt sich, daß alle Strophen durch das Motiv des Wankelmutes in fester Verbindung miteinander stehen. Daß die erste Strophe aus diesem Verband gelöst wurde, kann nur als sekundäre Erscheinung angesehen werden[22], zu der wohl mehrere Umstände beitrugen. Der Beginn von Str. 2, wo der Sänger sich durch Angabe seiner Stellung einführt und zugleich einen neuen Ton anschlägt, mochte den Eindruck erwecken, der ursprüngliche Liedanfang zu sein, zumal wenn man Str. 1 bei oberflächlicher Betrachtung für entbehrlich hielt. Vor allem wird die Konkurrenz der zweiten Fassung (A) mitgesprochen haben.[23]

Der Nachdichter, der es sich zur Aufgabe gemacht hatte, die spöttisch-ironische Anprangerung eines wankelmütigen und leichtfertigen Herrn durch seinen Lakaien in ein Lied auf das „Feinslieb von Flandern" umzuwandeln, brauchte in Str. 1 außer der Änderung des Subjekts der ersten Zeile nur noch in den Versen 3, 6, 7 das männliche Personalpronomen mit dem entsprechenden weiblichen zu vertauschen. Doch vermochte er damit nicht die Geschlossenheit seines Vorbildes zu erreichen. Es ist verständlich, wenn der gutmütige und seinem Herrn im Grunde noch immer etwas zugetane Lakai diesem trotz der schlechten Erfahrung, die er mit ihm gemacht hat, eine nicht ganz unfreundliche Gesinnung – mehr bedeutet das „aller wolgemut" kaum – bewahren will. In einem Zusammenhang, in dem es sich um die treulose Geliebte handelt, erscheint die gleiche Versicherung schablonenhaft – was allerdings in einem anderen Falle nicht unbedingt gegen die Echtheit sprechen würde.[24]

Weniger leicht hatte der Bearbeiter es bei den übrigen Strophen. Weil es für einzelne Motive der Lakaienklage in dem Liebesliede keinen Anknüpfungspunkt gab, war er genötigt, den Versbestand durch Zerdehnung (3, 2/3. 4/5; 5, 1/2) oder mit Hilfe von formelhaftem Gut (5, 3/4. 6/7; vgl. auch 2, 4-7; 4,7) aufzufüllen. In Str. 5 (= B 3) ist das Versmaß 1 : 3 jetzt vierhebig voll, in 6 (= B 4) ging bei der Umformung ein Reim (1 : 3) verloren.[25]

Der Sänger klagt in Str. 1 der Neufassung den Wankelmut und flatterhaften Sinn („von Fladern") des Mädchens an. In Str. 2, der ersten der beiden Plusstrophen, wird jedoch ein anderer Anlaß des Zerwürfnisses genannt, und die Zeilen 1-3 sind wörtlich aus dem Liede „Der mon der stet am höchsten"[26] übernommen. Vermutlich führte das beiden Liedern gemeinsame Kleemotiv, das den Abschied ver-

---

[22] Die Zugehörigkeit der Flandern-Strophe zur Grundform wird auch durch einen textlichen Sachverhalt bewiesen (vgl. unten).

[23] Daß die Fl.-Strophe zur Zeit der Entstehung der Hs. (1550–1555) bereits existierte, ist einer sekundären Lesart ihres 5. Verses zu entnehmen, der in dem Liede Nr. 17 (= 4,7) einen anderen Text verdrängte (vgl. Uhland, Nr. 86, Str. 2).

[24] Vgl. zu der Schablonenhaftigkeit der Lyrik jener Zeit W. Stammler, *Von der Mystik zum Barock*, 2. Aufl., Stuttgart 1950, 251 f. Vgl. aber auch im Gegensatz dazu unten das verzweifelte „wie mir, wie mir, ob ich mecht gerathen ir" in einem Liede Jörg Graffs.

[25] Es ist kein Zufall, daß die Umarbeitung des Textes bei Str. 5 (B 3) am weitesten geht.

[26] Vgl. Erk-Böhme II, Nr. 748; Uhland, Nr. 86.

sinnbildlicht („Der mon der..." Str. 3: „...ist grüner dann der kle"), zu der Assoziation. Demgemäß ist in den folgenden Strophen aus der Anklage eine wehmütige Klage über das Scheiden geworden.

Ähnlich wie in dieser Plusstrophe sticht auch in der anderen (4) der zweite Teil durch seine Gedankenarmut von dem Aufgesang ab. In beiden Plusstrophen reimen entgegen dem Schema der primären Strophen alle Verse des Abgesanges miteinander.

Der Inhalt der vier ersten Zeilen von Str. 4 ist eine Liebesbeteuerung, die in dieser Form auch der erhörte oder auf Erhörung hoffende Liebhaber aussprechen konnte („mein trawren das wer klein" = meine Freude wäre groß), und hier erhält vielleicht der Fund Boltes besondere Bedeutung, der den Vierzeiler auch unter den Liebesreimen in der Liedersammlung des Rostocker Studenten Petrus Fabricius (angelegt 1603–1608) entdeckte.[27]

Kopp nimmt allerdings an, daß das weitverbreitete Lied die Quelle dieses Sammlers war[28], aber es könnte sich auch so verhalten, daß der Reimspruch als solcher schon früher umlief und von dem Bearbeiter in seine sekundäre Fassung eingebaut wurde, wie er es ebenso in Str. 2 mit den drei ersten, aus dem Liede „Der mon der stet am höchsten" entliehenen Zeilen gemacht hat. Dafür würde noch besonders die metrische Unregelmäßigkeit der vierhebig vollen Verse 1 : 3 sprechen.[29] In der Lesart des P. Fabricius sind die Versausgänge 2 : 4 weiblich: „Steine – kleine". Doch auch wenn man sich der Meinung Kopps anschließt, würde diese Strophe nur dem sekundären Rahmen zuzusprechen sein. Damit kommen wir zu der Frage, wie sich die bisherige Ansicht über den Verfasser des Liedes mit unseren Ergebnissen verträgt. Offenbar haben wir keinen Grund, den Autor des Lakaienliedes in Jörg Grünwald, dem Musiker und Dichter von meistersingerischen Liebesliedern, zu suchen. Dagegen könnte von diesem vielleicht die Umdichtung herrühren, die in der Vulgatfassung vorliegt. Auf die Redaktion bezogen, behielte das Kriterium des „grünen Waldes" als mutmaßliche Andeutung des Dichternamens seine Gültigkeit.

Wie Schmeller angibt, ist mit der Bezeichnung „Lakai" in den deutschen Quellen seit dem 16. Jahrhundert der Begriff eines Dieners verbunden. Nach Götze hat der Ausdruck im Frühneuhochdeutschen die Bedeutung Gefolgsmann oder (Offiziers-) Bursche.[30] Es ist wohl anzunehmen, daß der Sänger unserer Fassung B in beiden Stellungen bei seinem Herrn im Dienst stand, je nachdem kriegerische oder – in Ruhepausen zwischen den Feldzügen[31] – friedliche Zeiten waren. Der Herr aber, auf dessen Beruf das Verbum „heren" in der ironischen Bemerkung 3,3 hindeutet[32],

---

[27] Vgl. Alemannia 17 (1889), 254.

[28] Vgl. ZfdPh. 47, 217; Arch. f.d.St. d.n.Spr. 107,22.

[29] In dem sekundären Text von Str. 5 wurde das Versmaß aus der vorhergehenden Plusstrophe beibehalten.

[30] Vgl. A. Götze, *Frühneuhochdeutsches Glossar*, Bonn 1912, S. 83.

[31] Ligenkriege! Vgl. das Folgende.

[32] „Mit Kriegsvolk überziehen". In Franken noch im 19. Jahrh. gebräuchlich im Sinne von übel wirtschaften, schonungslos verfahren (vgl. DWB).

wird ein Offizier im Landsknechtsheer gewesen sein (2,4: „feur" vermutlich ein nächtliches Lagerfeuer).

Wenn wir jetzt an den bekannten Landsknecht-Dichter Jörg Graff[33] denken möchten, so scheint einer solchen Annahme zunächst die Tatsache entgegenzustehen, daß dieser gewohnt war, sich in seinen Dichtungen durch volle Namensnennung in der jeweiligen letzten Strophe (nur Schade, Nr. 3 in der vorletzten) als den Verfasser zu bezeichnen. Doch wie Götze bemerkt, „ist hier gleich die Bahn für einen Trugschluß offen, denn soweit er diese Gewohnheit nicht geübt hat, erkennen wir möglicherweise die Lieder nur nicht als die seinigen".[34] Es darf andererseits nach allgemeiner Ansicht als sicher gelten, daß er schon vor 1517, dem Jahr, in dem ihn das Unglück seiner Erblindung traf[35] und er den Beruf eines Hofierers (= Bänkelsängers) ergriff, einen Namen als Dichter hatte, unsere Überlieferung demnach unvollständig ist.[36]

Es war die Art Jörg Graffs, Erlebtes zu gestalten.[37] Auch der Verfasser des Lakaienliedes wurde von einem wirklichen Erlebnis angeregt, und an die Persönlichkeit dieses Dichters könnte uns ferner die Tendenz zu trotzigem Widerstand erinnern, die in den Versen 4,1-4 einen hier allerdings völlig harmlosen Ausdruck gefunden hat.[38] Diese beiden Eigentümlichkeiten wären indessen noch kein ausreichender Beweis für die Vermutung, daß unser Dichter als Autor des ohne seinen Namen überlieferten Liedes zu betrachten ist. Doch bietet sich uns die Möglichkeit, auf dem Wege eines stilkritischen Vergleiches zu einem konkreteren Resultat zu gelangen.

Seit Herausgabe der Heidelberger Handschrift 343 durch Kopp kennen wir einen bis dahin noch nicht erwähnten Text, das Lied Nr. 54 „Mich hatt erfreut des summers zeit" (10 Strophen zu je 9 Zeilen, 8/9 = Kehrreim)[39], in dem Jörg Graff sich in gewohnter Weise in der letzten Strophe nennt. In diesem Liede beklagt er sich aufs bitterste über die Treulosigkeit eines Mädchens, das ihm einen anderen Liebhaber – „auch nur einen Hausknecht" – vorgezogen und ihn, den jetzt Abgewiesenen, nur schmählich ausgenutzt hat.[40] Wieder ist die Enttäuschung des Verfassers

---

[33] Vgl. über ihn O. Schade in Weimarisches Jahrbuch 4 (1856), 417 ff.; Th. Hampe, *Der blinde Landsknecht-Dichter Jörg Graff und sein Aufenthalt in Nürnberg* (1517–1542), in Euphorion 4 (1897), 457 ff.; J. Bolte, *Acht Lieder aus der Reformationszeit*, Berlin 1910, Nr. 6; A. Götze, *Jörg Graff*, Landsknecht und Poet, in Z.f.d.Unterr.27 (1913), 81 ff.; H. Oppenheim im Verfasserlexikon II (1936), Sp. 85-94.

[34] Vgl. Götze, J. G. Landsknecht und Poet, S. 81.

[35] Die uns mit seinem Namen überkommenen weltlichen Gedichte stammen, vielleicht mit einer Ausnahme – zu einer weiteren vgl. unten –, von dem erblindeten Sänger.

[36] Vgl. Hampe, a.a.O., S. 460 f.; Götze, J. G., *Landsknecht und Poet*, S. 82. 88; Oppenheim, a.a.O., Sp. 93.

[37] Vgl. Oppenheim, a.a.O., Sp. 91.

[38] Vgl. zu diesem Charakterzug die Darstellung seines Lebensganges seit 1517 bei Hampe.

[39] 11 Strophen im fl. Bl. Yd. 9953. Im Ton „Es het ein meidlein" usw.; vgl. zu dieser Fassung auch unten.

[40] Es ist nicht klar, ob das „auch nur" sich auf den Dichter selbst oder auf das Mädchen

über erfahrene Untreue das Thema. Die im zweiten Text geschilderte Episode aus dem Leben des noch nicht erblindeten Dichters kann sich nur vor seiner Verheiratung zugetragen haben. Jörg Graff hatte bereits 1520 einen Eidam und ist, wie man annimmt, zwischen 1475 und 1480 geboren. Die Entstehungszeit des Liedes würde somit in die Jahre kurz vor oder nach 1500 fallen. Das ist aber zugleich die ungefähre Zeitspanne, aus der das Gedicht stammen müßte, in dem er von sich als einem „jungen Lakaien" redet.

Bei der Untersuchung empfiehlt es sich, von Str. 3 des Lakaienliedes nach der Urform[41] auszugehen. Ihr entspricht in „Mich hatt erfreut..." ebenfalls die dritte Strophe:

3. Mein herr der reitt spacieren	3. Der waldt ist hoch, die stauden grun,
offt in den gruenen waldt,	das hatt sy wol vernummen,
da heret er hoffieren	meint es wer gutt spacieren ghan,
im orden manigfalt:	ist in den Orden kummen,
grien ist der klee,	da man in den welden heldt hauß,
ein bluemlein wolgestalt,	darumb ist jetz mein buelen auß,
meins hern lieb fraget gar baldt.	sye bult ein junkern, kert stell auß –

Nach der Mitteilung des für die Person, um die es geht, bezeichnenden Tatbestandes erfährt man in beiden Strophen sogleich die Folgerung, die aus dem bekannt gewordenen schimpflichen Verhalten gezogen wird: Die Liebe hat ein Ende. Während dies im Lakaienliede mit einem Bilde der volkstümlichen Symbolik, dem Überreichen einer Kleeblume von seiten der getäuschten Braut, ironisch umschrieben wird, erklärt Jörg Graff in dem anderen Liede unumwunden: „darumb ist jetz mein buelen auß". Mit schneidender Ironie wird in beiden Strophen das Absurde bzw. dem Dichter absurd Erscheinende der Lage gekennzeichnet. Von dem Herrn, dessen Beruf die kriegerische Tätigkeit ist, heißt es, er „here" hoffieren, und der begünstigte Rivale ist nicht etwa, wie der Dichter vermutete, ein vornehmer Junker, sondern ein Stallbursche.

Abgesehen von dieser Übereinstimmung in den allgemeinen Zügen, wobei besonders die Neigung des Verfassers zur Ironie bedeutsam erscheint, fällt zu Anfang der Strophen ein ihnen gemeinsames Gedankengut auf: das Spaziergehen oder -reiten im grünen Wald und die sich daraus ergebende Zugehörigkeit zu einem „Orden" verächtlichen Charakters. Befremdend ist an diesen Texten, daß der Wald als eine Stätte der Sittenlosigkeit hingestellt wird.[42] Aber gerade hiermit erhalten wir einen wichtigen Hinweis für die Identifizierung des Autors unserer Urform.

---

bezieht, das wohl eine Hausmagd war. Jedenfalls waren Graffs Einkünfte damals gering. Er kann ihr keine „pfennige" mehr geben, denn „seine Mühle geht nimmer" (Str. 8).

[41] Unter der „Urform" verstehe ich im folgenden immer den von uns erschlossenen Archetypus des vierstrophigen Liedes.

[42] Der von einem Naturbild hergeleitete Eingang des Liedes „Mich hatt erfreut..." erwähnt auch den belaubten Wald in anderem Sinne. In den übrigen bisher bekannten Ge-

Aus dem der Zeit des erblindeten Sängers entstammenden „Liede vom Heller" (Schade, Nr. 2), wo die Namen Pegnitz und Fürt (Str. 15) auf das Stadtgebiet von Nürnberg hindeuten, kennen wir bereits die lokale Anspielung auf den „Neuen Wald" (11,4), den in der Nähe der Stadt gelegenen Teil des Reichswaldes auf der Lorenzer Seite, „verrufen wegen losen Gesindels beiderlei Geschlechts".[43] Zu ihm gehörte „ganz besonders" auch die Buchenklinge (Waldschlucht mit Buchen), und Lochner führt hier das Urteil des Eobanus Hesse an, der zuerst zwar die Lieblichkeit der Gegend rühmt und sie als geeigneten Aufenthaltsort für die Musen preist, dann aber fortfährt: Doch weil sich hinter der Quelle Frau Venus versteckt, flohen die Göttinnen fort.[44]

In dem „Liede von einem Jäger" (Schade, Nr. 4) machte Jörg Graff die Buchenklinge (Str. 4: „an der B. von Megeldorf nicht weit") zum Schauplatz eines leichtsinnigen Liebesabenteuers[45], und auch in dem Gedicht „Mich hatt erfreut..." werden zwei Ortschaften aus der Umgebung Nürnbergs, Mugenhoff und Schweinau, erwähnt, von denen die eine oder die andere jeweils das Ziel des hin und her sprengenden Knechtes ist (Str. 5.6). Wir brauchen also nicht daran zu zweifeln, daß die in dem Liede geschilderte Begebenheit sich in der Stadt Nürnberg abspielte[46] und in Strophe 3 wiederum der „Neue Wald" bzw. die Buchenklinge gemeint ist. Die Parallele dieses Textes im Lakaienlied 3, 1-4 läßt dann wohl keine andere Deutung zu. Man wird sagen dürfen, daß wir es mit einem typischen Jörg Graff-Motiv zu tun haben, und die Tatsache, die in „Mich hatt erfreut..." vorausgesetzt wird, daß bereits der junge Dichter in Nürnberg heimisch war, würde auch durch unser Lied bezeugt.[47]

Ironie und Spott Graffs charakterisieren nun auch den weiteren Textbestand beider Dichtungen. Die Ungetreue, die ihre Liebe zu dem Verfasser beschworen hat, aber eidbrüchig wurde, bezeichnet er spöttelnd (2,2) als die „frumme", und weil sie ihn um Geldes willen verließ – sie erhielt nicht genug „pfennige" von ihm –, gehört sie in die „Silberkammer", was der Dichter erläutert: „ich mein, da man die sattel uff hecht (= Str. 8). Fast wörtlich klingt an das Lakaienlied 2,7 („der liebste

---

dichten Graffs spielt die Natur, so auch der grüne Wald als Teil des Naturlebens überhaupt keine Rolle, vgl. Hampe, a.a.O. 468 und Oppenheim, *Naturschilderung bei den Meistersingern*, 1931 (Form und Geist 22).

[43] Vgl. Lochner, *Erläuterungen zu Jörg Graffs Liedern*, in: Anzeiger für Kunde der deutschen Vorzeit 3 (1856), Sp. 171 f.

[44] Indirekt wird diese Meinung von dem Meistersänger Georg Hager bestätigt, wenn er in einem seiner Lieder („Eins mondags tet mirs köpflein we" (vgl. Uhland, Nr. 239 und Bolte, *Sechs Meisterlieder „Georg Hagers"*, Alemannia 22, 1894, S. 169) ausdrücklich erzählt, daß er „ehrbare Leute" an dieser Vergnügungsstätte der Nürnberger Bürger angetroffen habe.

[45] Vgl. zu diesem Liede Oppenheim, Verfasserl. II, 91 ff.

[46] Nur eine Stadt, kein Dorf kommt in Betracht (vgl. 6,2).

[47] Vgl. auch Oppenheim, Verfasserlexikon II, Sp. 85; Götze, *J. G., Landsknecht und Poet*, S. 92.

herre mein") an, wenn Jörg Graff mit Bezug auf den hin und her reitenden Knecht und seine Geliebte spottet (5,7): „fiert hinder im sein liebe Frau".

Verfolgen wir die Darstellungsweise in unseren Texten weiter, so zeigt sich zunächst, daß auch die zweite Urform-Strophe in dem Meistergesang ein deutliches Gegenstück hat. In einer bestimmten, von ihm kurz skizzierten Situation macht der Lakai eine Entdeckung – den Goldring an der Hand des Herrn –, die seinen Spott hervorruft. Das andere Lied berichtet 6, 1-7:

> Es ist nit lang do geschah das,
> gieng ich furs thor spacieren,
> das sy hinder im auf dem pferdt saß,
> er wollts ghen Schweinau fueren,
> ich docht, er wer von hochem geschleht,
> das sy mich so gar hett verschmecht:
> do war er auch nur ein hauß knecht –

Die Hs. liest V.1 „gesach" („ich" fehlt), aber auch 10,9 „senckht" für „schenckt", das Kopp ebenso wie „geschach" aus dem fl. Bl. übernahm. Somit enthielt wohl die Vorlage des Schreibers bereits die Lesart „geschah". Trotzdem ist zu vermuten, daß sie nicht mehr das Ursprüngliche darstellt, denn der Sinn erfordert in Z. 1 die Worte „gesach ich". Man glaubte, daß V. 2 die inhaltliche Ergänzung zu V. 1 wäre, wozu „gesach ich" nicht stimmen würde. In Wirklichkeit hat Z. 2 nur die Bedeutung einer Situationsangabe wie Lakaienlied 2, 3/4, und das Objekt zu sehen liegt in V. 3-7.

In dem Text dieser Strophe ist jedoch ein Spottvers wie Lakaienlied 2,7 zu vermissen. Doch fehlt er nur scheinbar. Es ist der oben bereits erwähnte V. 7 der fünften, also unmittelbar vorhergehenden Strophe, die sich zugleich mit dem Wesen des neuen Liebhabers befaßt:

> Jetzund weiß ich wol wer ist der,
> den sy selber thutt nennen:
> wenn er kumpt auf sein hohes pferdt,
> thut er sich selbs nit kennen,
> er reit ghen Mugenhoff oder Schweynauw,
> sprengt hin und her, schreit wie ein sau,
> fiert hinder im sein liebe frau –

Da der Spott hier auch auf die Person des Knechtes ausgedehnt wird, genügte dem Dichter nicht die einzige Strophe. In mehrfacher Hinsicht sind die Strophen 5/6 jetzt Dubletten.[48]

---

[48] Die zwischen den Strophen 6 und 7 im Einzeldruck überlieferte Plusstrophe gibt sich sowohl durch ihren Inhalt (heimliches Nachgehen, Ausfragen des Wirtes und Spott über die Armut des Paares) wie durch seine sachliche Unwahrscheinlichkeit als interpoliert zu erkennen. Jörg Graff müßte dem reitenden Paar zu Fuß gefolgt sein.

Das Lakaienlied beginnt mit einer allgemeinen Charakterisierung des Herrn in der Form eines zweigliedrigen Parallelismus (V. 3 gibt die Begründung dazu).[49] Auch in dem Meisterliede wird einmal die charakterliche Beschaffenheit des Mädchens, die sonst nur mittelbar aus ihrem Handeln und ihren angeführten Reden zu entnehmen ist, in zwei Zeilen allgemein umrissen:

9,1-4. Der schalkheit sie ein canzlerin ist,   Mein herr der ist von Flandern
  das khan ich wol erkhennen,
  in ir hatt sy vil arger list,   und hat einen wankeln mut.
  noch wil ich sye nut nennen.

Die Strophenform machte hier eine Trennung der Glieder des Parallelismus notwendig, doch ist die eingeschobene Zeile inhaltlich so bedeutungslos, daß die Zusammengehörigkeit noch klar hervortritt. Auch im Bau der einander korrespondierenden Verse bemerkt man Gleichförmigkeit (Verba: ist – hat), und an beiden Stellen schwingt wieder Ironie mit: von Flandern[50] – Kanzlerin der Schalkheit.[51]

In Strophe 4 unserer Urform schlägt die Trauer des Lakaien – psychologisch nicht unvorbereitet – in Trotz um. Ein ähnlicher Wandel der Stimmung geht in dem Liede „Mich hatt erfreut..." vor sich, nachdem der Dichter sich vorher mit den Schicksalen Salomons und Simsons getröstet hat. Statt des Kehrreims in den Strophen 1-9: „wie mir, wie mir, ob ich mocht gerathen ir", ruft Jörg Graff am Schluß seines grobianischen Gedichtes[52] dem Mädchen trotzig zu (Str. 10):

  ,behalts dir, behalts dir,
  Jorg Graff schenkht das Gedicht ir.'

In unseren beiden Liedern werden Untreue und Wankelmut gegeißelt. Jörg Graff hat es aber nicht versäumt, in diesen Gedichten, und das hebt sie aus der Zeitlyrik heraus[53], auch die seelische Zwiespältigkeit zu Worte kommen zu lassen. In „Mich hatt erfreut..." vermittelt uns der erwähnte Refrain einen Eindruck von dem Widerstreit der Empfindungen in der Seele des Sängers. Nicht so stark betont, doch indirekt zu erschließen, ist das hintergründige Gefühl auch in unserer Urform.

Seinem Herrn zuleide will der Lakai (Str. 4) sich in weiß kleiden, d. h. seine

---

[49] Der theoretische Begriff eines Parallelismus lag unserem Dichter wohl fern; die aus einer Andeutung in einem späteren Gedicht vielleicht zu folgernde Mitgliedschaft in einer Sängerschule (Schade, S. 449) fiele in die Zeit nach 1517.

[50] Nach Uhland (Schriften IV zu Nr. 49) auch sprichwörtlich.

[51] Vgl. oben unsere Begründung für die Herübernahme der Flandern-Strophe in das Lakaienlied.

[52] Grobianisch ist außer dem Inhalt auch die Sprache, aber noch kein Rotwelsch wie in dem späteren „Liede vom Heller" (vgl. Fr. Kluge, *Rotwelsch I*, 1901, S. 84 f. und Götze, Z.f.d.Unterr. 27, S. 90.

[53] W. Stammler beschreibt jene (a.a.O., S. 251 f.): Es gibt keine seelischen Spannungen ... Man weiß noch nichts vom Zwiespalt des Menschen ..."

Trauer verbergen, selbst wenn er die größte Ursache zum Tragen der schwarzen Farbe hätte, nämlich wenn er wüßte, daß er nur noch ein Jahr leben werde (V. 2). In dieser Leidenschaftlichkeit seines Trotzes verrät sich sein noch keineswegs überwundener Schmerz. Er findet den inneren Ausgleich, zu dem Spott und Ironie ihm offenbar nicht verhelfen konnten, erst durch die ethisch höheren Kräfte der Geduld und Hoffnung.

Für den hoffnungsvollen Ausklang 4,7 der Urform gibt es naturgemäß in dem anderen Liede keine Entsprechung.[54] Es erscheint aber bemerkenswert, daß uns auch in Jörg Graffs „Lied von der kriegsleut orden"[55] das Motiv der „Huld eines Herrn" begegnet. Str. 12 lautet dort nach dem ältesten Druck (durch Kunegund Hergotin, Nürnberg):

> Wie möchtens doch ein hertern orden trage![56]
> sie leiden große not bei nacht und tage,
> biß s' überkum eins herren huld.
> darbei bleibt mancher tode,
> wolt bhalten seins herrn huld.

Der Zusammenhang ergibt, daß hier die Herren der Landsknechte, d. h. die kriegführenden Fürsten gemeint sind. Doch verleiht der Ausdruck „Huld" dem Verhältnis des Herrn zu seinem Gefolgsmann in jedem Fall einen menschlich persönlichen Charakter, und auf einen solchen Standpunkt gründet sich auch die dichterische Konzeption in unserem Lakaienliede.[57]

Das wiederhergestellte Lied „Mein herr der ist von Flandern", nach unserer Auffassung ein Werk des Dichters Jörg Graff[58], ist nur ein kleines realistisches Genrebild aus dem Leben eines Lakaien. Aber es stellt einen bewegten Stimmungsablauf dar. Anders als in der zeitgemäßen Lyrik[59] wächst die Erregung von Strophe zu Strophe. Mit dem Ausbruch des Trotzes erreicht sie ihren Höhepunkt, und an diesen

---

[54] Er wurde auch von der Umdichtung „F. von Fl." nicht übernommen, vgl. in Str. 6 die Zerdehnung durch den eingeschobenen 5. Vers, der nur die drei letzten Worte aus V. 4 wiederholt.

[55] Vgl. Schade, Nr. 1; Uhland, Nr. 188.

[56] Von der Gewohnheit Jörg Graffs, das n des Infinitivs wegzulassen, wenn er auf ein Wort mit Endungs-e reimt, würden in unserem Liede die Verse 2,1; 4,1 betroffen werden („lache" – „kleide").

[57] Andere Landsknechtslieder beschränken sich auf das sachliche „Herr", und auch Jörg Graff folgt diesem Brauch, so in Str. 4 desselben Liedes und in der späteren Lesart unseres Textes (Ambr.Lb.v.J.1582, Nr. 222), falls diese noch auf ihn selbst zurückgeht.

[58] Nach allem ist anzunehmen, daß von den beiden hier stilkritisch verglichenen Texten das kurze Gedicht auf den Herrn die erste Form der Motivgestaltung war. Die von uns nicht herangezogenen Strophen 4; 7 des zehnstrophigen Liedes bringen nur weitere Beispiele für die selbstsüchtige und niedrige Denkungsart des Mädchens. Str. 1 dient der allgemeinen Einführung in das Thema.

[59] Vgl. wieder Stammler (a.a.O., S. 252): „Vielmehr bleiben die Strophen stets in derselben seelischen Lage, keine Erregung entfaltet sich."

schließt sich, analog dem bekannten Vorgang bei der Krisis mancher physischen, fieberhaften Erkrankung, unmittelbar die Heilung an.

Eine weitere Bedeutung unserer Urform liegt darin, daß von dieser Grundlage aus die bisher überwiegend abgelehnte Hypothese Goedekes[60], Jörg Graff sei auch der Verfasser des Liedes „Der Landsknecht auf der Stelzen"[61], an Wahrscheinlichkeit gewinnt.[62] Ich möchte zu diesem Punkte auf folgendes hinweisen:

Das Lachen des jungen entlassenen Lakaien (2, 1/2) entspricht einer geistigen Haltung, die dem nicht zu erschütternden Gleichmut des Landsknechts in dem anderen Gedicht verwandt ist. Gewiß besteht ein großer Unterschied zwischen dem bitteren Spott in dem einen Liede und der heiter gelassenen Art, mit den verschiedenen Mißgeschicken im Leben eines Kriegers fertig zu werden, wie sie der zweite Sänger an den Tag legt. Aber „lachen und nicht traurig gan" ist auch im „L. auf d.St." die maßgebende Maxime, und wir können sie im Hinblick auf beide Texte formulieren: auch die mißlichen Vorkommnisse nicht allzu tragisch nehmen, ihnen womöglich noch eine gute Seite abgewinnen und, wenn dies nicht möglich, sich durch Ironie (im „L. auf d. Str.": Selbstironie) innerlich distanzieren.[63]

Götze äußert zu „L. auf d. St.": „Dem jungen Graff, dem Landsknecht vor der Erblindung müßte das Lied gehören. Vergleichen wir aber sein erstes sicheres Gedicht, eben das von 1517 im gleichen Versmaß[64], so sehen wir schnell: dem damaligen Graff ist diese Poesie nicht zuzutrauen, und wir dürfen die Überlieferung nicht verbessern wollen, die gerade das Lied vom Landsknecht auf der Stelzen anonym bleiben läßt."[65]

Es ist nun aber denkbar, daß Graff, der, soweit wir wissen, keine eigenen Töne ersann[66], ein entliehenes Versmaß in mehreren Epochen seines Schaffens verwen-

---

[60] Vgl. Grundriß 2², 255 c.
selben seelischen Lage, keine Erregung entfaltet sich."

[61] Vgl. Uhland, Nr. 189; Goedeke-Tittmann, S. 113; Erk-Böhme II, Nr. 1290. Einziger alter Druck bei Kunegund Hergotin um 1530, vorhanden in Weimar.

[62] Die Einwände, die Götze gegen die Meinung Goedekes erhebt (*J. G., Landsknecht und Poet*, 88 f.), sind nicht zwingend, und der Hauptanstoß, daß die Reime der ersten auf die dritten Reihen oft gestört sind, ist leicht zu beseitigen. Folgende Besserungen der reimlosen Zeilen liegen nahe: 2,1. Und geit er uns kein gelde (Reim auf „welde" oder – nach Böhmes einleuchtender Annahme – „welte"); 3.1. Und wird mir dann geschlagen (Reim auf „klagen"); 4,3. So tů ichs nacher kriechen (komm ich dann?): gekrochen (Assonanz zu „geschossen"); 5, 1/2. Ei wenn (tun?) sie mich dann schießen (Reim auf „spießen"), erschießen auf . . .

[63] In guten Tagen konnte Jörg Graff auch ein lustiger Gesellschafter sein. Er berichtet in „Mich hatt erfreut . . .", dort allerdings grollend (8, 1/2): „Weil ich ihr pfennig geben thett, kundts freundlich mitt mir lachen."

[64] „Von dem kunige Karl" (vgl. dazu Götze, S. 84 f.). Es handelt sich um Ton und Weise des berühmten Schüttensamenliedes.

[65] Vgl. Götze *J. G., Landsknecht und Poet*, S. 88 f.

[66] Bei dem Liede „Feinsl.von Fl." fehlt eine Angabe über den Ton. Erk entnahm nur die Melodie dem Orgelbuch von Ammerbach (1571), vgl. Erk-Böhme II, S. 295.

dete[67], und die Ähnlichkeit der dichterischen Mentalität zwischen dem Lakaienliede und dem „L. auf d. St." würde den Schluß gestatten, daß auch das zweite Gedicht der Zeit des jugendlichen Graff angehört. Damit wäre die Forderung einer Herkunft von dem jungen Landsknecht erfüllt.

Unser Gesichtspunkt einer sich im wesentlichen deckenden Sinnesart in beiden Liedern gibt uns freilich noch keine volle Sicherheit über den Autor des „L. auf d. St.". Es ist ja nicht völlig auszuschließen, daß zwei verschiedene Persönlichkeiten aus dem gleichen Geist heraus dichteten. Doch läßt uns auch die Stilvergleichung nicht ganz im Stich. Folgende Stellen erscheinen als Parallelen:

> „L. auf d.St." 4,5: ein hülzene stelzen ist mir gerecht.
> „Mich h. erfreut" 8,4: ist worden in die sylber kammern gerecht.[68]
> „Lied von dem Heller" 11, 4/5: bist unter dwildner schregen[69] gut und in dem neuen walde.

Gemeinsam ist den drei Aussagen ihre ironische Bedeutung, teils lächelnde Selbstironie, teils ironischer Tadel. Die Adjektive „gerecht" und „gut" sind hier Synonyme. Es ist entweder eine Sache für eine Person oder eine Person für eine Sache passend.[70] „Gerecht" steht in Reimbindung. Wenn der Gebrauch der Wendungen auch im übrigen stilistisch nichts Auffallendes hat, so wird doch ersichtlich, daß „L. auf d. St." sich in diesem Zuge mit den beiden Graffschen Gedichten berührt.

Sehr zutreffend spricht Götze von der „Pracht und Kraft", die „aus dem Lied wie selten noch, am unmittelbarsten aus der fünften Strophe herausleuchtet".[71] Jedoch kann die alte Vermutung, daß der talentvolle Verfasser dieses heiter-ernsten Bekenntnisses zum Landsknechtstum auch mit seinen rauhen Seiten der Dichter Jörg Graff gewesen sei, nicht mehr für ganz unwahrscheinlich erachtet werden.[72]

Die wiederhergestellten Texte lauten:

---

[67] So liegt dem Meistergesang „Mich hatt erfreut . . ." das gleiche Metrum zugrunde („Es het ein meitlein ein schuch verlorn") wie der Kontrafaktur „Gottes hulde ich verloren han" (Wackernagel, *Kirchenlied* III, 447), die nach Götze (S. 82) auch in die frühe Zeit – vor dem Sommer 1517 – gehört, in der möglicherweise das „Lied von der löblichen Stadt Straßburg" entstand, d. h. aber in die Zeit des wandernden Landsknechts.

[68] Vgl. oben zu Str. 8.

[69] Pranger, vgl. Schade, z.St.

[70] Zu „gerecht" im Sinne von fertig, richtig, passend vgl. DWB und Götze, *Frühnhd. Glossar*, S. 59.

[71] Vgl. Götze, *J. G., Landsknecht und Poet*, S. 88.

[72] Zum Wortlaut möchte ich noch bemerken: V. 4, 6 müßte aus rhythmischen Gründen nicht „kumt", sondern „herumbe" die Kadenz bilden; 5, 3 ist „langen" aus Str. 1 eingedrungen.

Lakaienlied

1. Mein Herr, der ist von Flandern
   und hat einen wankelen Mut.
   Er gibt einen um den andern,
   das tut die Läng' nicht gut.
   Doch bin ich stets
   ihm aller wohlgemut,
   ich wünsch ihm alles Gut'.

2. Ein junger Lakai soll lachen
   und soll nicht traurig gehn.
   Ich sah ihn nächten spate
   bei einem Feuer stehn.
   An seiner Hände er?
   Ein rot gold Fingerlein,
   der liebste Herre mein.

3. Mein Herr, der reit' spazieren
   oft in den grünen Wald,
   da heret er hoffieren
   im Orden mannigfalt.
   Grün ist der Klee,
   ein Blümlein wohlgestalt,
   meines Herrn Lieb fraget gar bald.

4. In weiß will ich mich kleiden,
   und leb' ich nur ein Jahr,
   Meinem Herrn zu Leide,
   von dem ich Urlaub hab.
   Ohn' Schulde ich:
   Ich wills tragen mit Geduld,
   ich erwerb' vielleicht noch Huld.

Der Landsknecht auf den Stelzen

1. Der in den krieg wil ziehen,
   der sol gerüstet sein,
   was sol er mit sich füren?
   ein schönes frewelein,
   ein langen spieß, ein kurzen tegn;
   ein herren wöl wir suchen,
   der uns gelt und bscheid sol gebn.

2. Und geit er uns dann kein gelde,
   leit uns nit vil daran,
   so laufen wir durch die welte,
   kein hunger stoßt uns nit an:
   der hůner, der gens hab wir so vil,
   das waßer auß dem prunnen
   trinkt der landsknecht wenn er wil.

3. Und wirt mir dann geschlagen
   ein flügel von meinem leib,
   so darf ichs niemand klagen,
   es schadt mir nit ein meit
   und nit ein creuz an meinem leib,
   das gelt wöl wir vertemmen,
   das der Schweizer umb hendschuch geit.

4. Und wird mir dann geschoßen
   ein schenkel von meinem leib,
   so tu ichs nacher gekrochen,
   es schadt mir nit ein meit:
   ein hülzene stelzen ist mir gerecht,
   ja e das jar kumt herumbe,
   gib ichs ein spitelknecht.

5. Ei wenn sie mich dann schießen,
   erschießen auf preiter heid,
   so tregt man mich auf spießen,
   ein grab ist mir bereit;
   so schlecht man mir den pumerlein pum,
   das ist mir neun mal lieber
   denn aller pfaffen geprum.

6. Der uns das liedlein news gesang,
   von newem gesungen hat,
   das hat getan ein landsknecht,
   got geb im ein fein gut jar!
   er singet uns das, er singt uns mer;
   er můß mir noch wol werden,
   der mirs gloch bezaln můß.

XV. Das Volkslied vom Schlemmer, auch in seiner Beziehung zu Eichendorffs „Taugenichts"-Novelle

Die Untersuchung zum Schlemmerlied „Wo sol ich mich hinkeren" bildet einen Teil meiner Dissertation „Studien zum Antwerpener Liederbuch v. J. 1544" (in Maschinenschrift).[1] Sie liefert uns im Rahmen der vorliegenden Arbeit ein weiteres Beispiel dafür, daß die dichterische Idee des Originals oft einer bestimmten Tendenz des jeweiligen Bearbeiters mehr oder weniger zum Opfer fiel. Die textkritische Frage ergibt sich aus dem Vergleich der elfstrophigen Vulgatfassung mit der handschriftlichen Tradition.[2]
Wir teilen hier zunächst eine elfstrophige Form mit[3]:

1. Wo sol ich mich hin keren,
ich thumes[4] brůderlein?
Wie sol ich mich erneren?
mein gut ist viel zu klein.
Als ich ein wesen han,
so mus ich bald dauon.
Was ich sol heuer verzeren,
das hab ich fert verthan.

2. Ich bin zu frůe geporen,
wo ich heur hin kom,
Mein glůck kômpt mir erst morgen,
het ich das Keiserthumb,
Dazu den Zol am Rein,
vnd wer Venedig mein,
So wer es alles verloren:
es mus verschlemet sein.

---

[1] Tübingen 1923. – Zum Text und zur Überlieferung vgl. Uhland, Nr. 213; Erk-Böhme III, Nr. 1170. Antw. Lb. Nr. 166; P. Alpers, *Die alten niederdeutschen Volkslieder, 1924*, Nr. 78 (2. Ausg. 1960, Nr. 60). A. Kopp, *Die niederdeutschen Lieder des 16. Jahrhunderts* (Jahrb.d.Ver.f.ndd.Sprachf. 26, 1900, S. 40 f.
Während diese Versionen zumeist 11 Strophen aufweisen, ndd. und ndl. noch mit einer Autorstrophe (12), wird das Lied von der Heidelb.Hs.cod. Pal. 343 – Mitte des 16. Jahrh. – mit 7 Strophen überliefert (*Die Lieder der Heidelb. Hs. Pal. 343*, hrsg von A. Kopp, Berlin 1905, DTM V, Nr. 189). Diesem Text schließt sich in ihrem Versbestand mit einer der Hs. entsprechenden Anordnung der Zeilen doch anderer Reihenfolge der Strophen die sechsstrophige Form in Burkhard Waldis' *Fastnachtspiel vom Verlorenen Sohn* 1527, an (hrsg. von Milchsack, Halle a.S. 1881). Es fehlt Str. 4 (Vf. 8). In Fischarts *Geschichtsklitterung* 1575 (hrsg. von Alsleben, Halle a.S. 1891) kommen zweimal einzelne Strophen und Verse unter den Volksliedern des 8. Kapitels vor. Nicolais „Feyner, Kleyner Almanach" enthält die Strophen 1-8 und 11.
[2] Uhland bezeichnet die längere Form als vollständige, die kürzeren Lesarten als mangelhafte Rezensionen des Liedes (vgl. Schriften IV, 202). Dies ist auch die Meinung von L. Hänselmann (Jahrb. d. Ver. f. ndd. Sprachf. 16, 1890, S. 77 f.).
[3] *Neudrucke deutscher Literaturwerke. Bergreihen. Ein Liederbuch des XVI. Jahrhunderts. Nach den vier ältesten Drucken von 1531, 1533, 1536 und 1537 herausgegeben von John Meier. Halle a.S. 1892. Nr. 27.*
[4] Statt „dummes" heißt es Z. 1,2 in einigen Versionen „armes".

3. So wil ichs doch nicht sparen
vnd ob ichs als verzer.
Und wil darůmb nicht sorgen:
Gott beschert mir morgen mehr.
Was hůlfts das ichs lang spar?
vielleicht so verleur ichs gar,
Solt mirs ein diep austragen,
es reuet mich ein iar.

4. Ich wil mein gut verprassen
mit schlemen frů vnd spat
Und wil ein sorgen lassen,
dem es zu hertzen gat.
Ich nim mir ein eben bild
bey manchem thierlein wild.
Das springt auff breiter heide:
Gott behůte im sein gefild.

5. Ich sach auff breiter Heide
viel manches blůmlein stan,
Das ist so wol bekleidet;
was sorgen darff ich den han,
Wie ich gut vberkom?
ich bin noch frisch vnd iung.
Solt mich ein not belangen,
mein hertz wůst nicht darůmb.

6. Kein grösser freud auff erden ist,
denn guts leben han.
Mir wird nicht mehr zu dieser frist,
denn schlemen vmb vnd an,
Dazu ein guter mut.
ich reis nicht sehr nach gut,
Als mancher reicher Burger
nach grossem wucher thut.

7. Der gewint sein gut mit schaben[5],
dazu mit großer not.
Wenn er sein run sol haben,
so leit er als wer er tod.

So bin ich noch frisch vnd iunck,
Gott verley mir viel der stund!
Gott behůt mich iungen knaben,
das mir kein vnmut kom!

8. Ich las die vögel sorgen
gegē diesem winter kalt.
Wil vns der wird nicht borgen,
mein rock gib ich im bald,
Die ioppen auch dazu.
ich hab widder rast noch rhu
Den abend als den morgen,
bis ich das alles verthu.

9. Steck an die schweinen braten,
dazu die hůner iunck!
Darauff so wird vns geraten
ein guter frischer freier trunck.
Trag her den kůlen wein
vnd schenck vns dapffer ein!
Mir ist ein beut geraten,
die mus verschlemet sein.

10. Drey wůrffel vnd ein karten,
das ist mein wappen frey;
Sechs hůbscher freulein zarte,
an iglicher seiten drey.
Kom her, du schönes weib!
du erfreuest mir mein hertz ym leib.
Solt ich heint bey dir schlaffen,
mein hertz das wůrd mir frey.

11. Ich bind mein schwerd andseiten
vñ mach mich bald dauon.
Hab ich denn nicht zu reiten,
zufusse mus ich gan.
Es ist nit alzeit gleich,
ich bin nicht alweg reich:
Ich mus der zeit erwarten,
bis ich das glück erschleich.

Zur Erleichterung des Überblicks stelle ich dem siebenstrophigen Text der Heidb. Hs. (links) auf der rechten Seite die hier fehlenden Verse und Strophen der län-

---

[5] „mit schlafen" in einer Lesart auf einem geschriebenen Blatt um 1500 (Nic. Betzendorfs Mischband, Braunschw. Stadtbibl.) Antw. Lb. Nr. 166.

geren Rezension gegenüber. Jenen bezeichne ich als A, das Plusgut auf der anderen
Seite als B.

A	B

1. Wo sol ich mich hinkeren,
   ich armes bruederlein?
   wie sol ich mich ernehren?
   mein guet ist vil zu clein –
   als ich ein wesen han,
   so mues ich bald darvon,
   das ich heur sol verzeren,
   das hab ich fernden verthan.

2. Ich bin zu frue geboren,
   und wo ich heuwr hinkkom,
   mein glückh kombt erst morgen[6]
   hett ich das kayserthumb,
   darzue den zoll am Rhein,
   und wer Venedig mein,
   so wer es als verloren,
   es muest verschlemmet sein.

3. Mein guet wil ich verbraßen
   mit schlemmen früe und spat,
   ich wil den sorgen laßen,
   dem es zu herzen gat;
   was hilft mich das ich spar?
   villeicht verlier ichs gar,
   solt mirs ein dieb außtragen,
   das reuwt mich noch ein jar.

3, 1-4. So wil ichs doch nicht sparen,
   vnd ob ichs als verzer.
   Vnd wil darumb nicht sorgen
   Gott beschert mir morgen mehr.

4. Die vögell laß ich sorgen
   gegen disem winter kallt,
   wil mir der wirt nit borgen,
   mein rockh gib ich im zu pfandt,
   die gippen auch darzue,
   so hab ich weder rast noch rue
   den abent und den morgen,
   bis ichs gar verthue.

4,5-8. Ich nim mir ein eben bild
   bey manchem thierlein wild,
   das springt auff breiter heide:
   Gott behüte ihm sein gefild

5. Ich sach auff breiter Heide
   viel manches blůmlein stan,
   das ist so wol bekleidet;

---

[6] So nach der Vulgatfassung statt „am Morgen" in der Hs.

A   **B**

was sorgen darff ich den han,
Wie ich gut vberkom?
ich bin noch frisch vnd iung.
Solt mich ein not belangen,
mein hertz wust nicht darumb.

6. Kein grôsser freud auff erden ist
denn guts leben han.
Mir wird nicht mehr zu dieser frist
denn schlemen vmb vnd an,
dazu ein guter mut.
ich reis nicht sehr nach gut,
Als mancher reicher Bûrger
nach grossem wucher thut.

7. Der gewint sein gut mit schaben,
dazu mit grosser not.
Wenn er sein run sol haben,
so leit er als wer er tod.
So bin ich noch frisch und iunck.
Gott verley mir viel der stund!
Gott behût mich jungen knaben
das mir kein unmut kom!

5. Wirt, steckh an die schweinen braten,
darzue die huener jung!
darauf mag uns geraten
ein frischer kueler trunckh;
ach wirt, nu lang her wein
und laß uns frölich sein –7
mir ist ein beut geraten,
sie mues verschlemet sein.

6. Drey würfel und ein karte
das ist mein wappen frey,
sex hüpscher freulein zarte,
uff jetlicher seiten drey –
ruckh her, mein schönes weib,
du erfreuwst mirs herz im leib,
wol in dem rosengarte
dem schlemer sein zeit vertreib!

---

7 Die ndl. und die ndd. Version folgen dem Vulgattext 9,5/6. Dagegen heißt es in der Autorstrophe dieser Fassungen: „Al in den coelen wijn. Hi wilde altijt vrolijc zijn."

A

7. Ich henkh mein schwert an dseiten,
ich mach mich bald darvon,
hab ich nit zu reiten,
zu fues so mues ich gan.[8]
es ist nit allweg gleich,
ich bin auch nit allzeit reich,
der zeit wil ich erbeiten,[9]
bis ich ein glückh[10] erschleych.

Was lehrt nun unsere Strophengruppierung mit Bezug auf die Echtheitsfrage? Offenbar haben wir in dem Text A eine einheitliche Konzeption vor uns. Nichts wird beschönigt. Es handelt sich um einen leichtsinnigen Menschen, dessen grenzenloser Verschwendungssucht selbst der Besitz eines Kaisertums oder des reichen Venedig nicht genügen würde. Besonders bezeichnend für seine Denkungsweise ist die Art, wie er sich die Geldmittel zu seinem Schlemmen und Prassen verschafft. Er geht auf Beute aus und erschleicht sich ein Glück (6,7; 7,8). Versöhnend kann höchstens der Gleichmut wirken, mit dem er sich auch in die Zeiten des Mangels zu schicken weiß. Im ganzen wird in der kurzen Fassung ein zwar nach moralischen Maßstäben wenig sympathisches, aber ungebrochenes Charakterbild entworfen. Der satirisch-humoristische Unterton ist nicht zu verkennen.

Anders steht es in der längeren Überlieferung. Die Person des Schlemmers erscheint in den Plusstrophen und -Versen in einem viel günstigeren Lichte. Der Vergleich mit den Blumen der Heide (5,1-4) und mit dem Tierlein, das auf dem Felde umherspringt (4,5-8), ist keineswegs unvorteilhaft für ihn. Dem geizigen, Wucher treibenden Bürger wird der junge, lebenslustige Geselle gegenübergestellt (Str. 6). Auch fehlt es nicht an Entschuldigungsgründen für seinen Leichtsinn. So läßt der Verfasser ihn wiederholt auf seine frische Jugend verweisen (5,6; 7,5. 7).[11]

Von dieser ist in der anderen Version nicht ausdrücklich die Rede, obwohl sie offenbar ebenfalls vorausgesetzt wird (vgl. Str. 10). Auch die Freude am guten Leben (6, 1/2) ist kein absolut unedles Motiv. Der frohe Mut (6,5), die Geringschätzung des Geldes (6,6) sind sogar lobenswerte Eigenschaften. Zweimal werden dem

---

[8] Hs.: geen.

[9] Die Hs. schließt sich mit ihrer reimlosen Lesart der Gemeinform an. Das ursprüngliche Reimwort ist dem Antw.Lb. zu entnehmen = ndl. verbeyden.

[10] Der Schlemmer denkt hier nicht an das Glück im allgemeinen, wie es nach dem Vulgattext den Anschein hat, sondern an einen einzelnen Glücksfall, vermutlich eine Gelegenheit, Beute zu gewinnen. Es lag nahe, „ein Glück" in „das Glück" zu ändern. An der Stelle 2,3 ist der Ausdruck jedoch anders zu verstehen.

[11] Alpers hat in seiner zweiten Ausgabe der niederdeutschen Volkslieder (vgl. oben Anm. 1) die 7. Strophe weggelassen. Vermutlich geht dieser Einschub auf einen zweiten Nachdichter zurück, der den Text in der Art der B-Strophen erweitern wollte, aber weniger geschickt war als der erste Interpolator.

Schlemmer auch fromme Wendungen in den Mund gelegt (3,4; 4,8). Die erwähten Vergleiche mit den Tieren und Blumen des Feldes sind biblische Reminiszenzen.

Naturgemäß kommt auf diese Weise eine störende Zwiespältigkeit in das Lied, die gegen die Originalität der elf- bzw. zehnstrophigen Form spricht.[12] Zu den inneren Kriterien treten aber auch äußere. In den Strophen der kurzen Fassung reimen die Verse in folgender Weise: ab ab cc ac. Dieses Schema ist mit Zuhilfenahme von Assonanzen und einem rührenden Reim (6,3 : 7) überall durchgeführt. Die Reimwörter „han : darvon : verthan" (1,5. 6. 8) und „darvon : gan" (7,2. 4) sind als dialektische Reime aufzufassen. In den Plusstrophen des längeren Textes wird auch die Assonanz nicht immer erreicht. Die Verse 3,3; 4,7; 5,7; 6,7 sind Waisen. In Str. 6 sind die Zeilen 1.3 vierhebig voll, was vielleicht daher rührt, daß V. 1 aus einem anderen Liede entlehnt wurde. Das Gedicht Nr. 42 im Ambr. Lb v. J. 1582[13] beginnt mit den Worten: „Kein größer freud auf Erden ist, denn der bei seiner Liebsten ist." Im übrigen war das Verfahren des Bearbeiters einfach. Die erste Hälfte von Str. 3 ersetzte er durch einen neuen Text. Die auf diese Weise frei gewordenen Verse bilden jetzt, ergänzt durch vier weitere Zeilen, seine vierte Strophe, und zwischen die ursprüngliche dritte und vierte schob er Plusstrophen ein.[14]

Obwohl die auf den Redaktor zurückgehenden Motive an sich beifallswürdig sind, wird man in der bearbeiteten Form nur eine Verschlechterung des geschlossenen, dem Thema adäquaten Archetypus sehen können. Dagegen scheint es, daß der sekundären Fassung unseres Liedes in anderer Hinsicht eine besondere Bedeutung zukommt, indem sie zur Entstehung eines späteren Meisterwerkes beigetragen hat. Wer wird nicht bei der Vorstellung von dem sorglosen, unbekümmerten jungen Gesellen, der das Ebenbild der Blumen des Feldes und der auf der Heide umherspringenden Tiere sein möchte, an den Helden in Eichendorffs bekannter Novelle erinnert? Wir gehen nicht so weit, das Schlemmerlied für den alleinigen direkten Anlaß zu der Hervorbringung jenes epischen Kunstwerkes[15] zu halten. Aber wir wissen ja, daß Eichendorff, der in seiner Heidelberger Studienzeit zu dem Kreis um Achim von Arnim und Clemens Brentano gehörte, das regste Interesse für die Entstehung von „Des Knaben Wunderhorn" und die Sammeltätigkeit der Freunde bezeigte. Vielleicht hängt es hiermit zusammen, wenn der Dichter seinen Helden

---

[12] Die Gegensätzlichkeit des Standpunktes steigert sich in den Strophen 4 und 8 zum direkten Widerspruch. Nach der vierten Strophe will sich der Schlemmer die Tiere der Heide zum Vorbild nehmen. In der achten betont er jedoch, daß die Lebensweise der Vögel der seinen gerade entgegengesetzt ist.

[13] Vgl. Uhland, Nr. 60: „Die Liebste".

[14] In den längeren Versionen des Vulgattextes steht die 6. Strophe des Pal vor der fünften (= 9.10). Hierin wird die Handschrift vielleicht sekundär sein. Der Schlemmer vergegenwärtigt sich sehr lebhaft eine Wirtshausszene. Da ist es natürlich, daß er zuerst an das üppige Mahl denkt, das in der Regel wohl dem Würfel- und Kartenspiel vorherging.

[15] Vgl. zu diesem die Interpretation von Benno von Wiese in *Die deutsche Novelle von Goethe bis Kafka* (Düsseldorf 1955, S. 79-96) und die dort angegebene weitere Literatur.

vorübergehend zum „Zolleinnehmer" macht (vgl. Volksl. II,5). Nicht für ganz zufällig möchte ich daher auch folgende Berührung halten:

Kurz nach Beginn seiner Wanderung finden wir den Taugenichts hinten auf dem Wagentritt des eleganten Reisewagens zweier Damen, wo er die bunt vorüberfliegenden Landschaftsbilder „innerlichst jauchzend" erlebt und gleichzeitig auf seinem Platz strampelt und tanzt, so daß er bald seine Geige verloren hätte. Weiter jedoch heißt es:

...Wie aber dann die Sonne immer höher stieg, rings am Horizont schwere weiße Mittagswolken aufstiegen und alles in der Luft und auf der weiten Fläche so leer und schwül und still wurde über den leise wogenden Kornfeldern, da fiel mir erst wieder mein Dorf ein und mein Vater und unsere Mühle, wie es da so heimlich kühl war an dem schattigen Weiher und daß nun alles weit, weit hinter mir lag. Mir war dabei so kurios zumute, als müßt ich wieder umkehren...[16]

Am Schluß von Kapitel 1 äußert der Taugenichts in einer elegischen Stimmung, in der er glaubt, sich selbst bemitleiden zu müssen: „*... es fiel mir jetzt auf einmal recht ein, wie sie so schön ist und ich so arm bin und verspottet und verlassen von der Welt...*" Es fällt nun auch auf, daß unsere poetische Tradition über das spätmittelalterliche Schlemmerlied hinweg zu dem „armen Singerlein" in der Vaganten-beichte des Archipoeta hinaufführt[17], so daß sich in diesem Einzelzuge ein weiter Bogen vom 12. Jahrhundert bis zum Jahre 1826, dem Zeitpunkt des Erscheinens der berühmten Novelle, spannt.

---

[16] Es ist nur zu begreiflich, daß die im Volkslied sicherlich anders gemeinte Frage: „Wie soll ich mich hin kehren, ...?" bei Eichendorff mit der Schilderung des Heimats- und Kindheitsparadieses beantwortet wird, das der junge Wanderbursche gerade im Begriff ist aufzugeben. Welche grundlegende persönliche Bedeutung die Retrospektive auf ein verlorenes Einst für den Dichter hatte, zeigt Helmut Koopmann in seinem Aufsatz: Eichendorff, Das Schloß Dürande und die Revolution, ZfdPh 89 (1970), S. 201-207.

[17] = Z. 165 nach der Übersetzung von Ludwig Laistner. Vgl. auch in der Novelle Kap. 9 das Auftreten der Prager Studenten in der Vakanz.

Anhang

Parallelen zur Adelheid-Weislingen-Handlung in Goethes Götz von Berlichingen[1]

Goethes Hauptquelle für das Jugenddrama „Geschichte Gottfriedens von Berlichingen mit der eisernen Hand" war die Autobiographie des Ritters, die von Verono Frank von Steigerwald 1731 herausgegeben und in Nürnberg gedruckt war.[2] Aber trotz der starken Verwertung durch den Dichter konnte sie ihm doch nichts als den äußeren Abriß dieses durch Abenteuer ausgefüllten Stegreif- und Faustritterlebens geben. Der dramatische Nerv wird dem Stück aber gerade durch die beiden Gegenspieler, Adelheid von Walldorf und Adelbert von Weislingen, verliehen, von denen die Lebensbeschreibung nichts weiß und für die es auch im Leben Goethes kein Modell gab.[3] Gibt es unter diesen Umständen, wie man immer angenommen hat, nur die eine Erklärung für den literarischen Befund, daß wir es hier mit einer reinen Erfindung des genialen jugendlichen Dichters zu tun haben? Das sonstige Vorgehen Goethes[4], auch eine Angabe in „Dichtung und Wahrheit" XII (W.A. I, 28, 123), er hätte die Hauptschriftsteller des 16. Jahrhunderts fleißig gelesen (G. nennt hier bekanntlich nur das Werk von Datt), scheint mir dagegen zu sprechen.

Bei einer Arbeit über die Volksballade „Frau zur Weißenburg"[5] fielen mir einige

---

[1] Der Aufsatz erschien 1939 in etwas kürzerer Form im Neophilologus Jahrg. 25 S. 34-38. Da die Arbeit, soweit ich es übersehe, unbeachtet blieb, aber sachlich in den Umkreis meiner Volksliedstudien gehört, möchte ich sie an dieser Stelle noch einmal veröffentlichen.

[2] Vgl. *Der junge Goethe* neubearbeitete Ausgabe in fünf Bänden, hrsg. von Hanna Fischer-Lamberg, Band II, April 1770–September 1772, Berlin 1963.

[3] H. Fischer-Lamberg schreibt hierzu unter anderem: „Das große Thema, Weißlingens Abfall von Gottfried, wird durch den Treubruch an Marie in seiner Wirkung kaum gesteigert, es bedarf dieser Stütze nicht" (a.a.O., S. 333 Anm.).

[4] Vgl. die Helfensteinszene im 5. Aufzug, Fischer-Lamberg Anm. 342 und Ursula Wertheim, *Die Helfensteinszene in Goethes „Ur-Götz" und ihre Beziehung zum Volkslied*, Weimarer Beiträge 1955, S. 109 ff.

[5] Vgl. Erk-Böhme, Lh.I, Nr. 102 und den vollständigen Nachweis der Fassungen bei Johannes Vollschwitz, *Die Frau zur Weißenburg, Das Lied und die Sage* (Forschungen zur deutschen Literaturgeschichte 1), Straßburg 1914; John Meier, *Die Ballade von der Frau zur Weißenburg* (Jahrb. f. Volksliedf. 3), 1932, S. 1 ff.; *Deutsche Volkslieder mit ihren Melodien*, hrsg. vom Deutschen Volksliedarchiv, 1 Bd., Balladen, 1935, S. 307 ff.; Louis Pinck, *Das Lied von der Frau von der Weißenburg* (Beiträge zur Geistes- und Kulturgeschichte der Oberrheinlande), Frkf. a. M. 1938, S. 166 ff. – Meine eigene Arbeit vgl. oben S. 30 ff.

Parallelen auf, die zwischen diesem alten Liede und der Adelheid-Weislingen-Handlung in Goethes „Götz von Berlichingen" bestehen und bisher nicht erwähnt wurden.[6] Ihre Zahl wird noch erhöht, wenn wir den Prosabericht der Chronik heranziehen, in der die hauptsächlich in Betracht kommende Fassung der Ballade überliefert ist. Diese, ein Werk des Merseburger Bürgermeisters Ernst Brotuff aus dem Jahre 1557[7], führt den Inhalt des Liedes auf die Ermordung des Pfalzgrafen Friedrich von Goseck durch den thüringischen Landgrafen Ludwig den Springer (1065)[8] zurück. Georg Hahn gab sie zusammen mit anderen Schriften in seiner „Historia Martisburgica" (Leipzig 1606) heraus. Ich möchte hier auf die Berührungen aufmerksam machen.

Die Fassung des Liedes bei Brotuff lautet:

1. WAS woln war aber singen,
   was woln wir heben an,
   ein Lied von der Frawen zur Weissenburg,
   wie sie jren herrn verriet.

2. Sie lies ein Briuelein schreiben
   gar fern ins Türinger Landt
   zu jrem Ludewig Bulen,
   das er kem zur handt.

3. Er sprach zu seinem Knechte:
   ,Satel du mir mein Pferd,
   wir wollen kein der Weissenburg reiten,
   es ist nu reitenszeit.'

4. ,Gott grüs euch Adelheidt schone,
   wünsch euch ein guten tagk,
   wo ist ewr Edtler herre,
   mit dem ich kempffen magk?'

5. Die Fraw leuckent jren herren
   im schein falsches gemüts:
   ,er reith nechten ganz spate,
   mit hunden auff die Jagt.'

6. Do Ludewig vnder die Linde kam,
   ia vnder die Lindt so grün,
   do kam der herr von der Weissenburg
   mit seinen winden kühen.

---

[6] Doch bemerkte schon Richard Weißenfels (*Goethe in Sturm und Drang*, Halle 1894, S. 409 f.): „Der ganze letzte Akt des „Götz" klingt wie die Gretchentragödie des Faust in Ton und Stimmung an die volkstümliche Balladenpoesie an," und in einer neueren Untersuchung spricht Philipp Hilkene (*Zur Entstehungsgeschichte des „Götz von Berlichingen"* Novi Urbas 1928, S. 40) die Vermutung aus, daß auch an das Vorbild des deutschen Volksliedes zu denken wäre, „das über heimliche Liebe und schnöden Verrat mancherlei Schauriges zu erzählen weiß". – Zu den zwölf Volksliedern aus dem Elsaß, die Goethe an Herder sandte, gehört die „Frau zur Weißenburg" nicht; doch daß das Lied noch heute dort bekannt ist, ergibt sich aus dem genannten Aufsatz von L. Pinck, der die alte Melodie 1934 aufgenommen hat. Die Bemerkung am Anfang der Ephemerides: „Dannhäuser und Fraw von Weißenburg scheinen theoretisch und tiefsinnig von der Musik geschrieben zu haben" beruht dagegen auf einer mißverstandenen Stelle des Paracelsus (vgl. Ernst Martin, *Ephemerides und Volkslieder von Goethe*, Heilbronn, 1883, S. V f.).

[7] Ernst Brotuff, *Chronica vnd Antiquitates des alten keiserlichen Stiffts, der Römischen Burg, Colonia vnd Stadt Marsburg an der Salah*, 2. Ausgabe 1557, Bl. 71[b]-72[a]; handschriftliches Historienbüchlein der Stadt Freyburg an der Unstrut gewidmet, 1557 (Abdruck: Karl Peter Lepsius, *Kleine Schriften*, hrsg. von Alwin Schulz II, 1854, S. 173 ff.).

[8] Vgl. *Allgemeine deutsche Biographie* 19, 589.

7. ‚Willkommen herr von der Weissenburg
   Gott geb euch gutten mutt!
   jr solt nicht lenger leben,
   denn diesen halben tag.‘

8. ‚Sol ich nicht lenger leben,
   denn diesen halben tag,
   So klag ichs Christ von himel,
   der all ding wenden mag.‘

9. Sie kamen hart zusammen
   mit worten zorn so gros,
   das einer zu dem andern
   sein armbrost abeschos.

10. Er sprach zu seinem Knechte:
    ‚Nu spann dein armbrost ein,
    vnd scheus den herrn von der Weissenburg
    zur lincken seiten ein.‘

11. ‚Worumb sol ich jn schiessen
    vnd morden auff dem plan?
    hat er mir doch sein leben lang
    noch nie kein leidt getan.‘

12. Do nam Ludewig sein Jegerspies
    selber in seine handt,
    durchrandt den Pfaltzgraff Friderich
    vnder der Linden zu todt.

13. Er sprach zu seinem Knechte:
    ’reit mit zur Weissenburg!
    da seint wir wol gehalden
    nach unsern hertz vnd muth.‘

14. Do er nu kegen der Weissenburg kam,
    wol vnder das hohe haus,

do sach die falsche Frawe
mit freuden zum fenster aus.

15. ‚Gott grüs euch Edtle frawe,
    bescher euch glück vnd heil!
    ewr will der ist ergangen,
    todt habt jr ewren Gemahel.‘

16. ‚Ist mein will ergangen,
    mein Edtler herre todt,
    So will ichs nicht eher gleuben,
    ich sehe denn sein blut so roth.‘

17. Er zog aus einer scheiden
    ein Schwert von bluth so roth:
    ‚sie da du Edtle frawe
    ein zeichen deins Herren todt!‘

18. Sie ranck jr weiße hende,
    raufft aus jr geelweis Haer:
    ‚hilff reicher Christ von himel,
    was hab ich nu getan.‘

19. Sie zog von jrem finger
    ein Ringelein von Goldt so rodt:
    ’nim hin du Ludewig Bule,
    meiner darbey gedenck.‘

20. ‚Was sol mir doch das fingerlein,
    das vnrecht gewonnen Goldt?
    wenn ich daran gedencke,
    mein hertz wird nimmer fro.‘

21. Des erschrack die Fraw von der Weissen-
    burg:
    fast ein traurigen muth:
    ‚verlas mich, holder Fürste nicht,
    mein Edtler herr ist todt.‘

Wie in Goethes Drama handelt es sich um einen Mord an dem Gemahl. Der Name der Frau lautet in Volkslied (4,1) und Chronik gleich: Adelheid. Auch der Chronist hebt die Schönheit Adelheids hervor (vgl. Ballade 4,1): „Der obgemelt herr Friderich Pfaltzgraue zu Sachsen usw. wie gehöret, hatte eine schöne geborene Fürstin zu Sachsen zum gemahel." Gleichzeitig bezeichnet er sie als „geyl vnd frech": „… zeugete mit jr keine kinder mehr, denn die einzige tochter Sophia, darum oben gedacht ist, derhalben wart sie jm zu geyl vnd frech, bulete mit Ludouico dem andern in der ordnunge Graffen zu Türingen vnd Hessen . . ."

Deutlicher noch als in dem Liede geht aus dem Prosatext die Mitschuld der Frau hervor: „Dieser Graff Ludouicus vnd Adelheidis des Pfaltzgrauen weib wurden in bösen sachen einig, beschlussen mit einander, den Löblichen Fürsten herrn Friederichen den Pfaltzgrauen umzubringen, das sie darnach einander füglichen konden zur Ehe nehmen."

Der Name Weislingen klingt nur mit der Stammsilbe an „Weißenburg" an, und diese Beziehung würde infolge der Schreibung mit „s" unsicher erscheinen (vgl. aber das Wortspiel Sickingens im 3. Akt). Dagegen kommt in dem Prosabericht im Zusammenhang mit der Schilderung des Mordes ein „Adalbertus" vor. Es ist der aus der Geschichte bekannte Erzbischof Adalbert von Bremen, der Heinrich IV. zur Feindschaft gegen die Sachsen und ihre Führer aufstachelte, und wie Weislingen, der Träger seines Namens im Drama, wendet er sich anklagend an den Kaiser, erreicht jedoch ebenfalls nicht mehr als die Zustimmung zur Gefangennahme (vgl. III: Kayser, Weislingen): „Im jahre 1070 klagete her Adalbertus, Bischoff zu Bremen, ein bruder des entleibten Herrn Friederichen Pfaltzgrauen zu Sachsen, sampt seiner freundtschafft vmb die begangene that an den Keiser Heinricum den vierden vnd baten Ludouicum Grauen in thüringen zu straffen. Erlangeten so viel, do Ludouicus auff eine zeit im Stiffte Magdeburg angetroffen ist er gefangen vnd auffs Schlos Gebichenstein bey Halle an der Salah gelegen, lenger denn zwey Jar gefenglichen gehalden." – In der Bühnenbearbeitung von 1804 werden die Reden Weislingens gegen Sickingen, Selbitz und Berlichingen z. T. dem Bischof von Bamberg in den Mund gelegt.

Auch daß Adelheid im Entwurf ihren Mann wegen seiner Feigheit schmäht, hat in der Chronik eine überraschende Parallele. Der Monolog des fünften Aktes: „Geh nur – Das fehlte noch . . ." schließt mit den Worten: „Lieg! Lieg! Versteck dich unter den Boden du Feiger. es durfen tausend Herolde, drey Schritte von dir, tausend herausforderungen herab trompeten, und du kannst in ehren ausenbleiben."

In dem Dialog vorher sagte sie zu Weislingen, als er sich weigern möchte, Gottfried von Berlichingen selbst zu verdammen, wie der Bund ihn ersucht hatte: „Hast du nicht das Herz", und er verteidigt sich gegen diesen Vorwurf: „Ich hab's nicht so bös."

Brotuff erzählt: „Denn Graff Ludouicus reith dem Pfaltzgrauen offtmals in seine Wiltbane bey der Stadt Freiburg in Türingen in die welde vn höltzer jagte darinne suchte vrsache das er möchte an jnen kommen das geduldet der fromme Fürst eine zeit lang verschonete seine jugent. Aber auff eine zeit wie oben gemeldet zur zeit des Keisers Henricii des vierten als nemlich im jare Christi 1065 kam Graff Ludowieg mit etlichen Reutern vor die Weissenburg des Pfaltzgrauen Friederichen Schloß geritten welche darnach wart Zstheiplitz genant vnd zum Jungfraw Closter gestifftet vnd sprach Adelheidin an vnd reith fürder in das nehste Eichholz bey der Weissenburg gelegen in reisen genant fieng an darinne zu jagen.

Eben auf die selbige stunde was der Pfaltzgraff zur Weissenburg im bade do kommet sein weib Adelheidis mit getichtem zornigen gemüte spricht zu jrem hern Wie mögt jr leiden das euch Graff Ludowig so nahe an ewer Schlos iaget habt jr kein hertz noch muth das ir jnen dorfft ansprechen. Ich bin ein weib wan es mir getzemete wolt solchen freuel selber Rechnen …"[9]

Auch im Volkslied steht neben dem Ritter der Knappe, der hier allerdings nur eine unbedeutende Rolle spielt. Das Ende des Buben Franz in der Fassung von 1773, durch das er dort, von Reue ergriffen, seine Tat selber sühnt, hat jedoch ein Gegenstück in der Art, wie der Gefangene von Giebichenstein sich seiner Bestrafung für den Mord entzieht. Es heißt bei Brotuff von dem Landgrafen Ludwig:

„Auff eine zeit aber lies er jme im Gefengnis lange weite kleider machen vnd bestalte mit den seinen, das man jm auff eine gewisse zeit zwey Ros in der Nacht vnder dem höchsten Schlos zum Gebichenstein an die Salah gebracht vnd leute ver-ordnet, welche jme zwey fischer Schifflein vnder das Schlos gebracht, haben auff der Salah seiner gewartet.

Do ist Ludouicus Graff zu Türingen usw. vom höchsten Hause zu einem fenster aus hinunder in die Salah gesprungen do sich der windt in seine weite kleider ge-fasset, das er nicht so schwerlich in das wasser gefallen, haben jnen die verordneten Fischer in die Schiff genomen vnd auff den zweien Kleppern daruon gebracht, ist in Türingen kegen Sangerhausen zu seinem weibe Adelheidig komen. Volgende sind die sachen vertragen vnd hingelegt worden. Von solchem sprunge ist er *Ludowig der Springer* genant worden."

Der Todessprung des Knappen Franz erfolgt von dem Saalfenster in Weislingens Schloß in den dort vorüberfließenden Main.

Die Begründung, mit der der Knecht im Volksliede das Ansinnen zurückweist, den Herrn von Weißenburg zu ermorden (11,3/4: hat er mir doch sein leben lang noch nie kein leid getan), findet man in der Götz-Handlung als Antwort des ersten Offiziers (III): „Ueberhaupt hat er uns sein lebenlang nichts zu leid gethan." Der Sinn ist hier anders als in der „Lebensbeschreibung" III,5: „mein Lebenlang" (keine Unwahrheit einem Biedermann gesagt) und „denen ich viel Leids gethan".[10] Im Volkslied wie im Drama ist die Meinung: Ein Untergebener wird zur Verfolgung eines Mannes genötigt, der ihm persönlich keine Ursache zur Feindschaft gegeben hat.[11]

---

[9] Sie redet ihrem Manne zu, doch mit seinen Dienern hinauszureiten und „sich solcher Freude zu enthalten". Es folgt die Beschreibung des Kampfes, in dem der Pfalzgraf fällt.

[10] Vgl. in der Ausgabe von A. Leitzmann, *Quellenschriften zur neueren deutschen Lite-ratur,* Halle 1916, S. 171 f. (Neudrucke XIX).

[11] Von den übrigen Motiven, in denen man Anklänge an das Volkslied nach der Version Brotuffs sehen könnte, nenne ich noch folgende: In der Ballade wie im Drama bildet das Kommen den Ausgangspunkt der Tragödie. Auch im „Götz" wurde Weislingen von Adel-heid gerufen. Franz berichtet (I), sie hätte ihm aufgetragen: „Sag ihm, er mag ja bald kommen" (vgl. Volkslied Str. 2.3). – Im Volkslied klagt die Frau zur Weißenburg nach der Tat (18,4): „… was hab ich nu getan." Goethes Adelheid jubelt in dem später getilgten

Schauen wir noch einmal auf unser Ergebnis zurück, so ist wohl nicht zu bezweifeln, daß Goethe den äußeren Handlungsaufriß des Gegenspiels – und nicht allein diesen – aus Volkslied und Prosabericht schöpfte. Daß er es offenbar nicht nur in oberflächlicher Anlehnung tat, zeigt den realistischen Dichter, als den wir ihn auch sonst kennen. Andererseits bleibt seine Selbständigkeit vollkommen gewahrt, und gerade das Eigene und Einzigartige, was er vor allem in psychologischer Hinsicht den vorgefundenen Figuren hinzufügte, macht sie uns poetisch und dramatisch fesselnd.

Monolog (Entwurf V): „Es ist gethan. Es ist gethan." Unmittelbar auf diese Worte folgt eine schon von Weißenfels bemerkte Volksliedremineszenz (Nr. 4 der zwölf Volkslieder).

Die Texte der Urformen

I. Balladen

Graf Friedrich

1. Graf Friedrich wollt ausreiten
mit seinen Edelleuten,
wollt holen sein eheliche Braut,
die ihm zu der Ehe ward vertraut.

2. ‚Graf Friedrich, edler Herre,
ja bitt ich Euch so sehre,
sprecht Ihr zu Eurem Hofgesind,
und daß sie mählich reiten tund.

3. Sprecht Ihr zu Euren Leuten,
und daß sie gemachsam reiten!
Ich leid groß Schmerzen und groß Klag,
und daß ich nimmer reiten mag.'

4. Graf Friedrich ruft sein' Herren:
‚Ihr sollt nit reiten sehre!
Mein liebe Braut ist mir verwundt,
o reicher Gott, mach mirs gesund!'

5. Man setzet die Braut zu Tische,
man bracht Wildbret und Fische,
man schenket ein den besten Wein,
die Braut die mocht nit fröhlich sein.

6. Sie mocht wedert rinken noch essen,
ihrs Unmuts nicht vergessen;
sie sprach: ‚Ich wollt, es war die Zeit,
daß mir das Bette würd bereit.'

7. Das höret die übel Schwieger,
sie redet gar bald hinwieder:
‚Hab ich mein Tag das nie erhört,
das ein Jungfrau zu Bett begehrt.'

8. ‚Ei schweig, Du's Mutter stille,
hab darob kein Unwillen!
sie red es nit aus falschem Grund,
sie ist todkrank zu dieser Stund.'

9. Man leuchtet der Braut zu Bette,
vor Unmut sie nichts redte,
mit brennenden Kerzen und Fackeln gut,
sie war traurig und ungemut.

10. ‚Graf Friedrich, edler Herre,
so bitt ich Euch so sehre,
Ihr wollt tun nach dem Willen mein,
laßt mich die Nacht ein Jungfrau sein,

11. Nur diese Nacht alleine,
die andern fürbaß keine,
wo mir Gott will das Leben gan,
bin ich Euch fürbaß untertan.'

12. Sie kehrt sich gegen die Wände
sie nahm ein seliges Ende,
in Gott endt sie ihr Leben fein
und blieb ein Jungfrau keusch und rein.

I. Balladen

Tannhäuser

1. Nun will ich aber heben an
   von dem Tannhäuser singen,
   und was er Wunders hat getan
   mit Venus, der edlen Minne.

2. Tannhäuser war ein Ritter gut,
   wann er wollt Wunder schauen,
   er zog in Frau Venus Berg
   zu andren schönen Frauen.

3. Do ein jar al umme quam,
   seine Sünde begünden em to leiden:
   ,Venus, eddel frouwe fin,
   ich will wieder von euch scheiden.'

4. ,Tannhäuser, wollt ir Urlaub han,
   ich will euch keinen geben;
   nun bleibt hier, edler Tannhäuser,
   und fristet euer Leben!'

5. ,Mein Leben das ist worden krank,
   ich mag nit länger bleiben;
   nun gebt mir Urlaub, Fräulein zart,
   von eurem stolzen Leibe!'

6. Da schied er wiedrumb aus dem Berg
   in Jammer und in Reuen:
   ,Ich will gen Rom wohl in die Stadt
   auf eines Papstes Treuen.'

7. ,Ach Papst, lieber Herre mein!
   ich klag euch hier mein Sünde,
   die ich mein Tag begangen hab,
   als ich euch will verkünden.

8. Ich bin gewesen auch ein Jahr
   bei Venus, einer Frauen,
   nun wollt ich Beicht und Buß empfahn,
   ob ich möcht Gott anschauen.'

9. Der Papst hatt' ein Stäblein in seiner
   Hand,
   und das war also durre:
   ,als wenig das Stäblein grünen mag,
   kommst du zu Gottes Hulde.'

10. Da zog er wiedrumb aus der Stadt
    in Jammer und in Leide:
    ,Maria Mutter, reine Maid!
    ich muß mich von dir scheiden.'

11. Es stund bis an den dritten Tag,
    der Stab fing an zu grünen,
    der Papst schickt aus in alle Land:
    wo Tannhäuser hin war kommen?

12. Da war er wiedrumb in dem Berg
    und hatt' sein Lieb erkoren;
    des muß der vierte Papst Urban
    auch ewig sein verloren.

Frau zur Weißenburg

1. Der mir zu trinken gäbe,
   Ich sänge ihm ein neues Lied
   Von meiner Frau zur Weißenburg,
   Wie sie ihren Herrn verriet.

2. Sie tät ein Brieflein schreiben
   so ferrn ins Thüringer Land
   Zu Friedrich ihrem Buhlen,
   Daß er sollte kommen zuhand.

3. Er sprach zu seinen Knappen:
   ,Nun sattelt mir mein Pferd,
   Zur Weißenburg will ich reiten,
   Es ist mir wohl Reitens wert.'

4. Als er zur Weißenburg kommen,
   Die Frau entgegen ihm lief,
   Da lag der edele Herre,
   Unter einer Linde und schlief.

5. Sie sprach zu ihrem Buhlen:
,Spannt Euren Bogen gut
Und schießt meinen Herrn von Weißen-
                     burg,
In seines Herzens Blut.'

6. ,Warum sollte ich ihn schießen?
Warum sollte ich ihn slan?
Ich bin wohl sieben Jahre
Zu seiner Tafel gegan.'

7. ,Seid Ihr wohl sieben Jahre
Zu seiner Tafel gegan,
So dürft Ihr ihn wohl schießen
Und wohl zu Tode slan!'

8. Er zog aus seiner Scheide
Ein Schwert von Stahle gut,
Er stach meinen Herrn von Weißenburg
In seines Herzens Blut.

9. Sie zog von ihrer Hände
Von Gold ein Fingerlein:
,Halt da, mein liebster Buhle,
Das ist die Treue mein.'

10. Er nahm dasselbe Fingerlein,
Warf's in des Wassers Grund:
,So wenig du wirst gefunden,
Wird mir mein Herz gesund.'

11. Zu Weißenburg ob der Mauer
Dort rinnt ein Wasser klar,
Da sitzt Frau zur Weißenburg
Heimlich und offenbar.

12. Die Burg heißt Weißenburge,
Dort schenkt man kühlen Wein,
Dort mußt die falsche Fraue
Ihres Herrn Verräterin sein.

Das Herzessen

1. Was wollen wir aber heben an,
ein neues Lied zu singen?
wir singen's dem Herrn von Brennensberg,
helf Gott das uns gelinge!

2. In einen Baumgarten kam er gegan,
Da fand er eine Fraue stan,
Sie pflückte alle Rosen.

3. Die Fraue ihm ein Kränzlein bot,
Von seiner Farbe war es so rot,
von Gold war es so reiche.

4. Brunnenberg sprach: ,Warum gebt ihr
                   mir das,
Da euch von mir nichts werden mag,
Denn reine, keusche Liebe?'

5. ,Mein Haar soll ungeflochten stan,
Meine Augen sollen nicht mehr spielen
                   gan,
Mein Mund soll nicht mehr lachen.'

6. Brunnenberg sprach: ,Ihr habt einen Mann,
Der euch in Ehren wohl halten kann,
Damit laßt euch genügen.'

7. Die Frau hat das so bald vernomm'n,
Zu ihrem Herrn ist sie gekomm'n,
Sie brachte so leider Mären.

8. ,Herre', sagte sie, ,Herre gut,
Der ist Brunnenberg trägt hohen Mut,
Er schläft bei deiner Frauen.'

9. ,Das engelaub ich wahrlich nicht,
Daß Brunnenberg mir untreu ist,
Er steht mir bei in Nöten.

10. Die Frau die machte so große Klag'
Daß Brunnenberg gefangen ward,
In einen Turm geworfen.

11. Da lag er mehr denn sieben Jahr,
    Sein Haar ward weiß, sein Bart ward grâ,
    Sein Mut begann ihm zu brechen.

12. ‚Das nehme ich auf meine Hinnefahrt,
    Daß ich ihres Leibes nicht schuldig ward,
    Darum den Tod ich sterbe.‘

13. Brunnenberg gab auf den Geist.
    Sie nahmen ihm das Herz aus dem Leib,
    Sie gaben's der Fraue zu essen.

14. ‚Was ist es, das ich gegessen hab,
    Das mir so wohl geschmecket hat?‘
    ‚Das war Brunnenberges Herze.‘

15. ‚War das Brunnenberges jung Herze fein,
    So schenket mir ein den kühlen Wein,
    Mein Herz will mir versinken.

16. Den ersten Tropfen, den sie trank,
    Ihr Herz in tausend Stücke sprang.
    Gott berat' sie mit deiner Gnade!

Ulinger

1. Helena sah zum Laden heraus:
   ‚Nun komm, Gert Olbert, und hole die
   Braut.‘

2. Er nahm sie bei ihrer schneeweißen Hand,
   Er führte sie aus ihres Vaters Land.

3. Sie gingen die grüne Heide entlang,
   Sie gingen drei Tag' und drei Nächte lang.

4. ‚Gert Olbert, Gert Olbert, mein
   Schätzelein,
   Es muß auch gegessen, getrunken sein.‘

5. ‚Ich esse kein Brot und trink keinen Wein,
   Kann mit guten Gesellen nicht fröhlein
   sein.‘

6. Sie bat ihn, daß er zu ihr saß,
   Sein lockig Haupt in ihrem Schoß.

7. Da nahm er ab seinen Seidenhut,
   Erst kennet ihn die Jungfrau gut.

8. Sie hob gar heiß zu weinen an,
   Eine Zähre der andern nicht entrann.

9. Sie rang ihr' Händ', rauft aus ihr Haar,
   Klagt Gott ihr Leid ganz offenbar:

10. ‚Ich bin so fern im tiefen Tal,
    Daß mich kein Mensch nicht hören mag.‘

11. So bitte ich dich, mein trauter Mann,
    Du wollest mir das Leben lan.‘

12. ‚Das bitt mich nicht, du Jungfrau gut,
    Deine Kleider stehn meiner Schwester gut,

13. Meine Mutter liebt Silber und rotes Gold,
    Darum du heute noch sterben solt.‘

14. Gut Jäger reitet durch den Wald,
    Er bläst sein Horn, daß laut es schallt.

15. ‚Ach Jäger, liebster Jäger mein,
    Ich wollt, du sollt'st mein Rächer sein.‘

16. Der Jäger nimmt das Horn vom Mund,
    Er horchet auf und stillt den Hund.

17. ‚Mich dunkt in all mein'm Sinn‘, er seit,
    ‚Als ob eine Jungfrau um Hilfe schreit.‘

18. Alsbald er nach der Stimme sich kehrt,
    Läßt stieben sein viel gutes Pferd.

19. Und als er zu einer Linde kam,
    Da sah er Gert Olbert darunter stan.

20. ‚Gert Olbert, was stehst du hier allein?
    Gert Olbert, wo ist dein Schätzelein?

21. ‚Sie sitzt dort oben im Kämmerlein,
    Und spielt mit sieben Jungfräulein.'

22. Er nahm ihn, da er am schwächsten was,
    Er schwang ihn hinter sich in das Gras.

23. Durchrannt ihn mit seinem Jägerspieß
    Und warf in in ein Brunnenfließ.

24. ‚Liege da, liege da, und hab Dir das!
    Um dich stirbt nie mehr eine junge Magd.'

Schildknecht

1. Es ritt ein Herr mit seinem Knecht
   des Morgens in dem Taue,
   und alles, was sie redeten da,
   war von einer schönen Fraue.

2. ‚Ach Schildknecht, lieber Schildknecht
                               mein,
   was redest von meiner Frauen,
   und fürchtest du nicht mein gutes
                               Schwert?
   Zu Stücken will ich dich hauen.'

3. ‚Euer gutes Schwert das fürcht ich klein,
   euer Schild wird mich behüten.'
   Da schlug der Knecht seinen Herrn zu
                               Tod,
   das geschah um Fräuleins Güte.

4. Nun will allein ich heimwärts ziehn
   zu einer schönen Frauen.
   ‚Ach Frau, euer edler Herr ist tot,
   so fern auf breiter Auen.'

5. ‚Und ist mein edler Herre tot,
   darum will ich nicht weinen,
   der schönste Buhle, den ich hab,
   der schläft bei mir daheime.'

6. Da holt das Roß er aus dem Stall,
   von hinnen wollt er reiten,
   und da er auf die Heide kam,
   zum Herrn tat er sich neigen.

7. Auf band er ihm sein'n blanken Helm
   und sah ihm unter seine Augen:
   ‚Nun muß es Gott geklaget sein.
   Wie bist so sehr zerhauen.'

8. Er nahm das Haupt in seine Hand,
   er wischt es von dem Blute:
   ‚O lieber Christ im Himmelreich,
   wie weh ist mir zumute!'

9. Er nahm seinen braunen Schild,
   begrub ihn in der Erden:
   ‚Du sollst von einem Bösewicht
   nicht mehr getragen werden.

10. Nun will ich in ein Kloster gehn
    und Gott den Herren bitten,
    daß er mir das vergeben woll,
    das geschah um Fräuleins willen.'

Totenamt

1. ‚Het daghet inden oosten,
   het lichtet oureal;
   hoe luttel weet mijn liefken
   wor ick benachten schal,
   hoe luttel weet mijn liefken!'

2. ‚Dats waer soudi mi voeren,
   stout ridder wel gemeyt?
   ic ligge in mijns liefs armkens
   met grooter waerdicheyt,
   ic ligge in mijns liefs armkens.'

3. ‚Ligdy in ws liefs armen?
   bilo! ghi en segt niet waer;
   gaet henen ter linde groene,
   versleghen so leyt hi daer,
   gaet henen ter linde groene.‘

4. Tmeysken nam haren mantel,
   ende si ghinc eenen ganck
   al voor haers vaders poorte,
   daer si den dooden vant,
   al vor haers vaders poorte.

5. ‚Och ligdy hier verslaghen,
   versmoort al in v bloot!
   dat heeft gedaen v roemen
   ende uwen hooghen moet,
   dat heeft gedaen v roemen.‘

6. Si nam hem in haren armen,
   si custe hem voor den mont
   in eender corter wijlen
   tot also mengher stont,
   in eender corter wijlen.

7. ‚Och is hier eenich heere
   oft eenich edel man,
   die mi mijnen dooden
   begrauen helpen can?
   di mi mijnen dooden.‘

8. Met sinen blanken swaerde
   dat sie di aerde op groef,
   met haer snee witten armen
   ten graue dat si hem droech,
   met haer snee witten armen.

Falkenstein

1. Da ich es nun nicht schreiben kann,
   Da will ich tun es singen,
   Daß ich den Herrn von Falkenstein
   Mit meinen Worten konnt' zwingen.

2. Ich sah meinen Herrn von Falkenstein
   Zu seiner Burg hinauf reiten,
   Einen Gefangenen führte er neben sich her,
   Blank Schwert an seiner Seiten.

3. ‚Gott grüße euch, Herr von Falkenstein!
   Seid ihr des Landes ein Herre,
   Ei so gebt mir wieder den Gefangenen
   mein,
   Um aller Jungfrauen Ehre!‘

4. ‚Der Gefangene, den ich gefangen hab,
   Der ist mir worden sauer,

   Der soll zum Falkenstein in den Turm,
   Darin soll er verfaulen.‘

5. ‚Ei so wollt ich, daß ich einen Zelter hätt,
   Und alle Jungfrauen reiten,
   So wollt' ich mit Herrn von Falkenstein
   Um mein Feinsliebchen streiten.‘

6. ‚Oh nein, oh nein, meine Jungfrauen zart,
   Des müßt ich tragen Schande.
   Nehmt ihr euer Liebchen wohl bei der
   Hand,
   zieht mit ihm aus dem Lande.‘

7. ‚Da mußt der Herr von Falkenstein
   mir seinen Gefangenen geben.
   Gott tröst' den Herrn von Falkenstein
   frist' ihm sein junges Leben!‘

Traut Häuslein

1. Traut Hänslein über die Heide ritt,
   er flog wie eine Taube,
   da strauchelt ihm sein apfelgrau Roß
   über eine Fenchelstaude.

2. ‚Strauchle nicht, strauchle nicht, mein
   graues Roß,
   ich will dirs wohl belohnen,
   du mußt mich über die Heide tragen,
   mein Leben ist sonst verloren.‘

3. Als er den grünen Wald über kam,
   das Roß, das fiel zur Erden:
   ‚Hilf mir, Maria, schöne Mutter Gotts!
   was soll aus mir nun werden?'

4. Da er ein wenig fürder kam,
   wie bald ward er gefangen!
   er wurde in einen Turm gelegt
   zu Nattern und zu Schlangen.

5. Und er hob an, ein Lied er sang,
   alle Not wollte er vergessen,
   so laut, daß es in dem Saal erklang,
   da sein Lieb war gesessen.

6. Si ging vor ihren Vater stehn:
   ‚Ach Vater, liebster Vater!
   Wollt ihr mir geben diesen gefangenen
   Mann,
   Ich bitte für ihn um Gnade.'

7. Es stand kaum an eine kleine Weil,
   das Schloß, das kehrt sich umme:
   ‚Du sollst zu meinem Herren komm'n
   und zu seinem Fräulein junge.'

8. ‚Nun hab ich alle Jungfrauen lieb,
   al um der einen willen,
   sie hat behalten das Leben mein,
   so stärke sie Gott vom Himmel!'

Südeli – Schwabentöchterlein

1. Es hat ein könig ein töchterlein,
   es saß an einem reine,
   es kam ein fremder krämer ins land,
   warf ihm dar ein band von seide.

2. Er trugs vor einer frau wirtin haus,
   die tät im freundlich winken:
   ‚Frau wirtin, liebe frau wirtin mein,
   wolt ir mein kind verdingen?'

3. Der jüngst, der under den brüdern war,
   der war der allerbeste,
   er ließ im satteln sein apfelgraw pfert,
   wolt suchen sein liebe schwester.

4. Do er nu gen Augspurg kam,
   wol in die engen gassen,
   er fragt wol nach dem besten wein,
   da ritter und knecht bei saßen.

5. ‚Frau wirtin, liebe frau wirtin mein,
   erlaubet mir ein nachte,
   oder so lang das euer wille mag sein,
   bei eurer schönen maget.'

6. Er nam schön Annelein bei der hand,
   er fürt sie in eine schlafkammer,

   er fürts vor eines herrenbett,
   wenn es wolt bei im schlafen.

7. Und do sie auf der sidel saß,
   gar heißlich tet sie weinen:
   ‚So hab ich stolzer brüder drei,
   ein reichen vater daheimen.'

8. Der herr zog auß sein guldiges schwert,
   er leit es zwischen beide:
   ‚Gehabt euch wol, meine schöne jungfrau!
   ir solt ein mägetli bleiben.'

9. Und wie es morndrigs tage ward,
   frau wirtin trat vor die kammer:
   ‚Stand auf, stand auf, du schlöde hur,
   füll meinen gästen die hafen.'

10. ‚O nein, schön Annelein ist kein hur,
    füll deine hafen selber.
    Schön Annelein muß es nimmermehr tun,
    schön Annelein ist meine schwester.'

11. Er saß wol auf sein hohes pferd,
    sein schwesterlein hinder sein'm rucken.
    Er nam sie (mit sich) in sein königsschloß
    zu irer frau königin mutter.

I. Balladen

Ritter und Magd

1. Zu Braunschweig steht ein Kastell,
   Da wohnen Gebrüder dreie,
   Der eine hatte ein Mägdelein lieb,
   Er konnte sie nicht erfreien.

2. ,Ich bin viel besser geboren denn du
   Von Vater und auch von Mutter,
   Ich will dir meinen Schildknecht geben,
   Er schwingt dem Rößlein das Futter.'

3. ,Willst du mir deinen Schildknecht geben,
   Schwingt er dem Rößlein das Futter,
   So will ich zu der Stadt Braunschweig
                                    gehn,
   Und klag es meiner Mutter.'

4. Und als die Mutter gewahre ward',
   Daß sie ein Kind blieb tragen,
   Sie ging al voor den Ritter stehn
   Sie bat ihn mit zu Grabe.

5. ,Ach, ist sie tot, die schöne Magd,
   Die ich gestoßen mit Füßen,
   So will ich nun und nimmermehr
   Ein ander Weib erkriesen.'

6. Der Ritter sprach seinem Schildknecht zu:
   ,Ach Hänschen, lieber Geselle,
   Nun sattle mir mein allerbestes Roß,
   Laß (es) rauschen über die Felde.'

7. (Und) da er in die Kammer trat,
   Er sah sein Lieb stehn in Bahre,
   Gedeckt mit einem Bahrenkleid,
   Geschlossen die Äuglein klare.

8. Er hob auf das Bahrenkleid,
   An ihre Hand er rührte,
   Da schlug sie ihre braun Äuglein auf,
   Als sie den Ritter fühlte.

9. ,Steh' auf, steh' auf, mein süßes Lieb,
   Ich leide so große Reue,
   Ich will dir nun und nimmermehr
   Tun so große Untreue

10. Und wär's meinem Vater und Mutter leid
    Und meinen Brüdern allen beiden,
    So will ich dich halten als meine Braut
    und dich trauen zu einem Weibe.'

Die Nonne

I. Ich stand auf hohen Bergen,
   Ich sah ins tiefe Tal,
   Ich sah ein Schifflein treiben,
   Darin drei Ritter war'n.

II. Der allerjüngste Ritter,
    Der in dem Schifflein was,
    Der schenkte mir einst zu trinken
    Den Wein aus einem Glas.
    Gott lohn's ihm, der das was.

1. Ein Ritter und ein Mägdlein jung
   In einem Schifflein saßen,
   Wie stille daß das Schifflein stand,
   Als sie von Liebe sprachen.

2. ,Ach sagt mir, stolzer Ritter gut,
   Ich möchte so gerne wissen,
   Warum das Schifflein stille steht,
   Wenn wir sprechen von guter Minne.'

3. ,Daß das Schifflein stille steht,
   Das gibt mir kein Befremden,
   Ich habe so manche junge Magd
   Gebracht in groß Elende.'

4. ,Habt ihr so manche junge Magd
   Gebracht in groß Elende,
   Viel lieber will ich in das Kloster gehn,
   Damit Gott mich nicht schände.'

5. Es stund wohl an ein Vierteljahr,
Zum Kloster kam sie gegangen.
Sie klopfte so leise an den Ring,
Sie wollte die Weihe empfangen.

6. Und da es kam um Mitternacht,
dem Ritter träumt so schwere,
Als ob seine herzliebste Maid
Ins Kloster gegangen wäre.

7. ‚Holt meinen Speer und meinen Schild!
Mein Schwert an meine Seite!

Und sattelt mir mein graues Roß:
Zum Kloster will ich reiten.‘

8. Und als er vor das Kloster kam,
Er hörte die Glocken klingen,
Er hörte wohl an der Glocken Klang,
Daß sie die Messe mußt’ singen.

9. Er nam das Schwert in seine Hand,
Er setzt’ es auf sein Herze,
Er ließ es hineingehn bis zum Knauf,
Des hatte der Ritter Schmerzen.

II. Lieder

Reif und Schnee

1. Nun fall, du Reif, du kalter Schnee,
   fall mir auf meinen Fuß!
   Das Mägdlein ist nicht über hundert Meil,
   und das mir werden muß.

2. Ich kam vor Liebes Kämmerlein,
   ich meint, ich wäre allein,
   da kam die Herzallerliebste mein
   wohl zu der Tür hinein.

3. Gott grüße dich, mein feines Lieb!
   Wie steht unser beider Sach?
   Ich seh es an deinen Äuglein wohl,
   du trägst groß Ungemach.

4. Dein Mündlein ist verblichen (ganz),
   ist nimmer so rot als vor,
   da ich dich zum erstenmal lieb gewann,
   ist länger denn ein Jahr.

5. Was soll mir denn mein feines Lieb,
   wenn sie nicht tanzen kann?
   Wenn ich sie dann zum Tanze führ,
   so spottet mein jedermann.

6. Es ist ein Schnee gefallen (heur),
   wann es ist noch nicht Zeit,
   ich wollt zu meinem Buhlen gehn
   der Weg ist mir verschneit.

Fuhrmann und Wirtin

1. Ein Fuhrmann über die Brücke 'naus fuhr,
   da patschet sein Geißel, da knallt sein
                       Schnur,
   seine Rößlein täten – hederle,
   zum fitz und federle!
   seine Rößlein täten traben.

2. Er fuhr vor einer Frau Wirtin Haus,
   die Wirtin sah zum Fenster 'raus
   mit ihren braun Äuglein – hederle,
   zum fitz und federle!
   mit ihren braun Äuglein klare.

5. ,Frau Wirtin! habt ihr nit so viel Gewalt,
   daß ihr ein' Fuhrmann über Nacht behalt,
   vier Roß und einen – hederle,
   zum fitz und federle!
   vier Roß und einen Wagen?'

4. Und da er in die Stuben 'nein trat,
   die Wirtin bei dem Gaste saß,
   sie brann gleich wie ein – hederle,
   zum fitz und federle!
   sie brann gleich wie ein Rosen.

5. ,Frau Wirtin! was ist das für ein Ding,
   daß ich euern Mann nicht daheime find
   bei seinem Fräulein – hederle,
   zum fitz und federle!
   bei seinem Fräulein junge?'

6. ,Und wenn mein Mann nicht daheime ist,
   so ist er in's Pfaffen Stadel und drischt,
   drischt nichts denn lauter – hederle,
   zum fitz und federle
   drischt nichts denn klaren weizen.'

7. Alsbald der Wirt nun heime kam,
   so hatt' sein Fräulein ein andern Mann,
   der schimpf tät sie – zum hederle,
   zum fitz und federle!
   der schimpf tät sie gereuen.

8. Und der uns dieses Liedlein sang,
   ein freier Knab' ist er bekannt,
   er hats gar wohl – zum hederle,
   zum fitz und federle!
   er hats gar wohl gesungen.

Nachtigall

1. Da steht ein Kloster in Österreich,
   das ist so wohl gezieret
   Mit Silber und mit rotem Gold,
   mit Marmelstein gemüret.

2. Darum so liegt ein grüner Wald,
   da steht eine grüne Linde,
   darauf so singet die Nachtigall,
   sie singet so wohl von Minnen.

3. ‚Frau Nachtigall, klein Waldvögelein,
   laß du dein helles Singen!'

‚Ich bin des Waldes ein Vöglein klein,
und mich kann niemand zwingen.'

4. ‚Bist du des Waldes ein Vöglein klein,
   und kann dich niemand zwingen.
   so zwingt dich der Hagel, der kalte
   Schnee,
   das Laub von der Linden.'

5. ‚Zwingt mich der Hagel, der kalte Schnee,
   das Laub von der Linden,
   als dann so scheint die Sonne schön,
   soll ich wieder neu beginnen.'

Augsburg

1. Augspurg ist ein kaiserliche statt,
   da leit mein lieb gefangen
   in ainem turn den ich wol waiß,
   und morgen soll er hangen.

2. Ich laint mein laiterlin an die maur,
   ich hort mein lieb darinnen.
   ‚dat ik ju nig gehelpen mag,
   dat nimt mir wit un sinne'.

3. ‚Na hus, na hus, mine jungfrou zart,
   un tröst ju arme weisen!

nemt ju op dat jar enen andern man
und vergessend wiwers laides!'

4. ‚Nem ik op dat jar enen andern man,
   der schlecht mir mine weisen.
   daz tût mir an dem herten zorn,
   owe mis großen laides.'

5. Der uns das liedlein news gesang
   und newes hat gesungen,
   es hats getan ain krieger gût,
   dem ist nit vol gelungen.

Blumenpflücken

1. Es ging ein Maidlein an dem Rain,
   wollt brechen die kleinen blau Blümelein
   mit ihren schneeweißen Händen,
   der Winter hatt' schier ein Ende.

2. Ein Ritter kam daher geritt'n,
   er grüßte sie nach höfischen Sitt'n,
   er bat, sie sollt ihm pflücken
   einen Busch, den Hut zu schmücken.

3. ‚Ach Jungfrau, wollt Ihr mit mir gan?
   Ich will Euch führen, da Röslein stan,
   auf jener grünen Heide,
   da Schafe und Lämmer weiden.'

4. ‚Über die Heide komm ich nit,
   es wär' meinem Mütterlein nicht lieb,
   daheime muß ich bleiben,
   sonst geschieht mir wie andern Weiben.'

5. ‚Ach Jungfrau, wollt Ihr mit mir gan?
   Ich will Euch geben, was ich kann,
   ich will Euch lehren singen,
   daß in der Burg erklinget.'

6. ‚Ach Ritter, Ihr seid zu hoch geborn,
   so fürcht ich meines Vaters Zorn,
   ich fürcht ihn also sehre,
   verlöre vielleicht mein Ehre.'

Lakaienlied

1. Mein Herr, der ist von Flandern
   und hat einen wankelen Mut.
   Er gibt einen um den andern,
   das tut die Läng' nicht gut.
   Doch bin ich stets
   ihm aller wohlgemut,
   ich wünsch ihm alles Gut'.

2. Ein junger Lakai soll lachen
   und soll nicht traurig gehn.
   Ich sah ihn nächten spate
   bei einem Feuer stehn.
   An seiner Hände er?
   Ein rot gold Fingerlein,
   der liebste Herre mein.

3. Mein Herr, der reit' spazieren
   oft in den grünen Wald,
   da heret er hoffieren
   im Orden mannigfalt.
   Grün ist der Klee,
   ein Blümlein wohlgestalt,
   meines Herrn Lieb fraget gar bald.

4. In weiß will ich mich kleiden,
   und leb' ich nur ein Jahr,
   Meinen Herrn zu Leide,
   von dem ich Urlaub hab.
   Ohn' Schulde ich:
   Ich wills tragen mit Geduld,
   ich erwerb' vielleicht noch Huld.

Der Landsknecht auf den Stelzen

1. Der in den krieg wil ziehen,
   der sol gerüstet sein,
   was sol er mit sich füren?
   ein schönes frewelein,
   ein langen spieß, ein kurzen tegn;
   ein herren wöl wir süchen,
   der uns gelt und bscheid sol gebn.

2. Und geit er uns dann kein gelde,
   leit uns nit vil daran,
   so laufen wir durch die welte,
   kein hunger stoßt uns nit an:
   der hüner, der gens hab wir so vil,
   das waßer auß dem prunnen
   trinkt der landsknecht wenn er wil.

3. Und wirt mir dann geschlagen
   ein flügel von meinem leib,
   so darf ichs niemand klagen,
   es schadt mir nit ein meit
   und nit ein creuz an meinem leib,
   das gelt wöl wir vertemmen,
   das der Schweizer umb hendschüch geit.

4. Und wird mir dann geschoßen
   ein schenkel von meinem leib,
   so tü ichs nacher gekrochen,
   es schadt mir nit ein meit:
   ein hülzene stelzen ist mir gerecht,
   ja e das jar kumt herumbe,
   gib ichs ein spitelknecht.

5. Ei wenn sie mich dann schießen,
   erschießen auf preiter heid,
   so tregt man mich auf spießen,
   ein grab ist mir bereit;
   so schlecht man mir den pumerlein pum,
   das ist mir neun mal lieber
   denn aller pfaffen geprum.

6. Der uns das liedlein news gesang,
   von newen gesungen hat,
   das hat getan ein landsknecht,
   got geb im ein fein gůt jar!

er singet uns das, er singt uns mer;
er můß mir noch wol werden,
der mirs gloch bezalen můß.

Schlemmer

1. Wo sol ich mich hinkeren,
   ich armes bruederlein?
   wie sol ich mich ernehren?
   mein guet ist vil zu clein –
   als ich ein wesen han,
   so mues ich bald darvon,
   das ich heur sol verzeren,
   das hab ich fernden verthan.

die gippen auch darzue,
hab weder rast noch rue
den abent und den morgen,
bis ichs gar verthue.

2. Ich bin zu frue geboren,
   und wo ich heuwr hinkhomm,
   mein glückh kombt erst morgen –
   hett ich das kayserthumb,
   darzue den zoll am Rhein,
   und wer Venedig mein,
   so wer es als verloren,
   es muest verschlemmet sein.

5. Wirt, steckh an die schweinen braten,
   darzue die huener jung!
   darauf mag uns geraten
   ein frischer kueler trunkh;
   ach wirt, nu lang her wein
   und laß uns frölich sein –
   mir ist ein beut geraten,
   sie mues verschlemet sein.

3. Mein guet wil ich verbraßen
   mit schlemmen frue und spat,
   ich wil den sorgen laßen,
   dem es zu herzen gat;
   was hilft mich das ich spar?
   villeicht verlier ichs gar,
   solt mirs ein dieb außtragen,
   das rewt mich noch ein jar.

6. Drey würfel und ein karte
   das ist mein wappen frey,
   sex hüpscher freulein zarte,
   uff jetlicher seiten drey –
   ruck her, mein schönes weib,
   du erfreuwst mirs herz im leib,
   wol in dem rosengarte
   dem schlemmer sein zeit vertreibt!

4. Die vögell laß ich sorgen
   gegen disem winter kallt,
   wil mir der wirt nit borgen,
   mein rockh gib ich im bald,

7. Ich henkh mein schwert an dseiten,
   ich mach mich bald darvon,
   hab ich nit zu reiten,
   zu fues so mues ich gan.
   es ist nit allweg gleich,
   ich bin auch nit allzeit reich,
   der zeit wil ich erbeiten,
   bis ich ein glückh erschleych.

Literatur

Alpers, Paul, Untersuchungen über das alte niederdeutsche Volkslied. Diss. Göttingen 1911 (Nd. Jb. 38). – Niederdeutsche und niederländische Volksdichtung in ihren Beziehungen zueinander, Nd. Zt. f. Volksk. 5 (1927). – Die alten niederdeutschen Volkslieder, Hamburg 1924, 2. Aufl. Münster 1960, Nr. 11; 12.

Archipoeta, Vagantenbeichte, übersetzt von Ludwig Laistner.

Arnim – Brentano, Ludwig, Achim von und Clemens, Des Knaben Wunderhorn 1806, Neudruck Reclam, Leipzig o. J.

Bahlmann, Paul, Münsterländische Märchen, Sagen, Lieder . . ., Münster 1898.

Barto, Philip Stephan, Tannhäuser and the Mountain of Venus, A Study in the legend of the Germanic Paradise, New York 1916.

Bartsch, Karl, Alfre französische Volkslieder, übersetzt, Heidelberg (1882).

Bergmann, Joseph, Das Ambraser Liederbuch vom Jahre 1582. Neudruck Stuttgart 1845. (Bibliothek des Liter. Ver. in Stuttgart XII).

Blümml, Emil Karl, Zur Motivgeschichte des deutschen Volksliedes, Studien zur vergleichenden Literaturgesch. VII (1907).

Böhme, Franz Magnus, Altdeutsches Liederbuch, Leipzig 1877.

Bolte, Johannes, Das Liederbuch des Petrus Fabricius, Alemannia 17 (1889). – Ein Augsburger Lb. v. J. 1544, Alemannia 18 (1890). – Amsterdams Liedboek v. J. 1589, Tijdschrift voor Nederl. Taal– en Letterkunde 10 (1891). – Sechs Meisterlieder Georg Hagers, Alemannia 22 (1894). – Wickrams Werke Bd. 3, Berlin 1902. – Acht Lieder aus der Reformationszeit, Berlin 1910. – Zum deutschen Volksliede, Zt. d. Ver. f. Volksk. in Berlin, hrsg. von Johannes Bolte und Fritz Böhm, Jahrg. 1918 und 1925.

Bolte, Johannes und Polivka, Georg, Anmerkungen zu den Kinder- und Hausmärchen der Brüder Grimm, 5 Bde., Leipzig 1913 ff.

Brednich, Rolf Wilhelm und Suppan, Wolfgang, Gottscheer Volkslieder I, Mainz 1969, – Jahrbuch für Volksliedforschung. Im Auftrag des Deutschen Volksliedarchivs hrsg. von Rolf W. Brednich.

Brotuff, Ernst, Chronik und Antiquitates des alten keiserlichen Stifts der Römischen Burg Colonia vnd Stadt Marsburg an der Salah, 2. Ausg. 1557. – Handschriftliches Historienbüchlein der Stadt Freyburg an der Unstrut gewidmet 1557 (Abdruck: Karl Peter Lepsius, Kleine Schriften, hrsg. von Alwin Schulz, Bd. 2 (1854).

Bruinier, Johannes W., Das deutsche Volkslied, Über Wesen und Werden des deutschen Volksgesanges I., Leipzig und Berlin 1911.

Child, Francis James, The English and Scottish Popular Ballads Vol. 1-5, Boston and New York 1882–1898.

Clostermeyer, Deutsches Museum, hrsg. Leipzig 1785 II.

Daur, Albert, Das alte Volkslied nach seinen festen Ausdrucksformen betrachtet, Leipzig 1909.

Doncieux, George, Le Romancéro populaire de la France, Paris 1904.

Düntzer, Heinrich, Aus Herders Nachlaß, hrsg. von J. Düntzer und G. H. von Herder, Bd. 1 (1856).

Duyse, Florimond van, Het oude Nederlandsche Lied. 's Gravenhage – Antwerpen 1903–1908.

Eggers, Willi, Die niederdeutschen Grundlagen der Wilzensage in der Thidreksaga, Niederd. Jahrb. 62 (1936).

Erk–Böhme, Ludwig und Franz Magnus, Deutscher Liederhort I-IV, Leipzig 1893–99.

Liederbuch für Ottilie Fenchlerin von Straßburg, 1592 angefangen, bl 59 b. Abdruck: Alem. 1 (1873), 1-59 (Birlinger).

Fischart, Johann, Geschichtsklitterung 1575, hrsg. v. Alsleben, Halle a. S. 1891.

Funk, Emma, Die Rolle der künstlichen Bearbeitung in der Textgeschichte der alten deutschen Volksballaden. Diss. Tübingen 1938.

Geijer–Afzelius, Erik Gustav und Arvid August, Sevenska Folkviser, Stockholm 1880 (Erste Ausgabe 1814–1816).

Genzmer-Heusler, Felix und Andreas, Die Edda. Thule, Altnordische Dichtung und Prosa, 1. Bd. 1928.

Görres, Joseph, Altdeutsche Volks- und Meisterlieder aus den Handschriften der Heidelberger Bibliothek, Frankfurt a. M. 1817.

Gotheim, Marie, Die Todsünden, Archiv für Religionswissenschaft X (1907).

Götze, Alfred, Frühneuhochdeutsches Glossar, Bonn 1912. –
Jörg Grünwald, Zt. f. deutschen Unterricht 26 (1912). –
Jörg Graff, Landsknecht und Poet, Zt. f. deutschen Unterricht 27 (1913). –
Tannhäuser und Venusberg, Neue Jahrbücher für das klassische Altertum 53 (1924).

Greyerz, Otto von, Das Volkslied der deutschen Schweiz, Frauenfeld u. Leipzig 1927.

Grundtvig, Svend, Danmarks gamle Folkviser, Kopenhagen 1883 (acht Bände, Kopenhagen 1853–1919).

Gruyter, Walter de, Das deutsche Tagelied, Diss. Leipzig 1887.

Hampe, Theodor, Der blinde Landsknecht. Dichter Jörg Graff und sein Aufenthalt in Nürnberg (1517–1542), Euphorion 4 (1897).

Heeger-Wüst, Georg und Wilhelm, Volkslieder aus der Rheinpfalz, Kaiserslautern 1904.

Heiske, Wilhelm, Ein neuer Fund zum Schloß in Österreich, Jahrb. f. Volksliedf. 4 (1934). –
Der Mordknecht, Deutsche Volkslieder mit ihren Melodien II, 1 Nr. 37, Berlin u. Leipzig 1937. –
Der Mädchenmörder (Halewijn-Ulinger), DVM II,1, Nr. 41 (1937).

Helbron, Hans, Das Lied vom Grafen und der Nonne. Diss. Kiel, 1936.

Herder, Johann Gottfried, Von deutscher Art und Kunst. Einige fliegende Blätter, 1873.

Hirsch, Selma, Studien zum Antwerpener Liederbuch vom Jahre 1544 mit einem Anhang über das Volkslied vom Grafen Friedrich, Diss. Tübingen 1923. –
Parallelen zur Adelheid-Weislingen-Handlung in Goethes „Götz von Berlichingen", Neophilologus 1939.

Hoffmann von Fallersleben, Heinrich, Das Antwerpener Liederbuch v. Jahre 1544, hrsg. Hannover 1855 = Horae Belgicae XI, 2. Ausg. 1856, Neudruck 1968. –

Holländische Volkslieder, Breslau 1833 = Horae Belgicae II, 2. Ausg. 1856, Niederländische Volkslieder, hrsg. Hannover 1856, Neudruck 1968. –

Die Weimarische Liederhandschrift v. J. 1537, hrsg.: Weimarer Jahrb. 1 (1854).

Holz, Friedrich, Die Mädchenräuberballade, Diss. Heidelberg 1929.

Hübner, Arthur, Eine neue niederrheinisch-westfälische Liederhandschrift aus dem 16. Jahrhundert, Jahrb. d. Ver. f. niederdeutsche Sprachf. 53 (1927). –

Die deutschen Geißlerlieder, Berlin-Leipzig 1931.

Kalff, Gerrit, Het Lied in de Middeleeuwen, Leiden 1884.

Keller, Adalbert von, Hans Sachs (hrsg.), Bibliothek des literarischen Vereins in Stuttgart 110, Tübingen 1872.

Kluge, Friedrich, Rotwelsch I, 1901.

Koepp, Johannes, Untersuchungen über das Antwerpener Liederbuch v. J. 1544, Antwerpen 1929 (de Sikkel).

Koopmann, Helmut, Eichendorff, Das Schloß Dürande und die Revolution, Zt. f. dtsch. Phil. 89 (1970).

Kopp, Arthur, Die niederdeutschen Lieder des 16. Jahrhunderts, Jb. d.Ver. f. ndd. Sprachf. 26 (1900). –

Jörg Grünwald, ein dichtender Handwerksgenosse des Hans Sachs, Archiv f. d. Studium der neueren Sprachen 107 (1901). –

Volks- und Gesellschaftslieder des 15. und 16. Jh. Die Lieder der Heilb. Handschr. Pal. 343 = Deutsche Texte des Mittelalters V, Berlin 1905. –

Bremberger-Gedichte, Wien 1908. –

Grünwald-Lieder, Zt. f. dtsch. Phil. 47 (1916).

Kübel, Martha, Das Fortleben des Kudrunepos, Diss. Leipzig 1929.

Landau, Marcus, Die Quellen des Dekameron, Stuttgart 1884.

Lang, Margarete, Von Deutscher Poeterey, Forschungen und Darstellungen aus dem Gesamtgebiet der deutschen Philologie, Bd. 17: Tannhäuser, Leipzig 1936.

Leitzmann, Albert, Quellenschriften zur neueren deutschen Literatur, Halle 1916, (Neudrucke XIX).

Lochner, Georg Wolfgang Karl, Erläuterungen zu Jörg Graffs Liedern, Anzeiger für Kunde der deutschen Vorzeit 3 (1856).

Marriage, Marie Elizabeth, Georg Forsters Frische teutsche Liedlein (1539–1556), Halle 1903. –

Marriage-Mincoff, Unveröffentlichtes aus der Weimarer Liederhandschrift v. J. 1537, Tijdschrift voor ndl. Taal- en Letterkunde 38 (1919). –

Mincoff-Marriage, Souterliedekens, Leiden, 's Gravenhage 1922.

Martin, Ernst, Ephemerides und Volkslieder von Goethe, Heilbronn 1883.

Mehlhorn, Paul, Aus den Quellen der Kirchengeschichte, Berlin 1894–99.

Meier, John, Neudruck deutscher Literaturwerke: Bergreihen. Ein Liederbuch des XVI. Jahrhunderts. Nach den vier ältesten Drucken hrsg. von John Meier, Halle a. S. 1892. –

Die Ballade von der Frau zur Weißenburg, Jahrb. f. Volksliedf. 3 (1933). –

Drei alte deutsche Balladen, Jahrb. f. Volkslf. 4 (1934). –

Das deutsche Volkslied Bd. 2, Balladen, Leipzig 1935. –

Frau von Weißenburg, in: Deutsche Volkslieder mit ihren Melodien, 1. Bd., 2. Halbb. 1935 Nr. 30.

Meier-Seemann, John und Erich, Volksliedaufzeichnungen der Dichterin Annette von Droste-Hülshoff, Jahrb. f. Volkslf. 1 (1928). –
Die „Rheinbraut" und „Graf Friedrich". Untersuchung zweier Volksballaden auf ihren ursprünglichen Motivbestand, Jahrb. f. Volksliedf. 5 (1936).

Meinert, Joseph George, Alte teutsche Volkslieder in der Mundart des Kuhländchens, Wien und Hamburg 1817.

Meyer, Richard M., Tannhäuser und die Tannhäusersage, Zt. d. Ver. f. Volkskunde in Berlin 21 (1911).

Mohr, Wolfgang, Entstehungsgeschichte und Heimat der jüngeren Eddalieder südgermanischen Stoffes, Zt. f. deutsches Altertum 75 (1938).

Neckel, Gustav, Soest als Nibelungenstadt, Jahrb. d. Ver. f. niederdeutsche Sprachf. 53 (1927).

Nicolai, Friedrich, Kleyner feyner Almanach 1777/78. Neudruck von G. Ellinger, Berlin 1888.

Grüner Nielsen, Hakon, Danske Viser, Kopenhagen 1919.

Olrik, Axel, Danmarks Gamle Folkeviser, Kopenhagen 1898.

Oppenheim, Horst, Naturschilderung bei den Meistersingern (Form und Geist 22), 1931. –
Artikel „Jörg Graff" im Verfasserlexikon II, 1936.

Pfaff, Friedrich, Die Tannhäusersage, Verhandlungen der 49. Versammlung deutscher Philologen und Schulmänner in Basel vom 24.-27. September 1904.

Pidal, Menéndez, Das Fortleben des Kudrungedichtes, Jahrb. f. Volksliedf. 5 (1936).

Pinck, Louis, Volkslieder von Goethe im Elsaß gesammelt, Metz 1932.

Quellmalz, Fred, Die älteren Melodien zur Ballade von der Frau zur Weißenburg, Jahrb. f. Volksliedf. 4 (1934).

Reuschel, Karl, Die Tannhäusersage, Neue Jahrbücher für das klassische Altertum, 1. Abt. Bd. 13, Leipzig 1904.

Ritson, Joseph, Ancient English Romances, London 1802.

Rosenfeld, Hellmut, Die Kudrun: Nordseedichtung oder Donaudichtung? Zt. f. deutsche Philologie 81 (1962). –
Die Brautwerbungs-, Meererin- und Südeli-Volksballaden und das Kudrun-Epos von 1223, Jahrb. f. Volksliedf. 12 (1967).

Rostock, Fritz, Mittelhochdeutsche Dichterheldensage, Halle 1925.

Schade, Oskar, Jörg Graff und Hans Witzstatt, Weimarer Jahrb. 4 (1856).

Schewe, Harry, Die Ballade „Es spielt ein Ritter mit einer Magd", Diss. Berlin 1917.

Schmidt, Erich, Tannhäuser in Sage und Dichtung, Charakteristiken II, Berlin 1911.

Schneider, Herrmann, Ursprung und Alter der deutschen Volksballade. Vom Werden des deutschen Geistes, Festgabe für Gustav Ehrismann 1925.

Schröbler, Ingeborg, Wikingerische und spielmännische Elemente im zweiten Teil des Gudrunliedes, Halle 1934.

Stammler, Wolfgang, Von der Mystik zum Barock, 2. Aufl., Stuttgart 1950.

Strauß, Adolf, Bulgarische Volksdichtungen, Wien und Leipzig 1895.

Taylor, Archer, Das Schloß in Österreich, Modern Language Notes 1927.

Thietz, Rudolf, Die Ballade vom Grafen und der Magd. Diss. Straßburg 1913.

Uhland, Ludwig, Schriften zur Geschichte von Dichtung und Sage I-IV.
I/II. Alte hoch- und niederdeutsche Volkslieder, Stuttgart 1844, 2. Aufl. 1881/84;
III. Abhandlung über das Volkslied, Stuttgart 1866;

IV. Anmerkungen zu den Volksliedern, Stuttgart 1869.

Die niederdeutschen Liederbücher von Uhland und de Bouck, hrsg. von der germanistischen Sektion des Vereins für Kunst und Wissenschaft in Hamburg 1883.

Vilmar, August, Handbüchlein für Freunde des deutschen Volksliedes, Marburg 1886.

Vogt, Friedrich, Leben und Dichten der deutschen Spielleute im Mittelalter, Halle 1876.

Vollschwitz, Johannes, Die Frau zur Weißenburg. Das Lied und die Sage, Straßburg 1914 (= Freie Forschungen zur Literaturgeschichte 1).

Wackernagel, Philipp, Das deutsche Kirchenlied III, 1868.

Waldis, Burkhart, Fastnachtspiel vom verlorenen Sohn 1527, hrsg. von G. Milchsack (= Neudrucke XXX), Halle a. S. 1881.

Ward–Bäumel, Donald J. und Franz, Zur Kudrun-Problematik, Ballade und Epos. Zt. f. dtsch. Phil. 88 (1969).

Wertheim, Ursula, Die Helfenstein-Szene in Goethes „Ur-Götz" und ihre Beziehung zum Volkslied, Weimarer Beiträge 1955.

Wetzer–Welte, Heinrich Joseph und Benedikt, Kirchenlexikon oder Enzyklopädie der katholischen Theologie Bd. 3 (1893).

Wiese, Benno von, Die deutsche Novelle von Goethe bis Kafka. Interpretationen, Düsseldorf 1955.

Wisniewski, Roswitha, Kudrun, Diss. Stuttgart 1964 (Sammlung Metzler III).

Wolff, Ludwig, Das jüngere Hildebrandslied und seine Vorstufe. Hessische Blätter für Volkskunde 39 (1941).

Zöckler, Otto, Das Lehrstück von den sieben Hauptsünden. Biblische und kirchenpolitische Studien, Heft 3, München 1893.

215

Jahrbuch für Volksliedforschung

Im Auftrag des Deutschen Volksliedarchivs
herausgegeben von Rolf Wilhelm B r e d n i c h

Soeben erschienen:

22. Jahrgang 1977

*219 Seiten, 6 Tafeln, zahlreiche Abbildungen und Noten im Text, kartoniert,
DM 52,–*

Das nunmehr im 22. Jahrgang vorliegende Jahrbuch dient der stetigen Information über die internationale Forschung auf diesem breiten volkskundlichen Gebiet, das auf das engste mit Philologie, Literaturgeschichte und Musikwissenschaft verflochten ist. Die Artikel der deutschen und der ausländischen Mitarbeiter unterrichten über den neuesten Forschungsstand und fördern die weitere Entwicklung dieses Fachbereichs.

Die vielseitige Thematik der Volksliedforschung findet in den Beiträgen eines jeden Bandes ihren Niederschlag. Die heutige Bedeutung des Volksliedes wird ständig verfolgt. Notenbeispiele und Karten erläutern die Ausführungen, ebenso werden, wo erforderlich, Bildzeugnisse beigefügt.

Neben den Artikeln werden Forschungsberichte aus einzelnen europäischen Ländern gegeben. Der umfassende Rezensionsteil gibt alljährlich einen großangelegten Überblick über die Veröffentlichungen zur gesamten Volksliedforschung. In- und ausländische Fachkenner wirken daran als Rezensenten mit. Kleinere Mitteilungen runden den jeweiligen Forschungsüberblick ab.

Aus dem Inhalt des 22. Bandes, dessen besonderer Akzent auf dem Bänkelsang liegt:

Karol Musiol, August Heinrich Hoffmann von Fallersleben und das oberschlesische Volkslied – *Wolfgang Mieder,* Sprichwort und Volkslied. Eine Untersuchung des Ambraser Liederbuches vom Jahre 1582 – *Byron Edward Underwood,* The German Prototype of the Melody of „Home! Sweet Home!" – *Klaus Roth,* Zur mündlichen Komposition von Volksballaden – *Alfred Höck,* „Kunst geht nach Brot". Arme als Straßensänger in Hessen – *Rolf Wilh. Brednich,* Liedkolportage und geistlicher Bänkelgesang. Neue Funde zur Ikonographie der Liedpublizistik – *Remigius Brückmann,* Das Bänkelsang-Motiv in der deutschen Karikatur von 1848/49 – *Wiegand Stief,* „Bänkelsang" im Bayerischen Wald anno 1976 – *Ernest Borneman,* Autobiographisches zur Methodologie der Kinderliedforschung – *Barbara James,* Versuch einer Beschreibung der deutschen Folk-Szene '76 – Berichte, Kleinere Mitteilungen, Rezensionen.

 ERICH SCHMIDT VERLAG